Isabella Farkasch

Raunächte

Über Wünsche, Mythen und Bräuche

Märchen für Erwachsene

GOLDEGG VERLAG

Bildrechte Autorenfoto: www.grey-panther-media.com
Bildrechte Umschlag: © polinina – fotolia.com

Der Verlag und seine Autorin sind für Reaktionen, Hinweise oder Meinungen dankbar. Bitte wenden Sie sich diesbezüglich an verlag@goldegg-verlag.com.

Der Goldegg Verlag achtet bei seinen Büchern und Magazinen auf nachhaltiges Produzieren. Goldegg Bücher sind umweltfreundlich produziert und orientieren sich in Materialien, Herstellungsorten, Arbeitsbedingungen und Produktionsformen an den Bedürfnissen von Gesellschaft und Umwelt.

MIX
Papier aus verantwortungsvollen Quellen
FSC® C083411

ISBN Print: 978-3-902991-85-0
ISBN E-Book: 978-3-902991-86-7

Friedrichstraße 191 • D-10117 Berlin
Telefon: +49 800 505 43 76-0

Goldegg Verlag GmbH, Österreich
Mommsengasse 4/2 • A-1040 Wien
Telefon: +43 1 505 43 76-0

E-Mail: office@goldegg-verlag.com
www.goldegg-verlag.com

Layout, Satz und Herstellung: Goldegg Verlag GmbH, Wien
Druck und Bindung: CPI books GmbH, Leck

Inhaltsverzeichnis

Vorwort

Mit dem Wünschen ist es so eine Sache. Viele, die auf wissenschaftliche Untersuchungen und Beweisbarkeit setzen, halten es für bloßen Zufall, wenn ein Wunsch tatsächlich in Erfüllung geht. Andere wiederum schreiben Bücher darüber, was man tun solle, damit sie Wirklichkeit werden. Das Universum erweist sich dabei als recht eigenwillig. Auch wurde manches gar nicht gewünscht, anderes wäre lieber nicht gehört bzw. geliefert worden.

Den Raunächten, den Tagen »zwischen den Zeiten«, wird besondere Erfüllungskraft nachgesagt. Zumindest beglückt laut Überlieferung die *Wilde Jagd* diejenigen, die es richtig anstellen, mit Fruchtbarkeit und Geschenken. In dieser Zeit, da Gesetze außer Kraft sind und Regellosigkeit herrscht, rast sie durch die Lüfte. Zumindest erzählt es der Mythos, in vielen Sagen und Bräuchen blieben die Geschichten rund um die Percht und die Raunächte erhalten. Vermutlich heißen sie nicht so, weil sie rau sind, sondern abgeleitet vom mittelhochdeutschen *rûch* (= haarig), weil die Darsteller der traditionellen Perchtenläufe der Alpentäler mit haarigen Kostümen ausgestattet waren und sind.

Die Zeit zwischen Weihnachten und *Epiphanie,* bei uns bekannt als *Heilig drei König,* ist die gebräuchlichste als Raunächte bezeichnete Periode. Auf andere zeitliche Zuordnungen gehe ich im Kapitel zur Sonnenwende ein. Für meine Märchen wählte ich diese, nehme aber den Thomastag, die Nacht der Wintersonnenwende, als »nullte« Raunacht dazu, um deren Symbolik, die Wiederkehr des Lichtes, ebenfalls einzubeziehen und deren Bedeutung im Jahreslauf zu würdigen.

In dieser Zeit überwiegen die dunklen Stunden und die Kälte nistet sich um die Häuser ein. Winde heulen, auch Schneegestöber regt an, sich um den warmen Kamin zu scharen, Geschichten zu erzählen oder ihnen zu lauschen. Die Percht, Holla im Norden, Anführerin der *Wilden Jagd* und Muttergöttin aus prähistorischer Zeit, verbietet das Spinnen und Weben, um Zeit und Raum zu öffnen für das Spinnen und Weben von Geschichten, Visionen und anderen Gedankenspielereien. Jede Arbeit soll ruhen, so das Gebot. Welche Zeit wäre besser geeignet, Märchen zu gebären, als diese zwölf langen Nächte, in denen die Grenze zwischen unserer und der mystischen Welt durchlässig ist?

In Zeiten von Erderwärmung und gewinnorientierter Hektik ist dieses romantische Bild ferner der Realität als je zuvor, auch in früheren Zeiten gab es viel Ungemach, die Idylle entsprach höchst selten der Wirklichkeit. Kriege, Hunger, Krankheit bestimmten den Alltag der Generationen vor uns. Immer aber erzählten die Menschen einander Märchen, vielleicht, um den Glauben an die Rettung, an das Wunder, wachzuhalten. Denn die Hoffnung, dass es besser werden könne, lässt uns durchhalten, allen Widrigkeiten zum Trotz. Und wenn sich eine Märchengeschichte tatsächlich erfüllt, wird dieser Glaube genährt. Manch eine oder einer hofft, auch ihr oder ihm könne einmal so ein Glück geschenkt sein. Dies lässt Menschen Woche für Woche Lotto spielen, im Casino Geld verlieren, Geschäfte machen, ein Unternehmen gründen, sich schön machen, um den richtigen Partner anzuziehen und vieles mehr.

Allen vernunftgeborenen Argumenten zum Trotz hoffen wir auf das große Glück, das Wunder, das uns aus dem Grau des Alltags herausholen möge. Die Erinnerung an die Kindheit, in der wir voller Überzeugung unsere Wünsche an das Christkind sandten, lässt uns auch als Erwachsene mit leuchtenden Augen vor dem Christbaum stehen, in der Hoffnung, jemand möge unsere geheimsten Wünsche erahnt und das Ergebnis in schmucker Hülle unter den Baum gelegt haben.

Dass die Zwölften halten, was uns seit Jahrhunderten versprochen wird, kann ich nicht versprechen. Aber die Märchen, die ich in dieser Zeit zwischen Weihnachten und dem Tag der *Drei Könige,* ursprünglich der *Drei Bethen,* geschrieben habe, verbindet eine elementaren Regel: Egal wie gruselig, bedrohlich oder aussichtslos die Geschichte verlaufen mag, sie endet jedenfalls gut.

Für mich ist es bereits ein Wunder, wie sich die Geschichten so wunschgemäß auf die Seiten füllen. Beginne ich zu schreiben, lasse ich mich überraschen vom Kosmos, der sich beim Schreiben ausdehnt. Lediglich die ersten Worte: »Es war einmal« stehen fest, und nicht einmal das ist eine unumstößliche Regel, wie Sie bemerken werden.

Nun lade ich Sie ein, auf diese Reise in *die Zeit, in der das Wünschen hilft.* Die Geschichten und zahlenkabbalistischen Erläuterungen, die Tipps für Rituale und manch schrullige Brauchtumsschilderung in diesem Buch mögen Ihnen als anregende Reisebegleiterinnen dienen.

Voran stelle ich einen Text, der von der Widersprüchlichkeit der Gestalten erzählt, die die Nächte zwischen den Zeiten bevölkern. Er warf sich eruptiv auf die Seiten, bereits am 27. Dezember 2013, quasi als Vorgabe für das Buch, das Sie nun in Händen halten. Zitatzeilen daraus werden den weiteren Märchen vorangestellt.

Isabella Farkasch, 26. September 2015

Die wilden Weiber

Wir kommen aus alter Zeit, wir reisen durch die Zeit, wir bewahren das Wissen der weiblichen Kraft. Wir haben alles vergessen und wissen doch alles. Wer uns begegnet erkennt sein Innerstes, wer uns fürchtet erstarrt, wer uns meidet verliert, wer mit uns zieht gewinnt ein neues Leben.

Zieh mit uns durch die Lüfte, erinnere dich der alten Zeit. Gesegnet ist das Land, das uns aufnimmt, es birgt die Schätze der Dunkelheit und des Lichts. Die Säfte der Nacht geben Stärke, die des Tages die Farbe. Unser Gesang klingt rau, unsere Kehlen gurren, die Winde heulen mit uns um die Wette. Das Meer ist unser Orchester, seine Wogen begleiten unseren Ritt.

Weh der, die uns missachtet, sie verliert einen Teil ihrer selbst. Es leuchten die Sterne auf unserem Weg, jeder weiß eine andere Weisheit zu wahren. Zum hellsten, dem Stern der Erkenntnis, reisen wir 10 x 1000 Jahr und verweilen nur einen Moment der Ewigkeit. Wir hinterlassen unsere Spur in seinem Sand. Ist er verlöscht, sind auch wir verschwunden. Ein neuer Stern wird geboren, mit ihm entsteht eine junge wilde Schar. Sie trägt in sich das Wissen der Ahninnen, die sie erkennen werden dran teilhaben.

Wir sind die Frauen, die euch Menschen zu heilen wissen, die Kräuter- und Steinkundigen, wir nutzen der Elemente Kraft und sprechen mit Bäumen und Tieren.

Wer uns verspottet wird Spott und Hohn ernten, wer uns achtet wird lange leben.

Wir zählen nicht auf Schönheit, edle Kleidung lassen wir anderen, wir reiten auf dem, was uns trägt. Hörst du nachts ein Knirschen und Kreischen so sind wir vorbeigeflo-

gen. Gehst du dann suchen unter der Eiche, kannst du ein Goldstück finden. Unter der Weide find'st du ein Kindlein, goldgelockt und tausendschön, doch kann es nicht sprechen. Den Zauber zu lösen geh' zur Unke, sie gibt dir Rat. Bring ihr mit einen Brei, ihre Nachkommenschaft zu nähren, danach darfst du ihr lauschen. Erblickst du ihr Krönlein, ist sie dir gewogen. Hüte dich, danach zu verlangen, du besiegelst sonst ihr und dein Unglück. Doch bist du ehrfürchtig und lauschst ihrem Ratschlag so löst sich der Zauber, das Kind wächst zum klugen und schönen Mädchen heran. Mit glockenhellem Klang wird sie schönste Lieder singen und aller Menschen Herzen erfreuen.

Doch einmal im Jahr gib sie frei, sie kehrt in den Wald und zu uns, ihren Müttern, zurück. Von uns erlernt sie, was Menschen nicht lehren können. Im Schiachspiegel erkennt sie ihre grässliche Seite, so bleibt sie demütig, niemand ist weniger wert als sie, sie weiß, dass Menschen Engel wie Bestie sein können.

Sie wird lachen, wie du noch nie einen Menschen lachen gehört hast. Ein Schauer wird dir über den Rücken laufen, denn ihr Lachen ist unerbittlich. Doch ist es zu Ende, wird jemand, der lange Zeit nur Trauer und Trübsal kannte, genesen sein, wieder lachen und weinen können und diesen Tag feiern wie eine Auferstehung.

Wir sind die wilden Weiber, wir reisen durch die Zeit, es gibt uns seit Menschengedenken. Wir kennen das Leid und die Freude, wir zügeln den Hass und den Neid, wir toben und beben. Urgewalten sind unsre Gefährten, der Himmel ist unser Zelt, die Erde unsere Zuflucht. Man kann uns nicht halten, nicht zähmen, nicht zügeln, doch wer uns bittet dem gewähren wir einen Wunsch.

Er wird ganz plötzlich erfüllt sein, dir einiges abverlangen, doch befolgst du die Regeln, wirst du dich wohlfühlen wie nie zuvor. So sei auf der Hut. Wenn wir vorbeiziehen, kann es der Tag deines Glücks sein!

Von der Magie der Raunächte

Von der Magie der Raunächte erfuhr ich erstmals Ende der 1980er-Jahre. Gemeinsam mit einem befreundeten Kameramann und Winzer aus Leidenschaft, *Harald Seymann*, entwickelte ich damals das Konzept *Reise in die Anderswelt* für ein Tanz- und Performance-Theaterprojekt. Hintergrundinformationen wollten wir von *Anton Ursovic* alias *Raborne* in seinem Druiden-Domizil erfahren. Er schilderte das Bild von einander überlagernden Daseins-Schichten, die sich im Normalfall nicht berühren. Deshalb bleiben wir Menschen meist blind für deren Existenz. In Sagen und Volksmärchen ist das Wissen um diese dünnen Grenzen und die möglichen Berührungspunkte zueinander erhalten. Sie berichten von Momenten und Orten, in denen sich Tore für ausgesuchte, besonders empfängliche Menschenkinder öffnen und der Austausch beider Welten möglich wird. Die Anderswelt ist meist sehr eindeutig in Gut und Böse eingeteilt, aber den Heldinnen und Helden gelingt es letztendlich, dem Guten zum Sieg zu verhelfen. Ebenso garantiert ist die Belohnung für unermessliche Strapazen, denen sich die Protagonisten oft aussetzen.

Mein Kollege ging beim Druiden »in die Lehre«, von ihm lernte ich, dass jede der Raunächte einem Monat des kommenden Jahres entspricht und das Schreiben eines Tagebuches Hinweise auf dessen Verlauf bieten könne. Nicht nur das, ungewünschte Ereignisse würden durch das Streichen der entsprechenden Textstellen gebannt.

Viele Jahre später weckte *Andrea Dechant*s E-Book über die Raunachtsbräuche und die Göttinnen der *Wilden Jagd* erneut mein Interesse. Zur Ergänzung der Märchen vertiefte ich mich in Literatur zum Brauchtum und dessen Ursprünge.

Der Ausgang einer Begegnung mit der Percht und ihrem Gefolge ist immer ungewiss. In Auslegungen der Ereignisse und Möglichkeiten der Raunächte, die sich über die Jahrhunderte beständig veränderten, werden die Menschen gemahnt, Achtung füreinander ebenso wie für die Geisterwelt zu zeigen. Wurden die Anweisungen befolgt, konnte eine Belohnung schon möglich sein, wie z.B. ein nächtens verlorener blutiger Stiefel des *Schimmelreiters* (einer der vielen Namen, die dem Anführer des *Wilden Heeres, Wotan,* gegeben wurde). Wer den darauffolgenden Morgen abwarten konnte, der durfte sich über einen goldgefüllten Stiefel freuen.

Viele die Raunächte betreffende Zuordnungen basieren auf der Mythologie der Germanen, die erst in christlicher Zeit in der *Edda* schriftlich bewahrt wurde. Die Texte *Cäsars* und vor allem *Tacitus*' sind ältere Quellen, geben aber den selektiven Eindruck des erobernden Beobachters wieder. Sprachwissenschaftliche Forschungen sind neben archäologischen Funden eine weitere wichtige Quelle, um ursprüngliche Mythen herauszuschälen aus dem Vielerlei an Bräuchen, anprangernden christlichen Schriften, ideologisch verfärbten Forschungen. In Sagen und Märchen lesen wir vom alten Glauben, ebenso wie just in Texten von Mönchen und Theologen, die traditionelle Rituale als sündhaft anprangern, sie dadurch gleichzeitig dokumentierend. Was bei den Recherchen auffiel, mich jedoch nicht wunderte: Ähnliche Motive finden sich in fast allen Kulturen wieder.

Um die Welt der Raunächte möglichst lebendig zu vermitteln, ergänze ich auf den kommenden Seiten die Märchen mit einer Auswahl an Brauchtums-Beispielen, die mir interessant und passend erschienen.

Wichtig ist mir, dazu Folgendes anzumerken: Die Quellen sind teilweise schwer zu trennen von ideologischer Ausrichtung. Auch frühe Forschungen, wie beispielsweise die umfassenden Brauchtumsaufzeichnungen *Franz Xaver Kießlings* aus 1902, boten mit seinen Lobpreisungen der Arier und gleichzeitigen Abwertung jüdischen Einflusses reichlich Argumentationsmaterial für das nationalsozialistische

Weltbild. Der steirische Sektenexperte *Roman Schweidlenka* verweist 1994 in seinem Beitrag zu »*Alpenbräuche – Riten und Traditionen in den Alpen*« darauf, dass bestehende Bräuche und Forschungen benutzt wurden, um einen angeblich auf germanischer Religion beruhenden Gegenentwurf zu christlichen Traditionen und religiösen Auffassungen zu konstruieren. Das Christentum wiederum begann bereits ab dem 4. Jahrhundert, die Feste der heidnischen Vorzeit in eine christlich konnotierte Zuordnung einzubetten. Gerade deshalb ist es bemerkenswert, dass sich die Tradition der Raunächte und der Percht verhältnismäßig konstant bis in unsere Zeit erhalten hat.

Ich halte es nicht für angebracht, alte Bräuche zu verwerfen, nur weil sie von zerstörerischem Gedankengut benutzt wurden, sind sie doch viel älteren Ursprungs. Es ist nicht die Schuld der Völker, die unter dem von den Römern geschaffenen Sammelbegriff »Germanen« subsumiert werden, dass sich Jahrtausende später ein von Minderwertigkeitsgefühlen und Allmachtsfantasien angetriebener Fanatiker auf sie berief und damit Massen erreichte.

Überliefertes Wissen zu den Raunächten hebt die Regelfreiheit hervor, die diese 12 Nächte außerhalb der Zeit-Ordnung bestimmt. Märchen folgen ohnedies den Gesetzen der Anderswelt und sind unseren Träumen viel näher als gemeinhin als *wirklich* definiertes Tagesgeschehen. Dieser besondere Zauber erlaubt auch das Einflechten einer Methode, die Erklärungen für manche Rätsel, die uns das Leben schenkt, bieten kann, allen wissenschaftlich fundierten Einwänden zum Trotz. Diese Hinweise lenken die Aufmerksamkeit auf ein bestimmtes Themenfeld, das mit der Deutung der jeweiligen Tageszahl beschrieben wird. Wer nicht daran glauben mag, kann sie getrost dem Reich der Märchen zuordnen, wer zumindest einen Versuch wagen will, dem können sie wertvolle Hilfestellung sein.

Soweit zu meinen ergänzenden Erläuterungen der Themenfelder, die sich aus der numerologischen Deutung des jeweiligen Datums ergeben. Für eine zeitlose Gültigkeit beschränke ich mich auf die Ziffer des Tages, also z.B. 25, unabhängig vom jeweiligen Kalenderjahr. Das bedeutet, dass vieles unbeachtet bleibt, auch die Zahl des Jahres würde eine jeweils wechselnde Färbung ergänzen. Die Basis dieser Zahlen-Erklärungen ist die *numerische Kabbala*, eine Methode, die pythagoreische Lehren mit Tarot- und Planetenzuordnungen verbindet und seit dem 19. Jahrhundert, in dem es in der heute üblichen Berechnungsform entstand, mündlich weitergegeben wird. Daran gefällt mir besonders, dass es keinen »Oberguru« gibt, der die Erlaubnis zur Anwendung erteilt. Es ist freies Wissen, das mit eigenen Erfahrungen ergänzt und somit je nach dem Fokus der Kundigen unterschiedlich formuliert wird, in der Ursprungsessenz jedoch ident bleibt.

Ich wünsche mir, dass Sie als kritische Leserin oder kritischer Leser in diesem Buch Anregungen finden, eigene Gedankengebäude zu ergänzen oder auch zu erneuern. Je fremder oder unbekannter mir eine Information ist, desto eher ist sie geeignet, Impuls zur Wandlung zu sein und damit Lebendigkeit in meinen Alltag zu bringen. Ich hoffe, Sie sehen das genauso und freuen sich, neue Möglichkeiten in Ihr Weltbild aufzunehmen. Ist Ihnen die Welt der Numerologie ohnedies schon vertraut, dann genießen Sie die Märchen. Geschichten sind wie Schneeflocken, keine gibt es ein zweites Mal. Sie bestehen stets aus Wörtern, die jedes Mal neu zusammengesetzt eine immer wieder neue Variation ergeben. Die Basis sind archetypische Bilder, in unser aller Herzen gespeichert, sie werden weltweit verstanden.

Märchen folgen nicht den Gesetzen der Logik, sie entstammen einer anderen Welt. Lassen Sie die Texte wirken, ohne viel darüber nachzudenken. Laden Sie deren wohlwollende Wesen ein, bereiten Sie ein verlockendes Umfeld für

Feen, Elfen und hilfreiche Gottheiten. Knisterndes Feuer im Ofen, eine duftende Bienenwachskerze, Glühwein oder heißer Tee in der Hand und köstliche Weihnachtskekse sind geeignete Accessoires, um sich in die Welt der Märchenparabeln einzulassen. Vielleicht fühlen Sie sich sogar angeregt, ein eigenes Märchen zu schreiben und zu beobachten, ob und wie es sich im Jahresverlauf realisiert.

Gesegnet ist das Land, das uns aufnimmt, denn es birgt die Schätze der Dunkelheit und des Lichts.

Der Segen der dunklen Mächte

Die Dunkelheit hatte sich ausgebreitet, war in Küchen und Keller eingedrungen, durchstrich die Wege des Waldes und der Berge, kroch in entlegenste Ecken und legte sich quer über die Wolken. Sie nagte an Büschen und folgte dem Ruf der Geier. Lange hatte sie sich vorbereitet auf diesen besonderen Tag, an dem sie ihr Reich durchmessen konnte, ohne von lästigem Sonnenschein oder aufblitzendem Sternenblinken durchbrochen zu werden.

Ihre Freundin, eigentlich besser Gefährtin (denn ob sie Freundinnen waren konnte sie nicht mit Gewissheit bestätigen) war die Kälte. Sie biss sich durch Fensterläden, wimmerte in den Ecken des Kuhstalls, sie fraß sich durch Wände und schlich durch sämtliche Decken und Jacken. Begleitet wurden die beiden vom Wind, er trieb die Kälte vor sich her und pfiff durch alle Ritzen. Bäume bogen sich unter seiner Wucht, Gräser lagen flach und Menschen, die noch auf der Straße waren zogen die Tücher strenger um den Kopf oder die Mützen tiefer ins Gesicht.

Unter ihnen war auch Marie, sie hatte sich verlaufen auf dem Weg zurück zur Mutter. Sie war geschickt worden, dem Oheim etwas zu bestellen. Der war nicht gut auf den Rest der Familie zu sprechen, nur die kleine unschuldige Marie, das Mädchen mit den goldenen Locken und der niedlichen Nase, ließ er noch zu sich. Doch auch sie beäugte er argwöhnisch, ob sie nicht nach den Ihrigen geriet. Er war ein missmutiger alter Mann, der hinter allem und jedem einen Überfall oder zumindest eine Hinterlist vermutete. Sie mochte ihn nicht besonders, nie war er nett zu ihr, roch auch gar nicht gut, sein Haus war ungemütlich und kalt. Sein Geiz ließ ihn selbst das Holz für den eigenen Ofen sparen. Er meinte, Nichtsnutze und Schmarotzer könnten in sein Haus einfallen, um sich am Ofen zu wärmen. Welch Schimäre – wer würde schon zu einem grantigen Alten kommen wollen in ein so ungemütliches Haus? Denn Heim konnte man es nicht nennen, dazu hätte es heimelig sein müssen, aber niemand konnte sich da wohlfühlen, am wenigsten der Oheim selbst. So wurde er beständig missmutiger, denn nichts in seinem Leben war geeignet, seine Stimmung aufzuhellen.

Marie war das alles recht gleichgültig, sie wollte nur möglichst rasch wieder nach Hause. Die Gedanken wanderten dennoch durch ihren Kopf, da konnte sie gar nichts machen, die waren recht eigenwillig. Wie sie also – oder eben ihre Gedanken – über den Oheim nachdachte, setzte sie Schritt vor Schritt durch diese finstere Nacht und der Wind pfiff um ihren Kopf und heulte durch die Gassen.

In der Ferne meinte sie ein Jaulen zu hören, nicht hündisch und nicht wölfisch, auch der Wind hörte sich anders an, also dachte sie, sie müsse sich wohl geirrt haben und stapfte weiter. Nach einer Weile meinte sie, Zuhause könne nicht mehr weit sein, aber oh weh, die Gegend war ihr ganz fremd. Die Häuser in dieser Straße waren höher und schöner als die Hütten, in denen ihre Familie und deren Nachbarn wohnten. Sie vergaß, zu erschrecken, und bestaunte die Häuser, die so anders dreinschauten, als sie es gewohnt war. Im Dunkel konnte sie kaum etwas erkennen, umso geheimnisvoller erschienen ihr die Silhouetten der hohen Mauern und großen Tore, die diese Häuser gegen Angriffe und ungewollte Besucher verteidigten.

In einem dieser Häuser brannte ein Lichtlein, es hatte sich wacker gehalten und war als einziges der Dunkelheit entkommen. Es schien dem Mädchen zuzulächeln, ja, Marie vermeinte ein ihr winkendes Händchen zu sehen und eine Stimme kroch an ihr Ohr: »Komm, komm, es soll dein Schaden nicht sein.«

Das Mädchen überlegte nicht lange, sie war irgendwo und wusste ihren Weg nicht mehr, sie fror und langsam meldete sich auch ein Knurren im leeren Magen. Also ging sie in Richtung des Hauses, zu dem das Licht gehörte. Das Tor sprang von selbst auf und eine knarrende Stimme sprach »Willkommen«. Marie wunderte heute gar nichts mehr, sollte es eben ein sprechendes Tor sein, das war ihr gleich, Hauptsache sie fand einen wärmeren Ort als die zugige Straße im fremden Stadtteil.

Mit lautem Knall fiel es hinter ihr ins Schloss. Ein wenig erschrak sie, aber sie wollte weitergehen zu dem Licht, das sie so seltsam eingeladen hatte. Nun kam sie zur Türe des Hauses, auch diese öffnete sich wie von unsichtbarer Hand, diesmal begrüßte sie eine quietschende Stimme. Wieder fiel das Schloss hinter ihr in die Türe – was war das gerade, das Schloss fiel in die Türe? – Nein, das war kein Irrtum, dieser Satz in ihren Gedanken entsprach tatsächlich der Wirklichkeit (oder was in dieser verkehrten Welt dafür gehalten werden konnte). Sie ging auf der Decke, die wenigen Möbel hingen oberhalb von ihr vom Boden herunter, die Fenster waren undurchsichtig und die Wände aus Glas. Während draußen der Wind blies und pfiff, herrschte innen wohlige Wärme und atemlose Stille. Denn hier war alles genau umgekehrt als anderswo. Nun verstand Marie, wie es diesem Licht gelungen war, zu leuchten, trotz finsterster Finsternis ringsumher.

Sie wollte sichergehen, dass ihr Inwendiges nicht außerhalb gelandet wäre oder gar ihr Kopf bei den Füßen, aber sie konnte beruhigt sein, sie selbst war unverändert geblieben. Obwohl, so überzeugt war sie nicht, sie könnte auch ein Stück größer geworden sein. Aber vielleicht waren es ja nur die Wände, die weniger hoch waren als anderswo und die Möbel dafür ein wenig kleiner.

Sie näherte sich dem Licht, das im Raum herumschwebend helle Strahlen aussandte, wie eine Mini-Sonne, doch nichts wurde hell. Nur das Licht selbst leuchtete, ringsum blieb alles dunkel.

Unter Maries Füßen knisterte etwas, aus dem Licht heraus hörte sie eine Stimme, glockenhell und wunderschön: »Hebe auf, worauf du gerade trittst, und lege es auf den Tisch über mir.« Marie tat wie geheißen, es war ein merkwürdiger Ring, groß wie eine Krone, die ihr zu groß gewesen wäre, hätte sie den Versuch unternommen, sie aufzusetzen. Eher wäre sie um ihren Hals gelegen, aber etwas ließ sie ahnen, dass sich der Ring um ihren Hals zugezogen hätte, wäre sie den Anweisungen nicht gefolgt. Mit hochgestreckten Armen legte sie ihn auf den vom Boden herunterhängenden Tisch.

Dort haftend schimmerte er im Widerschein des Lichtes, als einziges Ding im Raum war er imstande, das Licht aufzunehmen. Die beiden schienen im Gespräch miteinander, nur ohne Worte, aber Marie konnte die Inhalte des Gespräches zwischen Ring und Licht hin- und herhuschen sehen und in ihr tönten Laute, wie aus einer anderen Sprache stammend, deren Sinn sie dennoch verstand.

Von einem Trauring war die Rede, vor vielen Jahren in ein Kellerloch gefallen. Und von einem jungen Mann, der ausgezogen war, die Braut zu finden, die am anderen Ende des Kellerlochtunnels sitzen sollte und Gold zu Stroh spann. Dann berichtete das Licht von einem Wegweiser, der den jungen Mann durch viele Länder begleitete. Wenn er nicht wusste, welche Richtung er wählen sollte, erschien auf ihm die Schrift: »Hier geht's lang« und sein Pfeil wies die Richtung. So war die Reise nicht beschwerlich, sie führte auf bequemen Wegen durch warme Länder, in denen es reichlich zu essen gab. Endlich war der junge Mann an das andere Ende des Kellerloches gelangt und sah den Ring, aber ach, da war es kein junges Weib, das da auf ihn wartete, sondern eine Kröte, die das Ringlein als Krone auf dem Kopf trug. Mit jedem Quaken sprang eine Münze aus ihrem Maul, sobald diese zu Boden fiel, lag da ein großer Haufen Stroh.

Schon so weit war er gewandert, hatte viele Länder gesehen und deren schöne Frauen nicht beachtet, hatte seinem Wegweiser vertraut, nur um hierherzugelangen. Also wollte er auch herausfinden, was es mit dem Tier auf sich haben könnte, das Münzen spuckte, die sich danach in Stroh verwandelten. Als er nun vor der Kröte stand, wurde er auf einmal ganz klein und konnte ihr in die Augen schauen. Dort las er: »Nimm mich mit, nimm mich mit, bring mich weg, bring mich weg!« – Ein Gefühl des Vertrauens legte sich über sie beide und er streckte seine Hände aus. Kaum war die Kröte auf diese gesprungen, war er wieder groß, trug die Kröte bei sich und ihr Ring-Krönlein blinkte und glänzte, als würde es die Freude versenden wollen, die das Tierwesen nun empfand, da es von diesem Ort weggebracht werden sollte.

Wieder war der Wegweiser zur Stelle und zeigte geradewegs in das Loch hinein, an dem die Bekrönte gehockt hatte und an dessen anderem Ende des Mannes Zuhause sein musste. Mit dem ersten Schritt rutschte er in die Röhre, die feucht und glatt war, und in wenigen Minuten tauchten sie am anderen Ende auf. Die Kröte aber war ein wunderschönes Mädchen mit dem Ringlein am Finger, der junge Mann erkannte seine Braut und freute sich, dass ihre Reise nun ein so wundersames Ende gefunden hatte.

Im Zimmer lag all das Stroh, das die Kröte hinterlassen hatte, das Mädchen nahm dieses auf und begann, es zu verspinnen. Schweigend spann sie unaufhörlich, bis das ganze Stroh zu Goldfaden geworden war. Damit webte sie ein

Tuch, so fein, dass es wie ein goldener Nebel schien, ganz leicht und duftig. Sie legte es um ihre Schultern und es wurde zum Kleid, wie es keine Braut je zuvor schöner geschmückt hatte. Der Bräutigam war sprachlos und konnte sein Glück gar nicht fassen. Die Braut nahm seine Hand und sprach: »Viele Jahre blieb ich verzaubert und musste warten auf einen, der ohne zu fragen und ohne zu murren mich mitnehmen würde in sein Heim, der mich still sein und meine Arbeit zu Ende bringen ließ. Der dem Leben vertraut und sich nicht verwundert, wenn alles anders ist als gewohnt. Du bist derjenige, der nichts erwartet, sondern dem Wegweiser des Lebens folgt. Dem weder Ring noch Gold wichtig sind, der sich freuen kann an der Schönheit, die entsteht, und der alles sein lässt, wie es sein will. Ich danke dir und werde dir eine treue Begleiterin sein.«

Marie hatte dieser Geschichte in ihrem Innersten gelauscht, und während diese zu einem guten Ende fand, war das Licht immer stärker geworden und hatte den ganzen Raum erfüllt. In dieser Zeit, ganz langsam, war der Boden zur Decke geworden, die Möbel standen, wie es sich gehörte, neben ihr, die Fenster wurden durchsichtig und die Wände fest. Draußen begann die Finsternis zurückzuweichen, der Wind kam zur Ruhe und Wärme breitete sich aus. Marie erblickte einen Wegweiser vor dem Fenster, auf dem sie las »nach Hause«. Dorthin wollte sie eilen, doch der Ring hatte sich um ihre Füße geschlungen und tönte: »Warte, du weißt ja noch gar nicht, warum du hierhergekommen bist und wie wir dir danken wollen!«

Marie staunte, dass sie auserwählt gewesen sein sollte, es war ihr ganz ungewohnt. Sie blickte umher, um zu begreifen, was ihre Aufgabe an diesem Ort gewesen sein konnte. An dem Platz, von dem aus sich das Licht ausgebreitet hatte, sah sie eine Gestalt, die immer klarer wurde, und schließlich erkannte sie ein altes Weiblein mit kindlichem Gesicht. Die junge Alte sprach: »Das Werk ist fast vollendet, was oben war, ist wieder unten, was dunkel, wieder hell und ich bin beinahe die, die ich eigentlich bin. Nun bitte ich dich nur noch um eine Kleinigkeit, damit ich wieder die werde, die ich immer war. Sieh in die Ecke des Raumes, da findest du einen Faden. Aus ihm stricke mir eine Decke, die ich um die Schultern legen kann.«

Am genannten Platz sah Marie einen Haufen Goldfaden und zwei Stricknadeln aus Silber mit diamantenem Kopf. Als sie begann, die ersten Maschen zu stricken, war das Garn kaum zu spüren, und im Nu war ein duftiger goldener Schal fertig, den sie dem Weiblein um die Schultern legte. Kaum war das geschehen, richtete sich die Frau auf und war jung und schön. Sie nahm den Schal von den Schultern und legte ihn Marie um: »Nun kannst du deinem Wegweiser folgen, er bringt dich sicher nach Hause. Der Schal ist dein, hebe ihn gut auf. Wenn es Zeit ist für dich zu heiraten, wird er sich um deine Schultern legen, wenn der Richtige um deine Hand anhält. Bei allen anderen wird er sich verweigern. So findest du den Mann, der dich treu begleitet, dich liebt, so wie du bist, und keine andere aus dir machen will. Der dich versteht, auch ohne viel zu fragen, und mit dem du dein Leben teilen möchtest.«

Der Ring um Maries Füße war zu einer silbernen Schlange geworden, die sich um des Mädchens Handgelenk schlang und dort zum Armreifen verschloss. Die Frau des Hauses sprach: »Dies ist der Schmuck der weiblichen Kraft, wenn du ihn reibst, so eilen drei Wesen der Wilden Jagd herbei, die Dunkelheit, die Kälte und die Windsbraut. Ihre Macht ist groß, dieser Reifen stellt sie in deine Dienste, wenn du sie benötigst. Gehe sorgsam damit um, es sind Naturgewalten, die sich nur im äußersten Notfall einem Menschenwunsch unterordnen.«

Marie bedankte sich voll Staunen, welch eigentümliche Wendung ihr Pflichtbesuch beim Oheim gebracht hatte. Dass

Menschen oft nicht ahnen, was das Schicksal an Wohltaten bereithält, bewahrte sie als Erkenntnis und nahm sich vor, jede Chance des Lebens zu nutzen, die sich einfindet für diejenige, die sich vertrauensvoll auf den Weg begibt.

Auf ihrem Heimweg war es warm und hell, nur ein kleiner Lufthauch wirbelte einige Blätter vor sich her und wies ihr so den Weg zurück zu den Eltern.

0. Raunacht: 21. Dezember

Mittwinternacht, die längste Nacht des Jahres, Rückkehr des Lichts, mitunter auch 22. Dezember

Die Wiederkehr der Sonne wird im Brauchtum als Sieg des Guten über das Böse gefeiert. Alljährlich zeigt uns die Natur, wenn nach der längsten Nacht des Jahres die Tage endlich wieder länger werden, dass nach Kälteeinbruch und dem Rückzug vieler Pflanzen in die schützende Erde neues Leben in dieser zu keimen beginnt. Aber noch stehen den Menschen die dunkelsten und kältesten Tage des Jahres bevor. Der Winter beginnt. Versetzen wir uns in die Wahrnehmungswelt unserer Vorfahrinnen zurück, in eine Zeit, in der Naturgesetze noch unerkannt waren, können wir nachvollziehen, dass jedes Jahr aufs Neue Göttinnen und Götter bedankt wurden, die das Licht zurückbrachten und damit die Hoffnung auf eine künftige Ernte. Dieser Zeit entstammt die Überlieferung, dass der Gedanke, den man im Moment der Sonnenwende denkt, das Jahr über wachsen und gedeihen würde.

Die Zahl 21

Diese Vision des Künftigen, die Aussicht auf Erfolg und Freiheit, spiegeln die der Zahl 21 numerologisch zugeordneten Qualitäten wieder. »Alle Begrenzungen lösen, dann kommt die Freiheit«, steht als zentrale Deutung in den Unterlagen, die ich in meinen Seminaren weitergebe. Gemeint ist vor allem die innere Freiheit. *Mahatma Gandhi* drückte es so aus: »*Die äußere Freiheit wird uns erst dann bewilligt werden, wenn wir unsere innere Freiheit entwickelt haben.*« Der Mensch kann, losgelöst von Angst (ein Aspekt der 2), vertrauend auf das Eingebettet-Sein in die All-Ein-heit (1), seinen Lebensweg gehen, seinen Wegweisern folgen. Die 21 signalisiert uns diesen Schutz, der uns immer und überall umgibt. Analog können wir vertrauen, dass nach den vielen dunklen Stunden des Winters die Sonnenstunden wieder zunehmen, die Wärme damit zurückkehrt, die Samen zu keimen beginnen und Bäume und Sträucher zu knospen.

Was sind Raunächte?

Was steckt hinter dem Begriff *Raunächte* oder, geheimnisvoller, der *Zeit zwischen den Zeiten*?

Alles hat seinen Ursprung in der unterschiedlichen Zeiteinteilung nach den Mondphasen einerseits und den Zyklen der Sonne in Bezug auf die Erde andererseits. Das regelmäßige Zu- und Abnehmen des Mondes konnten Menschen zu allen Zeiten beobachten, ebenso die sich verändernde Sonneneinstrahlung und daraus folgende Temperaturunterschiede. Es sind rund 365 ¼ Sonnentage, nach denen alles wieder von vorne beginnt. Der Mond wird nach 29,27 bis 29,83 Tagen erneut von der Sonne beleuchtet, wird jeden Tag ein wenig sichtbarer, bis er kreisrund am Himmel scheint und die Nacht erhellt, um nachts darauf wieder schmäler und schmäler zu werden. Weil dieser

Vorgang so offensichtlich ist, geht man heute davon aus, dass lunare Kalender als erste von Menschen erdacht wurden. Sich wiederholende Ereignisse konnten so vorausbestimmt werden. Früheste bisher gefundene Kalenderobjekte sind Kerbhölzer, die die Mondumläufe einer Schwangerschaft festhalten. Die Bedeutung des Mondes als Zeitkonstante wird bereits in der *Edda,* einer Sammlung von nordischen Gesängen, aufgeschrieben in Island im 13. Jh., mehrfach erwähnt. Im *Alwislied,* Vers 14: *Mond bei den Menschen, [...] bei den Zwergen Zeitmesser,* weiters im *Wafthrudnirlied,* Vers 25: *[...] Vollmond und Neumond, den Völkern zum Zeitmaß, schufen gütige Götter einst.* Und Vers 6 der *Völuspá, Der Seherin Gesicht: Zum Richtstuhl gingen die Rater alle, heilige Götter, und hielten Rat; für Nacht und Neumond wählten sie Namen, benannten Morgen und Mittag auch, Zwielicht und Abend, die Zeit zu messen.*

Der Übergang des Jäger- und Sammlerinnendaseins hin zum Ackerbau brachte den Wechsel zum Sonnenkalender, denn nun mussten Jahreszeiten vorherseh- und Aussaattermine planbar sein. Früheste Zeugnisse zur Bestimmung der Wiederkehr der Sonne finden sich in extrem weit voneinander entfernten Regionen: der »Turm von Jericho«, ca. 9000 v. u. Z., diente höchstwahrscheinlich der Bestimmung der Sonnenwende, allerdings der des Sommers.

Auf den britischen Inseln wiederum finden sich Zeugen der Feiern rund um die Wintersonnenwende. Und nein, nicht das berühmte *Stonehenge* ist das älteste Beispiel dafür. Bereits im 8. Jahrtausend v. Chr. errichteten die Bewohner der heute Schottland genannten Region eine Konstruktion, mit deren Hilfe sich anhand des Mondes und der Sonne der Verlauf der Zeit messen und darstellen ließ – fast fünf Jahrtausende, bevor in Mesopotamien die ersten Kalender gebaut wurden, schildert die Archäologin *Angelika Franz.* Zwölf Südwest-Nordost ausgerichtete Gruben in *Warren Fields* markieren Mondphasen und Lunarmonate.

Zur Wintersonnenwende fanden in Steinkreisen Festgelage für Hundertschaften statt. Weihe-Nächte, noch lange vor der in der Bibel angekündigten Geburt des Messias. Weder die Bevölkerung Großbritanniens noch unsere germanischen Vorfahren ahnten etwas von diesen Heils-Prophezeiungen. Die Funde lassen auf einen Sonnenkult schließen, ebenso wurden vermutlich Mond und Erde vergöttert.

Mond- und Sonnenjahr trennen elf Tage. Schon früh wurden Methoden entwickelt, die den Lauf der beiden sichtbarsten Himmelskörper – deren Auswirkungen auf die Erde und ihre Vegetation ebenso wie auf Herdenbewegungen nicht zu übersehen waren – in ein gemeinsames System einzubetten bemüht waren. Es entstanden Kalender, die sich ausschließlich am Mond orientierten, der bekannteste noch heute gebräuchliche bestimmt die Festlegung von religiösen Terminen im Islam. Das Judentum führte den aus dem babylonischen Exil mitgebrachten, vermutlich 1000 v. u. Z. entwickelten lunisolaren Kalender ein und damit auch Schalttage. *Julius Cäsar* brachte den reinen Solarkalender – den *julianischen* – ins Abendland und die Einteilung in Monate, wie wir sie heute kennen. Doch den alten Römern war ein kleiner Fehler unterlaufen, diesmal ging es um nur 11 Minuten und 14 Sekunden, die dazu führten, dass die Wintersonnenwende zu Ende des 16. Jahrhunderts um 13 Kalender-Tage verschoben war. Damals fiel sie auf den 13. Dezember, noch heute bekannt als *Lucia*-Tag und Fest des Lichtes. Um dieses Dilemma aufzulösen entwickelten Astronomen auf Geheiß *Papst Gregors XIII.* einen korrigierten Kalender, den *gregorianischen,* den wir heute noch verwenden. Doch die Genauigkeit, die den Lauf der Jahre in regelmäßige, messbare Perioden aufteilt, kann nichts an der 11-Tage-Lücke zwischen Sonnen- und Mondrhythmen ändern. Da der Tagesbeginn in früherer Zeit mit Sonnenuntergang angesetzt wurde, kam es zu der Fokussierung auf die Nächte. Die

Nacht gebiert den Tag, so sahen es unsere Vorfahren. Eine weitere Erklärung ist der keltische Jahreskreis, nach dem diese Zeit in der »Jahresnacht« liegt, weshalb der ganze Tag als »Nacht« gilt.

Der 21. 12. wird meist als Raunacht einbezogen, aber das mittlerweile üblichste Beginn-Datum für die *Zwölften* ist der 25. Dezember. Wenn daher am Abend des 24. die *Zeit zwischen den Zeiten* anhebt und die Schleier zwischen den Welten durchlässig werden, dann vergehen 12 Nächte bis zur letzten, dem Festtag der Percht am 5. Jänner, der bis Epiphanie, am 6. Jänner, weiterzelebriert wird. Dieser 13. Tag dient laut manchen Interpretinnen der orakelhaften Vorausschau auf das gesamte Neue Jahr.

Auch der 13. Dezember, mitunter sogar St. Martin, am 11. November, wurden als Beginn der Raunächte gesehen. Eine weitere Variante verteilt die 11 Tage übers gesamte Jahr, in späteren, christlich bestimmten Zeiten der Feiertage wurden oft nur vier Nächte als echte Raunächte gewertet, die Thomasnacht (also die Sonnenwende), die Christnacht, die Neujahrsnacht und schließlich der Dreikönigstag. *Der Raunächt' san vier, zwoa foast und zwoa dürr* lautet ein Merkspruch, der sich auf die Art der Speisen bezog (zwei Tage fasten, zwei Tage schlemmen; foast = feist). Am Vorabend des Christtages wurde traditionellerweise streng gefastet.

Von der Wilden Jagd, dem Streich des Loki und Erneuerung

Mit der Wiederkehr der Sonne kehrt auch die Gewissheit einer neuen Ernte wieder. Weil das Himmelswesen aber so launenhaft seine Strahlen zur Erde sendet, entstanden in allen Kulturen Mythen dazu, die häufig Ähnlichkeiten aufweisen. An dieser Stelle finde ich die Erklärungsbilder der germanischen Völker passend, denn sie leben in den alpenländischen Bräuchen rund um diese winterlichen Tage und Nächte fort.

Einem der vielen Sonnwend-Mythen zufolge verfolgt die *Wilde Jagd* den Hirschen, der die Sonne durch die Unterwelt trägt und deshalb lange Nächte verursacht. Der Sonnenhirsch wird von *Odin* und seinem Gefolge sowie einer Hundemeute als Vorhut, und Pferden, Raben, Wölfen, Hasen und Wildschweinen als Nachhut, aus der Unterwelt in den Himmel hineingetrieben. Diese Vorstellung, dass die Sonne in *Hels* Reich verborgen ist, hat vielleicht ihren Ursprung in einer uralten Deutung des Wandels vom Tag zur Nacht: der allnächtlichen Überfahrt der Sonne von West nach Ost, während der sie verschwindet. Der Abstieg in die Unterwelt ist ein Motiv, das sich in vielen Mythen wiederfindet.

Der Tod der Sonne ist nachzulesen in der *Edda.* Das überlieferte Geschehen im Götterreich bietet diese Erklärung: *Balder,* der Sohn *Odins* und der *Frigg,* war der Gott des Lichtes. Seine langen blonden Haare werden als Sonnenstrahlen gedeutet. Um sein von ihm selbst im Traum gesehenes Schicksal abzuwenden, verpflichtet seine Mutter alles Lebende und Leblose in Walhall, ihm kein Leid anzutun. Weil er dadurch unverletzbar wird, vergnügen sich die Götter damit, auf *Balder* mit Steinen und Pfeilen zu schießen. Doch der ränkeschmiedende *Loki* weiß, dass *Frigg* die Mistel für zu unbedeutend gehalten und als Einzige nicht zum Schwur aufgefordert hatte. Er schummelt einen aus Mistelgrün geschnitzten Pfeil in den Köcher *Hödurs,* des blinden Bruders des scheinbar Unverwundbaren. *Balder* wird tödlich verletzt. Vers 25 + 26 aus *Völuspá, der Seherin Gesicht: Ich sah Balder, dem blutenden Gott, Odins Sohne, Unheil bestimmt: ob der Ebne stand aufgewachsen der Zweig der Mistel, zart und schön. Ihm ward der Zweig, der zart erschien, zum herben Harmpfeil: Hödur schoss ihn; […].*

Das Schiff, auf dem er aufgebahrt wird, wird auf Rollen ins Meer gestoßen. Dabei fängt es Feuer. Schiff und Leichnam verbrennen.

Die Prophezeiung verspricht eine Rückkehr des Sonnengottes: Nach *Ragnarök*, dem Untergang des Göttergeschlechtes, steigt aus den Wassern des Ozeans eine neue Welt, in der frühere Feinde versöhnt leben. *Unbesät werden Äcker tragen; Böses wird besser; Balder kehrt heim.*

In der Erzählung vom Ende des leuchtenden Sohnes *Odins* wird anschaulich, welche Wirkung das Abnehmen und wieder Zunehmen der Stunden des Lichtes auf die Menschen hatte. Besonders im hohen Norden, wo im Winter oft gar kein Licht scheint, musste dies besonders bedrohlich gewirkt haben. In Island, dem Land, in dem die *Edda* aufgeschrieben wurde, gibt es im Jänner nur rund drei Stunden Sonnenlicht täglich. (Woraus sich ebenfalls die Betonung auf Rau*nacht* ableiten ließe.)

Die Wintersonnenwende erinnert also alljährlich an diese Auferstehung des Gottes, der sich gegen jedes Unrecht wendet. In dieser lichtarmen Zeit nährt uns die Gewissheit, dass die Tage wieder länger werden, sie ist tröstliche Begleiterin. Ich selbst mache mir alljährlich nach den Feiertagen bewusst: Nun wird es wieder heller, das Frühjahr naht. So wird der kälteste und finsterste Monat erträglich. Gut vorstellbar, dass auch der Karneval oder Fasching, wie er in Österreich heißt, deshalb in dieser Jahreszeit angesiedelt ist. Beim nächtlichen Tanzen auf Bällen in lichtdurchfluteten Innenräumen können wir den Tag freudvoll verlängern, die Dunkelheit eine Zeit lang vergessen.

Das Bild des brennenden Schiffes, auf dem *Balders* Leichnam verglüht, malt den Sonnenuntergang, der Vorgang selbst verweist selbstverständlich auf die Sommersonnenwende. *Nanna* stirbt vor Gram über den Tod ihres Gatten und wird mit ihm auf dem Schiff verbrannt. Sie war die Göttin der Blüten, das Ende des Frühlings (versengt von der Sonnenhitze) wird durch ihren Feuertod in Szene gesetzt. *Nanna* bedeutet schlichthin Frau und wurde im Lateinischen als Ehrentitel für Mann (nonno) ebenso wie Frau gebraucht. Im heutigen Italienisch sind *Nonna* und *Nonno* gebräuchlich für Oma und Opa.

In dieser fundamentalen mythischen Erzählung steckt natürlich noch viel mehr Wissen um die Entwicklung der Welt. Wie in fast allen großen Weltuntergangsmodellen ist auch von einem künftigen friedvollen Universum ohne Leid und Mangel die Rede. Prophezeiungen der Neuzeit verkünden Ähnliches und in regelmäßigen Abständen kursieren sie in esoterischen Zirkeln ebenso wie im Internet. Allerdings, wie uns Einstein gelehrt hat, ist Zeit relativ und Zeiträume aus kosmischer Perspektive stehen vermutlich in keinem Verhältnis zu unseren, vorstellbar im Vergleich der Zeitperspektive einer Eintagsfliege zu der eines Menschen. Oder wie im *Märchen vom Hirtenjungen* so bildhaft beschrieben: Ein König fragt den Jungen nach der Dauer einer Sekunde der Ewigkeit. Seine Antwort: Ein Vogel fliege alle 100 Jahre zu einem Berg, an dem er seinen Schnabel wetze. Wenn der Berg abgetragen sei, wäre die erste Sekunde der Ewigkeit vorbei.

Da wir alle nicht wissen, wie lange der Vogel schon seinen Schnabel wetzt, dürfen wir uns beruhigt dem Jetzt widmen, denn der Weltuntergang kann morgen oder auch erst in Millionen Jahren kommen. Allerdings können wir zumindest die Zeit der Nächte zwischen den Zeiten dafür nützen, uns zu besinnen, um bereit zu sein für die Zeit des Wandels. Steht doch *Balders* Rückkehr gemäß der Archetypen-Lehre auch für die bewusstseinsweckende Funktion göttlicher Lichtgestalten.

Gefeiert als sonnenbestimmter Jahreswendepunkt, entwickelte sich in diesem Zusammenhang allerlei Brauchtum.

Eine für diesen Tag bestimmte Orakelvariante war das *Hütlhebn,* über das eine Bäuerin aus Vorderstoder in Oberösterreich berichtet: Neun Hüte stehen bereit, um darunter neun verschiedene Dinge zu verstecken, während die wissbegierige Person mit verbundenen Augen vor der Türe wartet. Beginnt das Spiel, darf sie jeweils drei Hüte anheben, der Vorgang wird dreimal wiederholt, natürlich nach neuerlichem Verbergen. Den einzelnen Objekten werden Orakel-Bedeutungen zugeordnet: Ein Kamm bedeutet lausige (mühselige) Zeiten, ein Schlüssel hingegen Erwerb oder Erbschaft eines Hauses. Ein Wanderbinkel wird als Hinweis auf eine Reise, ein Ring auf eine Hochzeit gewertet, eine Puppe auf das dazugehörige Kind. Ein Gebetbuch war weniger eindeutig, denn »viel zu beten« kann großes Ungemach heißen oder Eintritt ins Kloster. Ein Taschentuch lässt reichlich Tränen erwarten, was verschärft wird, wenn sich gar nichts unter dem Hut befindet, denn es gilt als Ankündigung eines Todesfalls. Aber die Hoffnung stirbt zuletzt, deshalb findet sich als neuntes Symbol ein Geldstück oder Börsel unter dem Hut, damit steht zu erwartender Reichtum verheißungsvoll im Raum.

Dass die Symbolik des Todes in diesem harmlos wirkenden Orakelspiel inkludiert ist, zeigt den Zusammenhang zwischen Wintersonnenwende und Gemahnung an die Endlichkeit. Der Mythos von *Balder*s Tod verweist gleichzeitig auf seine erneute Rückkehr und vermittelt damit die Aussicht auf neu keimende Saat ebenso wie ein Weiterleben der Seelen (die in den Raunächten mit der *Percht* oder mit *Odin* durch die Lüfte jagen). In fast allen Mythologien und philosophischen Darstellungen des Lebens und seines Endes der Antike finden sich Modelle für die Seelenwanderung. Heute ist vor allem die Karma-Lehre des Hinduismus in unseren Köpfen, doch z.B. auch die alten Griechen glaubten an eine Wiederkehr. Sie waren der Auffassung, dass durch die Inkarnation die Seele verunreinigt würde und deshalb nach dem Tode eine Läuterungsphase von 1000 Jahren abwarten müsse.

An dieses Motiv der Transformation wird im Märchen vom Geschenk der dunklen Mächte bildhaft erinnert. Die Kröte vernichtet Werte (Gold wird zu Stroh), durch des Mannes bedingungslose Annahme wird sie zur wunderschönen Frau, muss aber noch eine weitere Phase durchleben, in der sie sich nicht mitteilen kann. Ihr Bräutigam lässt sie gewähren, wodurch ihr nicht nur die alchemistische Rückverwandlung der Werte gelingt, sondern sie auch die Sprache wiedererlangt.

Stille, den oder die andere annehmen, ohne zu fragen, einfach da zu sein und ihn oder sie gewähren lassen, all das sind Nicht-Handlungen, die uns in der Hektik der Moderne wenig geläufig sind. *Percht,* die Göttin der Raunächte, wacht über dieses Gebot: Alle Räder sollen stillstehen – deshalb konzentriert sich die junge Frau im Märchen darauf, fertig zu werden – alle Arbeit soll ruhen. Der klassische Tag der Rückkehr der Nutztiere in die Ställe war der 25. November, St. Kathrein. Die Schafschur begann, ab dann war Tanz und alles, was Energie verbrauchen hätte können, verboten. *»St. Kathrein stellt Tanz und Räder ein.«* Noch einmal wurde getanzt und gefeiert, im Tiroler Fulpmes und in Imst ließen die Vogelhändler ihre übrig gebliebenen Vögel frei. Ab dem 26. 11. wurde alle Kraft aufgewendet, um das Spinngut zu verarbeiten, denn bis zur *Thomasnacht* musste es fertig sein. Wer danach noch Garn herstellen wollte, dem verleidete die Percht und ihr Gefolge das Werk. Entweder gab es viele Knöpfe im Versponnenen oder das Fasermaterial wurde durcheinandergebracht und unbrauchbar, auch vom Verunreinigen der Spinnrocken erzählt der Volksglaube.

Diese aus heutiger Sicht als Aberglaube belächelten Vorschriften waren unendlich wichtig für den Rhythmus des Lebens. Wir machen Urlaub, wann immer wir wollen. Früher wurde das ganze Jahr schwer gearbeitet, um das Überleben sichern zu können. Sonn- und Feiertage sorgten für kurzzeitige Verschnaufpausen, an denen aber die Arbeit des Messgangs absolviert werden musste. Die Tage zwischen Mond und Sonnenrhythmus eröffneten einen Freiraum, während dessen Zeit war, auszuruhen, sich satt zu essen, miteinander zu sein, gemeinsam zu musizieren und Geschichten auszutauschen. Diese Qualität des entspannten Miteinanders ist nur möglich, wenn sie alle zur gleichen Zeit nutzen können. Genau dafür sorgten die Gebote der *Percht*, in anderen, nördlichen Gegenden die der *Holla*.

Die Vertreter der Oberschicht ließen zwar andere für sich arbeiten, waren aber ebenso verpflichtet, ihre Aufgaben zu erfüllen. Dazu gehörte (unvermeidbar) auch das Kämpfen, folgerichtig ruhten die Waffen, es war die Zeit des – zumindest temporären – Friedens. Allerdings nützte allerlei zwielichtiges Gesindel die finstere Zeit für Raubzüge. *Odin* als oberster Kriegsgott und Anführer der toten Helden war in dieser Zeit mit seiner Horde unterwegs, um wie *Frigg*, seine Gemahlin, Unrecht sichtbar zu machen, für Gerechtigkeit zu sorgen und darauf zu achten, dass alles auf der Welt seine Ordnung behielt und die Vorschriften der Zeit zwischen den Zeiten eingehalten wurden. Die Sprachforscherin *Erika Timm* belegt schlüssig, dass *Frigg* die Urgestalt der *Percht* ist und *Holla* ihre Entsprechung in den nördlichen Ländern ihres ehemaligen Kultgebietes. Der Namenswechsel wurde durch die Verbote der neuen, christlichen Religion nötig, den alten Göttern durfte nicht mehr geopfert bzw. gehuldigt werden, also wurden die Beinamen der Göttermutter »Strahlende, Glänzende« *(peraht)* bzw. »Verhüllte, *Huld*volle« *(pergan)* genutzt. Außerdem gibt es ja nicht nur die biologische, sondern auch eine kulturelle

Evolution, das heißt, Welterklärungsmodelle und dazu gehörige Geschichten, Rituale und Bräuche werden immer der jeweiligen Gegend und historischen Entwicklung angepasst. Der landschaftlichen, klimatischen ebenso wie der kulturellen. Völker und ihre Mythen vermischen sich, beeinflussen einander. Daraus erklären sich wechselnde Namen ebenso wie unterschiedliche Eigenschaften, »Umgangsformen« und Erscheinungsmodi der uns heute bekannten Wesen der Raunächte. Dasselbe gilt für Brauchtumsvariationen und ihre Verbreitung bis in slawische oder italienische Gebiete.

Frigg, Beschützerin der Ehe und Mutterschaft, hatte wie *Odin* Seelen in ihrem Gefolge, ihr wird nachgesagt, dass sie die toten Kinder in Erdbeeren versteckte, um sie unentdeckt nach Walhall mitnehmen zu können. Das Motiv der Walderdbeere findet sich sogar für *Maria*, der *Gottesmutter*, die sie pflückt, um sie den Kindern im Paradies zu bringen. Auch *Percht* war für Kinderseelen zuständig, ihre *Wilde Jagd* hatte nicht das Kämpfen im Sinn, sondern diente der Abwehr der verderblichen Mächte. Vornehmlich Fruchtbarkeitskulte werden mit ihr in Verbindung gebracht. Zahlreiche Funde von Göttinnenstatuen, denen nur ganz vereinzelt männliche Figurinen gegenüberstehen, belegen, dass der Kult der Göttin wesentlich älter ist als die Verherrlichung der männlichen Spiegelbilder. Dass die *Percht* und die Frauen ihres Gefolges bis in unsere Zeit »überlebt« haben, zeigt, wie wichtig besonders im Winter das Bewahren und Pflegen war. Eroberte Länder, deren Äcker nicht bestellt waren, boten keine Nahrung für hungrige Menschen.

Damit gemeinsames Feiern und Planen gelang, war ein allen verständliches System für Terminvereinbarungen nötig. In früheren Jahrhunderten waren nur wenige Menschen schreib- und lesekundig, Kalender und Datumsangaben dienten hauptsächlich offiziellen Schriftstücken, Verträgen und Chroniken. Das Volk orientierte sich an Tagen der Heiligen oder an Ereignissen, an die so ein Tag alljährlich erinnerte. Es gab wichtige Namenstage wie der Johannes' des Täufers, *Johanni*, die *Eisheiligen* sind noch heute bekannt, Albrecht Dürer bezeichnet den Tag seiner Geburt mit *Prudentientag*. An den *Annentag* erinnere ich mich aus Kindheitstagen noch sehr genau, auch *St. Josef* markierte einen jährlichen Fixpunkt. Diese Zuordnungen wurden mit dem Wettergeschehen verbunden oder als Lostage genutzt, d.h. für Orakelbräuche, wie den oben geschilderten. Der 21. Dezember war bis zur Liturgiereform als *Thomastag* bekannt. Weil der Sonnwendtag auch Schlachttag war – für Schwein, mitunter auch Rind für die oft gemeinschaftlichen Essgelage – mutierte er zum »blutigen Thomerl«.

Zumindest heutige Masttiere ergeben eine ganze Menge Fleisch – 300 kg (Schwein) bzw. 600 kg (Rind). Das will entsprechend verwertet oder konserviert werden. Rauch war schon deshalb ein Bestandteil der Rau(h)nächte, weil vieles durch Räuchern lagerbar wurde. Gemeinsames Tafeln ist ebenfalls eine logische Konsequenz. *Thomashutze* oder *Thomaszoll* trieben sich als *Vogelpercht* mit riesigem, furchterregendem Schnabel als Kinderschreck herum. In der Gegend um Lienz und im oberösterreichischen Mühlviertel erschien hingegen der freundliche *Thomasniglo*.

Geschichten, die das Leben spinnt

Wenn die Nächte immer länger wurden und winterliche Winde die Kälte um die Häuser fegte, fanden sich alle um ein wärmendes Feuer zusammen und nutzten eine gemeinsame Lichtquelle, um auch in den dunklen Stunden die Arbeit fortsetzen zu können. Ein ideales Setting, um allerlei gruselige, traurige, ermunternde und belustigende Neuigkeiten, Lügengeschichten und Erzählungen auszutauschen. Vermutlich erinnert die bewertende Formulierung »die spinnt ja« an solche Situationen. Die erwähnten Spinnstuben, in denen nicht nur der neueste Tratsch ausgetauscht wurde, sondern sicher auch das Wissen über Heilkräuter ebenso wie über hilfreiche Wesen, waren Orte, wo Überlieferungen lebendig blieben. Mit dem Geschichtenerzählen konnte Wissen ausgetauscht werden. Als Märchen verpackt, daher unabhängig von Glaubensvorschriften, überdauerten sie die Jahrhunderte. In Landstrichen mit Einzelgehöften, wo dieser gemeinschaftliche Austausch kaum stattfand, wurden die Mythen der germanischen Götterwelt schneller vergessen. Gesellen auf Wanderschaft oder Lohnweber sorgten aber auch hier für Nachrichtenvermittlung.

Wenn alles versponnen war und Ordnung in den Spinnstuben herrschte, dann war auf ein Geschenk der *Percht*, wie z.B. ein Goldstück, zu hoffen. *Holla* brachte Kuchen, Blumen oder Obst und half insbesondere Frauen und Mädchen. Sie wünschte ihnen »so manches gute Jahr« – alles Motive, die im Märchen der *Frau Holle* zu finden sind – und machte sie gesund und fruchtbar. Nicht immer war Letzteres erwünscht, denn die Spinnstuben waren auch Spielplatz für voreheliche Lustbarkeiten. Für die Errettung der unerwünschten Seelen waren die *Wilden Weiber* aber ebenfalls zuständig, blieb also alles in einer Hand.

Spinnstuben haben wir heute keine mehr, facebook und andere Web-Plattformen ersetzen das absichtslose Geplauder rund um die gemeinsame Lichtquelle. Geblieben aber sind Gewohnheiten, wie das Backen von Weihnachtsgebäck.

Der duftende Rauch, der alles klärt

Auch Räuchern wird immer öfter wieder praktiziert. Ursprünglich genutzt, um die Ställe zu reinigen, zog der duftende Rauch auch in angrenzende Wohnräume. Dort merkten die Menschen bald seine anregende und klärende Wirkung. So schilderte es mir *Hans Schüller*, erfahrener Spezialist für

Räucherwerk und Steinblütenessenzen. Bei Letzteren sind die Düfte ohne den Rauch wirksam, beide nützen den einzigartigen direkten Kanal des Geruchssinns, der ohne Umwege über andere Hirnregionen den Hypothalamus erreicht und damit sofort unser emotionales Gedächtnis. Eine weitere geniale Einrichtung der Natur, für optimale Fortpflanzung: Durch den Geruch erkennen wir den genetisch möglichst diversen Partner für widerstandsfähige Nachkommenschaft. Anders formuliert: Gerüche stimulieren Liebesgefühle und Libido. Dieses Wissen wird in Konsumtempeln eingesetzt, manch (vorweihnachtlicher) Kaufrausch erklärt sich auch damit.

Beim Räuchern von Haus und Hof am Thomastag geht es um grundlegende Reinigung. Zuvor sollte der übliche Weihnachtsputz erledigt sein, damit nur mehr Informations-Müll zu entsorgen bleibt. Der Experte weiß die subtilen Unterschiede der geeigneten Pflanzenteile zu unterscheiden und wählt sie gemäß dem jeweiligen Bedarf, energetische Mülltrennung sozusagen. Der Laiin empfiehlt er zur Basisreinigung die heimische Eibe, geeignet für groben Unrat, subtiler wirksame Räucherrituale sind für die folgenden Raunächte geeignet.

Ein gemeinsam geschürtes Sonnwendfeuer hat ähnliche Funktion. In dieses können z.B. auf Zettel geschriebene oder in Hölzer hineingelispelte Worte, die Loszulassendes beschreiben, geworfen werden. Wer es bereits an diesem Tag durchführt, kann die kommenden in sich hineinhorchen, auch Träume beobachten, um zu kontrollieren, ob alles entsorgt wurde und gegebenenfalls zu Silvester den Rest erledigen. Bereits den 21. Dezember für diese reinigenden und klärenden Rituale zu nützen, kann wunderbar auf das folgende Weihnachtsgeschehen und die Stimmung in der Familie wirken.

Nehmen wir uns bereits drei Tage vor den Feierlichkeiten Zeit für Besinnung und Freiraum, räumlich, körperlich und geistig, unterbrechen wir damit gleichzeitig die Dynamik gestresster vorweihnachtlicher Emsigkeit. Das Märchen dieses Tages zeigt auch dahingehend auf, was helfen kann, Abstand zu gewinnen, dem Hamsterrad der Gewohnheit zu entrinnen. Räder sollen ja *alle* stillstehen in diesen Tagen und Nächten!

Marie kommt in ein Haus, in dem alles verkehrt ist. Mein Tipp: Nützen Sie diesen Tag, um das, was Sie tagtäglich umgibt, Dinge, Menschen, auch vermeintliche Pflichten und Dringlichkeiten, verkehrt herum zu betrachten. Sicherlich haben auch Sie als Kind getestet, wie die Welt erscheint, wenn der Kopf nach unten hängt. Dieser kurze Ausflug in die *Anderswelt*, in diesem Fall eine *Verkehrtwelt*, reicht als Denkanstoß, dass alles auch ganz anders betrachtet und vor allem bewertet werden kann.

Heute ist der Tag der Wende zur größten Chance (21), zum Sprung in das Neue. Altes darf sterben, um Neuem Platz zu machen. Was also gibt es in Ihrem Leben, genau heute, das Sie noch nie von einer anderen Seite betrachtet haben? Wie schaut die Kehrseite der Medaille Ihres Lebens aus? Sind Sie bereit, sie umzudrehen?

Wir haben alles vergessen und wissen doch alles.

Die Nacht

Sie war eine raue Nacht. Sie kam aus dem Nichts und ging ihres Weges. Viele Male hatte sie diesen Weg gesucht, war ihn weitergegangen, bis zum Ende des Tales. Dort war sie am dunkelsten.

Die grünen Wiesen waren verschwunden, hatten sich in die Erde zurückgezogen, ihre Samenkinder ins schützende Nest gelegt. Sie ermunterten Käfer und Würmer, die Erde rundum lockerzuhalten, damit im Frühjahr, sobald die Nacht das Tal verlassen hatte und die Sonnenstrahlen den Boden wieder wärmten, die Samen sich hingeben konnten, um neu zu erblühen.

Nun aber war die Nacht unterwegs, sie hörte ein Stöhnen, dem Ächzen des Windes gleich, sie stapfte über das trockene Land, ringsum war Ödnis, kein Mensch war zu sehen. Die Nacht, die raueste von allen, war Einsamkeit gewohnt, sie kannte nichts anderes, weshalb sie das Gefühl auch nicht empfand.

Nur manchmal hatte sie den Eindruck, dass ihr etwas fehle, doch was dies sein sollte, wusste sie nie zu benennen. Wie ein Loch in den Eingeweiden, es fühlte sich hohl an, sie spürte, dass da ein Platz war, den sie selbst nicht füllen konnte.

Sie strich über das Land, auf der Suche nach diesem Etwas. Hätte sie es gefunden, würde sie fühlen, wie sich der Hohlraum in ihr füllte. Sie überlegte, ob es kalt oder warm, laut oder leise, ob es ein angenehmes oder beengendes Gefühl wäre. Nichts konnte sie abhalten, den Weg zu suchen, der sie dorthin führen würde. Sie ging und ließ sich nicht beirren durch Wetter oder Nacktheit der Landschaft. Hunger oder Durst kannte sie nicht, sie kannte nur ihr Gehen. Und sie kannte ihr Ziel, ohne die leiseste Ahnung von dessen Beschaffenheit.

24. Dezember

Übergang vom Heiligabend über Christmette zum 1. Weihnachtsfeiertag, der ersten »echten« Raunacht; letzter Fasttag

»Was suchen wir da eigentlich?« – »Das weiß ich nicht, aber es muss irgendwo da sein.« Dieser Dialog in einem alten *Stockinger*-Krimi karikiert treffend das zutiefst menschliche Vertrauen in eine Errettung.

Die Rückkehr des Lichts

Im Laufe der Jahrhunderte, beginnend mit der Reformation und verstärkt in der Zeit des Biedermeiers, gewann der *Heilige Abend* an Bedeutung. Die strenge Zensur bewirkte den Rückzug in die romantisierte Privatheit, das Fest entwickelte sich zusehends zu einem der Familie und der Geschenke, besonders für die Kinder. Die gewohnte Dekoration mit immergrünen Zweigen verdichtete sich zum Symbol des Lebensbaumes im Tannen- oder Fichtenkleid.

Vor Etablierung des Christentums wurde die Geburt Christi nicht betont. Die frühe Kirche wollte sich von den pompösen Festlichkeiten zu Ehren der antiken Götter und

Göttinnen abgrenzen. Erst ab dem 4. Jh. und nur innerhalb der Liturgie wurde die Geburt Christi als Teil eines größeren Festkreises – von Advent bis Lichtmess – gefeiert. Möglicherweise, weil beim Konzil von Nicäa 325 die Wesensgleichheit Jesu mit Gott, durch seine Geburt leibhaftig geworden, anerkannt wurde.

Mit zunehmender Missionierung zeigte sich, dass es leichter gelang, wenn bereits bestehende, im Volk verankerte Festinhalte mit christlichen gefüllt und somit ins Kirchenjahr integriert wurden. Wie sehr sich altes mit neuem Brauchtum irritationslos verbinden lässt, zeigt heute noch das berühmte Totenfest in Mexiko rund um Allerheiligen, bei dem Schamanismus und Katholizismus eine unproblematische Einheit bilden. Auch in unseren Breiten hat sich im sogenannten Aberglauben viel erhalten, was heidnischen Ursprungs ist, wenn auch nicht jede Variation zweifelsfrei vorchristlichen Traditionen zugeordnet werden kann. Die Feiern zur Rückkehr des Lichtes oder zu Ehren *Odins* waren öffentliche, die Geburt Christi wurde ebenso gemeinschaftlich gefeiert. In der Folge des erwähnten Konzils wurde der 25. Dezember, der Termin der Feiern des vermutlich aus Kleinasien stammenden *Mitras*kultes, bei den Römern Festtag des *sol invictus*, des unbesiegten Lichtes, umgedeutet zum Fest der Geburt des Erlösers, eingebettet in die Reihe der Feiertage, die die Ankunft des Gottessohnes, des Lichtbringers für die Seelen, zum Inhalt haben.

Im Zusammenhang mit der Geschichte *Die Nacht* finde ich bemerkenswert, dass im Lukas-Evangelium zu lesen ist, Gottes Sohn sei in eine Krippe gelegt worden, also eine Leere füllend. Das Motiv der Nacht findet sich anschließend bei den Hirten, ihnen erscheint der verkündende Engel während der Nachtwache. Ein Bild der Erwartung und des Erhellens wird beschrieben. *Joseph Campbell* schildert in *Der Heros in tausend Gestalten* das Leitmotiv vieler Schöpfungsmythen: die Leere, aus der heraus die Welt sich erschaffen hat. In der Nacht findet sie ihre Entsprechung, sie steht für »das Bodenlose der dunklen Nacht der Seele«. Im Evangelium nach Matthäus wird die Bedeutung des Lichtes, das diese wandeln wird, angekündigt: Der Engel spricht im Traum zu Josef: »*Sie wird einen Sohn gebären, und du sollst ihm den Namen Jesus geben, denn er wird sein Volk von seinen Sünden erlösen.*«, Mt 1,21. Die Bedeutung der Zahl 21 wurde bereits im vorigen Kapitel beschrieben, in diesem 21. Vers findet sich die biblische Untermauerung: Die Geburt Jesu befreit alle Seelen von der Finsternis, von der Nacht der Leere, des Getrenntseins.

Es blieb also dabei, immer wurde die Wiederkehr des Lichtes gefeiert, aus *Wihinaht* (ahd. *wihi* heilig, Heiligkeit und *naht* – die Nacht) wurde Weihnachten. So manche naheliegenden sprachlichen Zuordnungen sind allerdings nur bedingt belegbar. Beispielsweise wird das vorchristliche *Julfest* gerne mit *Odin* und seinem Alias *Jólnir* assoziiert, genauso gut kann umgekehrt das als Trinkgelage, aber jedenfalls um die Wintersonnenwende gefeierte *Jólnir* zu *Odins* Beinamen geführt haben. In neuerer Zeit wird gerne, je nach Belieben, auf heidnische, altgermanische Sitten zurückgehendes Brauchtum behauptet. Bereits im 15. Jh. bemühte man sich um Quellen, die heidnische Wurzeln des deutschen Volkes und damit seine mythologische Basis dokumentieren sollten. Die Texte *Tacitus*' über die *Barbaren* wurden damals wiederentdeckt, sogar Belohnungen wurden ausgeschrieben für Schriften, die älter als 500 Jahre wären. Sich auf Jacob Grimms Sprachforschungen beziehend haben die Wegbereiter des Nationalsozialismus und in deren Folge Ideologen ab Mitte des 19. Jhs. die Quellenlage sehr tendenziös gedeutet. Eine altgermanische Tradition wurde teilweise konstruiert. Bis in die heutige Zeit werden historisch belegbare und dem jeweiligen Denkkonstrukt angenehme Zuordnungen je nach Bedarf durchmischt und verbreitet. Das weltweite Netz ist ein buntes Feld, seriöse ebenso wie allerlei zumindest kritisch zu betrachtende Inhalte bedienen sich aus der Brauchtumskiste. Schriftliche Quellen finden sich frühestens ab dem 7. Jh., allerdings noch sehr bruchstückhaft und mehrdeutbar, ab dem 10. Jh. gibt es dann häufiger christliche Quellen, die heidnische Bräuche anprangern. Das wiederum macht sie glaubwürdig, denn niemand hätte »Werbung gemacht« für eine gar nicht existente »Gefährdung des Seelenheils«.

Wie im vorigen Kapitel beschrieben beinhaltet der Begriff Rau*nacht* auch die wenigen Stunden Tageslicht. Somit war *Heilig Abend* schon der Beginn der ersten Nacht der *Zwölften*. Der Tag selbst war der letzte Fasttag des Advents, oft wurde nur Suppe oder Kaltes gegessen, Kletzenbrot war und ist typische süße Ergänzung. Für das Buch *»Alpenbräuche«* erzählte eine Tiroler Bäuerin: »Zu Mittag, da ist gewöhnlich der *Blattlstock* (= Mehlspeise) gewesen und eine gute Suppe. Ja, weil Weihnachten, da hat man gefastet.«

In vielen Haushalten gibt es auch heute kein Fleisch, oft jedoch Fisch, der erst recht festliche Dimensionen erreicht. Drei Schuppen des Fisches in der Geldbörse sollten Not abwenden (vielleicht wurde deshalb der Karpfen mit seinen großen Schuppen zum Standard des Weihnachtsabends, vermutlich hängt es aber mit dem alljährlichen Abfischen der Teiche zusammen). Auch Frankfurter Würstchen finden sich – diese Sitte kenne ich noch aus meiner Kindheit – als sparsames Essen vor den Festgelagen der kommenden Tage. Für Veganer bietet sich Hirsebrei an, eine typische Opferspeise, sie sollte dafür sorgen, dass immer Geld im Beutel war.

In Oberösterreich wurde an diesem Tag das sagenumwobene *Störibrot* gebacken, ein sehr helles, gewürztes Roggen-Weizenbrot, zu dem am Stefanitag Gäste eingeladen wurden und das auch das Gesinde als Geschenk, als Teil der jährlichen Entlohnung, erhielt. Sogar Vieh und Feuer wurden damit »gefüttert«, in die Erde wurde ein Stück vergraben.

Seit *Papst Pius V.*, im Jahr 1570, sind vier Adventsonntage verbindlich festgelegt. Bis 1917 galten strenge Fastenregeln für die vier Wochen bis Weihnachten, noch früher begann diese karge Zeit bereits nach dem 11. November, dem Fest des Hl. Martin. Davon erhalten geblieben ist nur der Gansl-Schmaus. Kaum jemand weiß noch, dass Gänse wegen winterbedingter Futterknappheit geschlachtet und, weil sich deren Fleisch schlecht konservieren ließ, auch gleich verzehrt werden mussten. Danach wurde 40 Tage lang gefastet. Der Beginn der winterlichen Enthaltsamkeit verschob sich später auf St. Kathrein, den 25. November. Ab nun musste mit den Kräften Haus gehalten werden, wenig essen, alle Arbeit erledigen bis zum Fest, Haus und Hof reinigen, das verbrauchte Energie, daher blieb keine für Lustbarkeiten. Dass es in den Spinnstuben dennoch lustig herging, ist allerdings auch überliefert.

Apropos Reinemachen: Um die Tiere vor Krankheiten zu schützen, wurden die Stallungen geräuchert. Der Journalist *Bartholomäus Grill* berichtet aus seiner Kindheit in Bayern: *»Das Ausräuchern half immer gegen alles, Zahnweh inklusive. […] Es duftete nach Winter, eine Mischung aus Altheu, Grassilo, Kuhschweiß, Weizenkleie, Kletznbrot, brennenden Buchenscheiten und dem Kristallodem der Kälte.«*

Durch diese Kälte ging es, ursprünglich um vier Uhr früh, zur Mette, bis dahin wurde viel gegessen und getrunken (traditionell gab es nächtens häufig Würste aller Art, vermutlich floss auch viel Schnaps oder zumindest das zu Weihnachten gebraute Starkbier). Wer Wasser trank, den würden im Sommer die Mucken stechen, hieß es. Wer es schaffte, Schlag Mitternacht bei einem heiligen Brünnlein zu sein, der konnte sich gratis betrinken, denn das Wasser wurde 60 Sekunden lang zu Wein. Wer diesen Moment verpasste, wurde Opfer sommerlicher Mückenplage. Damit die Gläubigen halbwegs nüchtern zur Mette kamen, wurde sie im 19. Jh. auf die 24. Stunde vorverlegt. Unterwegs wurden für fruchtreiche Ernte Obstbäume geschüttelt, wer sichergehen wollte, legte Steine darauf oder umwand sie mit Strohseilen, mitunter steckte man Pfennige in die Gebinde.

Die Zahl 24

Diese Schritte zur Andacht sind gleichzeitig die ersten Schritte hinein in die Zwischenwelt des Jahresausgleiches. Deshalb widme ich der Nacht, die den Übergang zu den 12 heiligen Nächten darstellt, ihre eigene kurze Geschichte. Und selbstverständlich soll die Deutung der Zahl des Weihnachtsabends, der 24, in diesem Buch nicht fehlen.

In der Kabbala der Zahlen symbolisiert sie die »weibliche« Liebe, den hingebungsvollen, nährenden, empfangenden, bewahrenden Aspekt. Das asiatische »Yin« beschreibt diese Qualitäten losgelöst von Mann-Frau definierten Bildern. Dies ist wichtig zu bedenken, denn jeder Mensch trägt sogenannte weibliche ebenso wie männliche Aspekte in sich, unabhängig vom biologischen Geschlecht werden beide jeweils intensiver oder reduzierter gelebt. Im Sprachgebrauch der Energie-Arbeit wird von der *inneren Frau,* vom *inneren Mann* gesprochen. Ziel ist, beide gleich stark und selbstbewusst zu leben. Je nach Situation oder Herausforderung nutzen wir das sanfte, hingebungsvolle Einwirken der femininen Seite oder das Aktive, Zielgerichtete, Entschlossene, mitunter auch Aggressive unserer maskulinen. Die in der Bibel geschilderte Geschichte der Heiligen Nacht ist geprägt vom nahenden Geburtsgeschehen. Es ist eine Frau, Maria, die dem Gottessohn zu seiner Inkarnation verhilft. Ihr bedingungsloses *»Dein Wille geschehe«* macht dies möglich. Ebenso braucht es einen Mann, Josef, der sich hingebungsvoll dem Plan Gottes fügt und, auf Geheiß des Engels in seinem Traum, seine schwangere Frau nicht verstößt, sondern ganz im Gegenteil, sie und *»die Frucht ihres Leibes«* führt, begleitet und für beider Sicherheit sorgt, so gut es ihm möglich ist.

Dieser Bericht kann symbolisch für die Hingabe gesehen werden, die der 24 gemäß zahlenkabbalistischem Verständnis zugeordnet wird. Das unbeirrbare Vertrauen in die Kraft der Liebe, die niemals fehlgehen kann.

Im Mittelalter wurde das Geburtsfest mit Umzugsbräuchen, bei denen Engelsgruppen von einem »Christkind« angeführt wurden, öffentlich zelebriert. Geschenke gab es an St. Niklas oder auch am *Tag der Kinder*, am 28. Dezember. *Luther* war gegen Umzüge und Heiligenverehrung, doch befürwortete er das Schenken und verlegte es auf den Tag des Festes. Besonders den Kindern brachte nun das *Christkind* Gaben wie Lebkuchen, *Bamkraxler* (Baumkletterer, ein Kinderspielzeug) oder Dörrobst. Es war weiß gekleidet, wie auch die Percht, die *Strahlende*. Sie wird im weißen, leuchtenden Gewand überliefert. Leinen weiß zu bleichen, war aufwendig. Nach mehreren Waschgängen und der Erstbehandlung in Buchenaschenlauge wurde es auf der Wiese aufgelegt und über etliche Wochen mit Tau und Wasser besprengt feucht gehalten. Die Sonne bewirkte in dieser Zeit eine natürliche Sauerstoffbleiche. Je weißer, desto kostbarer, blieb es Personen höheren Standes vorbehalten, die es sich leisten konnten. Der Percht, in weißen Stoff gekleidet, musste also ein besonderer Status zuerkannt gewesen sein. Ähnliches gilt analog für das gabenbringende Christkind.

Als Reaktion auf das protestantische Christkind wurde mit der Gegenreformation St. Nikolaus als Geschenkebringer forciert. Erst später, möglicherweise gemeinsam mit dem Weihnachtsbaum, kam es in katholische Haushalte. Seit über 200 Jahren ist Weihnachten, traditionell geprägt, allgemein als Fest der Familie eingeführt. Die 24 steht genau für dieses Streben nach der perfekten Familie, nach dem idealen Partner, die *Heilige Familie* als Prototyp vor Augen. Damit ist gleichzeitig die Aufgabe umrissen, die beim Leben und Erleben dieser Zahlenqualität zu bewältigen ist. Denn in einer Welt, in der das einzig Sichere Veränderung ist, kann es niemals Perfektion geben. Wäre sie erreicht, käme es zum Stillstand. Gleichzeitig hält die Vision des Idealzustands diesen Prozess der permanenten Veränderung in Gang. Mit diesem Paradoxon Frieden zu schließen, ist die Herausforderung und gleichzeitig Chance, die uns die 24 und damit das Fest des *Heiligen Abend* anbieten. Wie oft wir daran scheitern, zeigen unzählige Geschichten von Familienkrachs am vermeintlich friedvollsten Tag des Jahres, gleichzeitig hoffen wir jedes Jahr aufs Neue, dass es gelingen möge. Diese Problematik wird sowohl durch die 24 als auch durch die 6, die als Quersumme von 2 + 4 ebenfalls zur Deutung beachtet wird, angesprochen. Die 6 gilt als Zahl der Materie, des Körpers, des Überlebens, besonders für das Wenden der Not. Sie symbolisiert die Energie, die uns Grenzen setzt und uns gleichzeitig immer wieder aufs Neue anregt, diese zu überschreiten, ihre Durchlässigkeit auszutesten. Der Vorabend der Tage, in denen die Grenzen zur Anderswelt fließend sein sollen, könnte nicht treffender datiert sein.

Die Schattenseite der 24 entsteht aus der Sehnsucht nach Perfektion. Sie kann zu Eifersucht führen, denn vermeintliche Vollkommenheit andernorts, in anderen Beziehungen, in vermuteten Liebschaften des Partners/der Partnerin, lässt die eigene Wirklichkeit als Versagen erscheinen. Um es sich nicht eingestehen zu müssen, wird anderen alles Mögliche vorgehalten und damit die Atmosphäre noch mehr vergiftet. Sexualität wird mit Liebe gleichgesetzt oder völlig getrennt von dieser behandelt. Erst wenn die eigene Begrenztheit wahrgenommen und als Qualität, weil ureigenste Besonderheit, erkannt und gleichzeitig die der Mitmenschen akzeptiert wird, kann Reichtum fließen, der aus diesen einander ergänzenden Besonderheiten entsteht. Weihnachten, als Fest aller Menschen, will uns genau diese Frohbotschaft vermitteln. In dieser erlösten Sichtweise realisiert sich die 24 als Energie der absolut Liebenden. Die im Märchen geschilderte Nacht trägt dieses Sehnen in sich, allerdings frei von Suchtanteil. Ohne sich aufzuhalten mit Grübeln, was sie erwarte und welche Risiken sie damit eventuell eingeht, bleibt sie im Vertrauen, ihr Ziel zu erreichen.

Wer eine 24 im Geburtsdatum trägt, neigt dazu, sich selbst zu vergessen, um die ideale Familie, das ideale (Arbeits-) Umfeld zu erschaffen. Tatsächlich meint er oder sie, das Gelingen hänge vom persönlichen Einsatz ab. Gegen die Gefahr der Überforderung mahnt die 6, sich auf das wirklich Nötige, Essenzielle zu beschränken, auf den Körper und seine Grenzen zu achten. Ihn gut zu nähren, um ihn gesund zu halten. Genuss hat dabei entscheidenden Anteil. Wer unzufrieden ist (auch eine Schattenseite der 6) kann nicht genießen, wird krank. Die Lösung liegt in der Kombination von 2 und 4, Hingabe und Intuition (2) einerseits, Aktivität und Bejahung des Lebens (4) mit all seinen Mängeln andererseits. Zu erkennen, dass wir alle begrenzt (6) sind und genau dadurch einzigartig, dient der Versöhnung mit der Unzulänglichkeit irdischen Daseins.

Es geht um Körperlichkeit, somit auch Sinnlichkeit, um Materialität und deren Gestaltung. Dass wir einander Geschenke unter den Christbaum legen, mit allerlei »Material«, nämlich Verpackung und Dekoration, umhüllt, passt ebenso gut zu dieser Qualität wie das genussvolle festliche Essen, das in vielen Familien am Weihnachtsabend und somit am Vorabend der 12 Nächte zwischen Mond- und Sonnenjahr aufgetischt wird.

Festmahle, Orakel und Märchen

Die aus vorchristlicher Zeit stammenden Gebräuche, die *Wilde Jagd* und damit die Göttinnen der Vorzeit und eine matrifokal geprägte Gesellschaft betreffend, erinnern uns, die *Percht, Berscht, Holla, Huld, Stampa, …* – sie hat viele Namen, je nach Region – in dieses Festmahl einzubeziehen. Naturgeister wie Wichtel und Kobolde freuen sich gleichfalls über einen Anteil der aufgetischten Speisen.

In ländlichen Gebieten wurde das Tischtuch mit den Resten des Fastenessens auf dem Acker ausgeleert. In Böhmen vertrieben im Garten verstreute Reste des Mahles angeblich die Maulwürfe. *Waltraud Ferrari* erzählt in *Alte Bräuche neu erleben,* dass in Salzburg das *Heilignachttüchel* mit verschiedenen Speisen für die Mitziehenden der *Wilden Jagd* der Percht gerichtet wird. Dieser aus alten Fruchtbarkeitsritualen verbliebene Brauch wurde in Oberösterreich gleich mit einem Heiratsorakel verbunden. Die »große (= erste) Dirn« übernahm dieses Geschäft, wobei sie nach einem Mann Ausschau hielt. Woher ihr Bräutigam im Neuen Jahr kommen würde erkannte sie aus der Richtung, in der sie ihn entdeckte. Auch den Bäumen wird ein Speiseopfer gebracht. *Marie Andree-Eysn* berichtet 1910 in ihrer Schrift *Die Perchten im Salzburgischen* vom Pinzgauer *Bachlkoch,* ein Mehlbrei mit Honig, zu dem alle anwesend sein mussten, die Percht würde es sonst übelnehmen. Einen kleinen Rest bringt die Bäuerin zu den Obstbäumen mit der Aufforderung *»Bam, esst«,* um reiche Ernte im Sommer zu sichern. Gegen Lawinen wurde ein am Gründonnerstag gelegtes Ei an gefährdeten Stellen vergraben. Wer es versehentlich zerbrach, hatte wohl Pech, zumindest muss der Gestank des Monate alten Eis grauenvoll gewesen sein.

Ein weiteres Orakel, wider jegliche kirchlichen Gebote geübt, beschreibt *Karl Huß*, ein Freund Goethes, Scharfrichter der Stadt Eger ebenso wie Heilkundiger, in seiner Schrift *Vom Aberglauben*: Die Tochter des Hauses oder die Magd klopfte *»nackent«* an den Schweinestall und fragte, ob sie im kommenden Jahr heiraten würde. Grunzte ein ausgewachsenes Schwein, würde ein Witwer oder gesetzter Herr als Freier erscheinen, ein Quieken kündigte einen jugendlichen Werber an. Nur wenn sie gar nichts hörte, bliebe sie weiterhin ledig. *»Schöne Rathgeber, wann Schweine gefragt werden«,* kommentiert *Huß*. Er berichtet außerdem, dass am Land die Leute an dem *»Faßnachtsabend«* keine Suppe äßen, um Mückenstiche zu verhindern. Merke: Suppe und Wasser meiden verhindert sommerliches Jucken.

Mit der *Störi* (ahd. Stere = Kraft) wird um Eberstalzell zugleich auch ein kleiner Laib gebacken, den der oder die erste am Weihnachtsfasttag nach drei Uhr vorbeikommende Arme bekommt. Wieder ist es die »große Dirn« die es, gemeinsam mit einem Geldstück und einem Ei oder einem Stück Fleisch übergibt; beschenkt sie einen Mann, kann sie auf Heirat hoffen, sein Name soll auch der ihres Bräutigams sein. In Weißkirchen werden aus dem Teig zusätzlich drei Kugeln geformt und gebacken. Die Hausfrau wirft eine nach der anderen übers Hausdach mit den Worten: *»Gö Hex, da hast du das dein, lass mir dafür das mein!«*

Viele Menschen erinnern sich an tradierte Bräuche und lassen sie neu aufleben. Speisen und Getränke werden zu den Wurzeln eines Baumes gestellt, damit die Wesen der Anderswelt sich stärken können für ihren bevorstehenden wilden Ritt. Gleichzeitig symbolisiert die Nahrungsgabe den Beginn dieser besonderen Zeit, auch *Geb-Nächte* genannt. In diesen reisen die Fabelwesen in unsere Ebene der verdichteten Energie, die wir Materie nennen und in der wir körperhafte Nahrung zu uns nehmen. Sagen und Märchen erzählen immer wieder von besonders empfindsamen Menschen, die fähig oder auch auserwählt sind, die Wesen der Anderswelt wahrzunehmen, mit ihnen zu kommunizieren. All diese Geschichten sind auf ewig gespeichert, manche nennen diese Quelle Akasha-Chronik, andere morphische Felder, Archetypen, Körpergedächtnis oder auch Unterbewusstsein.

Woher auch immer dieses Welt-Wissen stammen mag – intuitives Märchenschreiben ist eine Form, es ins Bewusstsein zu holen. Die Märchen dieses Buches sind ohne Nachdenken entstanden, der Schreibvorgang erzeugte lesbaren Text. Die geistige, gleichzeitig unbewusste Verbindung mit der jeweiligen Tagesqualität dient als unsichtbare Überschrift und bestimmt ihren Inhalt mit. Die Recherchen zu den Hintergründen der Raunächte ließen mich deutlich erkennen, wie viel altes Wissen im Unterbewusstsein gespeichert ist und durchaus passend zum jeweiligen Tag auftaucht, wenn man es nur lässt.

In »Die Nacht« wird die uralte Verbindung des Weihnachtsfestes mit dem Geschehen im Acker angesprochen. Die Percht wurde mancherorts mit der Pflugschar in Verbindung gebracht, darauf gründet sich die Vermutung, die ihr vor allem in späterer Zeit angedichtete große krumme Nase – sie wurde im Laufe der Jahrhunderte zunehmend hässlicher und bösartiger dargestellt – sei ein Symbol dieses kulturbestimmenden Werkzeuges. Erst der Pflug machte es möglich, ausreichend Nahrung für große Gemeinschaften anzubauen und wird daher mit Fruchtbarkeit in Verbindung gebracht. In Bayern wurde eine Pflugspitze unter den Weihnachtstisch gelegt, damit die Percht die Ackeraufbereitung des Frühjahrs segne, auch das Schleifen von schneidendem Gerät allgemein findet sich im Brauchtum. Es wird speziell für das Kärntner Lavanttal und Görtschitztal genannt, als *»Roateln«* (mhd. der Reitel, Band, Reif). Messer, Hacken, Sägen, Sensen, Scheren und alles, was eine Schneide hat, wird vor Weihnachten geschärft und am Heiligen Abend unter den weiß gedeckten Tisch gelegt. Ein *Reinling* nebst zwei brennenden Kerzen und eine Schale Weihwasser stehen darauf, der Tisch ist um die Füße mit eisernen Ketten umwunden und bleibt so bis zum Neujahrstag. Manchmal kommen noch blank geputzte Pfannen und Schüsseln aus Metall dazu. Der Lohn sei eine gute Ernte und Glück für den Herd.

Mit dem Weihnachtsabend verbinden wir die Darstellung der Heiligen Familie im Stall, bei Ochs und Esel. Der Glaube daran, dass in den Raunächten, besonders in der Christnacht, die Tiere sprechen, war weitverbreitet. Sie würden weissagen – daher die Orakel-Fragen an Schweine oder Hühner. Jedoch wurde kolportiert, dass, wer ihnen zuhöre, nicht überleben würde. Zu viel Geheimwissen war also gefährlich.

Karl Huß übrigens nennt die Raunächte die zwölf Unternächte und die *drey Winternächte,* ohne einen genauen Zeitpunkt zu nennen. Dass die Leute *»fest darauf hielten«* missfiel ihm: *»Mächten sie mehr auf gutte Ordnung halten, das wäre beßer.«* In derselben Schrift beschreibt er den häufig erwähnten Glauben ans Losen, also Horchen an einer Wegkreuzung. In diesen *Lösselnächten* stand oder saß man mit einem Schwert umgürtet auf einem Tierfell, mindestens eine Stunde, ohne sich zu bewegen, und lauschte. Dies öffnete die Wahrnehmung für Nachrichten aus der Zukunft.

Wegkreuzungen waren umgeben von Pflanzen, natürliche Wege entstehen dort, wo die Erdstrahlung das Wachstum behindert. Es sind stark aufgeladene Plätze, ihre »Sendefähigkeit« spiegelt sich wider im Märchenmotiv des Messers, das, in einen Baum gesteckt, anzeigt, ob es dem Wanderer gut geht oder ob er in Lebensgefahr ist (seine Seite wird rostig). Im Buch *Das geheime Leben der Pflanzen*, einem Standardwerk aus den 1970ern der Biologen *Peter Tompkins* und *Christopher Bird*, sind zahlreiche Versuchsreihen von Wissenschaftlern seit Mitte des 19. Jhs. beschrieben, die mit Hilfe unterschiedlicher Geräte Aufzeichnungen der Stimmungen von Pflanzen machen konnten, sogar extraterrestrische Frequenzen wurden durch sie übermittelt.

Einen Versuch wäre es jedenfalls wert, packen Sie sich warm ein, gehen Sie spazieren. Vielleicht haben Sie schon vor einigen Tagen eine verlockende Wegkreuzung entdeckt oder Sie lassen sich führen, wohin Ihre Füße Sie tragen. Bleiben Sie vor Ort und lauschen. Je absichtsloser, desto eher kann

Sie das *Raunen* erreichen. Selbst wenn es nur Ihre innere Stimme ist, die sich meldet – auch sie hat eine Menge zu sagen. In einer Stunde kann viel erzählt werden. Auf dem Rückweg könnten Sie ein Erinnerungsprotokoll aufnehmen, die meisten Mobiltelefone haben eine Aufnahmefunktion. Oft wird Schweigen mitverordnet, alternativ lassen Sie es wirken, setzen sich zu Hause hin und schreiben eine Geschichte, das eben *Erlauschte* in Ihrem Herzen verwahrend.

Alle Raunächte sind gleichzeitig Lostage, Sie können diese Erfahrung in jeder der 12 Nächte suchen. Nur verschieben Sie es nicht jeden Tag um einen weiter, sonst wird am Ende nichts daraus. Vielleicht planen Sie in einem Monat des kommenden Jahres etwas Besonderes, dann wäre die entsprechende Raunacht die geeignetste für Ihren Ausflug. Sie wissen ja: Was Sie beim *Losen* erfahren und Ihnen nicht so gut gefällt, kann jetzt zurechtgerückt werden. Wenn Sie dazu ein Märchen schreiben, bietet dieses Ihnen vielleicht Hinweise, wie Ihr Vorhaben gelingen kann, aber auch, welche Hürden dafür zu überwinden sein könnten.

Zum Abschluss dieses Kapitels noch eine kleine Checkliste: Ist alle Arbeit getan? Stehen alle Räder still? Ist alle Wäsche erledigt, sodass Sie bis zum 7. Jänner keine mehr waschen und zum Trocknen aufhängen müssen? Wenn Sie meinen, Sie stecken diese in den elektrischen Trockner: Passen Sie auf, das könnte danebengehen. Die Percht ist anpassungsfähig, aber nicht was ihre Gebote angeht. In früheren Zeiten stoben sie und ihr Gefolge durch die hängenden Laken und zerrissen diese, heute treiben sie sich offenbar auch in Geräten herum. Jedenfalls berichtet *Andrea Dechant* von einer Freundin, die einige ihrer absoluten Lieblingsstücke zerrissen aus dem Trockner holen musste, was vorher und nachher nie passierte. Auch die Wäschetrommel ist ein Rad, hat also zu ruhen in diesen Tagen. Über das Fahren mit dem

Auto habe ich noch nichts gelesen, in früheren Zeiten behalf man sich mit dem Schlitten, der hatte ja keine Räder. Wie wäre es, in dieser Zeit mehr zu Fuß zu gehen? Aber die Percht hat wohl Verständnis für die heutigen Distanzen, ansonsten wäre unsere Welt ja schon längst stehen geblieben.

Auch mir wurde von klein auf eingeschärft, Wäsche über Neujahr nicht hängen zu lassen. Obwohl das nur mit der eindringlichen Ermahnung einer eingeborenen Wienerin aus einer 12-Kinder-Familie begründet wurde, hielt ich mich immer daran.

Inzwischen ist gewiss schon die Nacht hereingebrochen, die erste der *Zwölften* beginnt, auch Ruhe- oder Zwischennächte genannt. Die Grenzen zur *Anderswelt* öffnen sich ... Genießen Sie diese besondere Zeit und öffnen Sie Ihr Herz für die Geschichten und Botschaften, die Sie beim Übergang ins Neue Jahr begleiten.

Wer mit uns zieht, gewinnt ein neues Leben.

Das Geschenk der Heiligen Nacht

Es war der Wind, der ums Haus fegte und die Bäuerinnen näher zusammenrücken ließ. Sie saßen um den großen Tisch in der Stube, ein Feuer flackerte im Herd, einige Äpfel wurden darin gebraten. Es war ein Festtag, deshalb gab es diese Köstlichkeit.

Und ein Kind war geboren worden. Das Kind der Grete, die im hintersten Winkel der Küche ihre Lagerstatt hatte und der Frau bei allem zur Hand ging, was so im Haus zu tun war. Vor allem im Bodenschrubben war sie besonders gut, und die Hausfrau wollte sich nicht bücken. So war es Grete, die diese schwere Arbeit alljährlich verrichtete, damit zu Weihnachten alles für das Fest des Heilands gerichtet war.

Die Bauersleute sahen die Magd eher wie einen Teil des Inventars, bloß dass sie sich bewegen konnte und ganz nützlich war. Sie aß meist nicht viel und redete gar nicht. Sie fiel nur auf, wenn sie mal nicht da war, und das kam selten vor, ein, zwei Mal im Jahr, wenn sie ihre Mutter besuchen ging. Niemand achtete auf sie, deshalb war es keiner aufgefallen, dass sie etwas rundlicher geworden war Als Grete zu ihrem Lager ging, sich krümmte und sogar zu schreien begann, schauten sie doch hin. Von einer, die nie einen Laut von sich gab, Schreie zu hören, war schon sehr merkwürdig. Und dann sagte eine: »Jessas, die kriegt ja a Kind!«

Da war es nun, das Kindlein, wie der Heiland in der

Heiligen Nacht geboren und wie er im Stroh liegend. Sie hatten einige Leinentücher gefunden und das Kind darein gewickelt. Es lag bei Grete, die einen merkwürdigen Ausdruck im Gesicht hatte, irgendwie ganz verwundert. Verwundert wie erstaunt und auch erhellt über das Wunder dieses Lebens, das in ihren Armen lag und friedlich schlief. Es war ein Junge, mit runzeligem Gesicht und sogar Haaren auf dem Kopf, wie ein weiser Alter.

Alle waren so überrascht über dieses weihnachtliche Geschehen, dass keine darüber nachdachte, wer wohl der Vater sein konnte. Dass Grete was davon wüsste, wie Kinder entstehen, war kaum denkbar, und dass sie etwas sagen würde, erwartete niemand. Obwohl sie nicht stumm war, sie sprach halt nicht, vermutlich weil ihr ohnehin niemand zuhören würde, also hatte sie wohl irgendwann aufgehört zu reden.

Aber wie das so ist, wenn Frauen beieinandersitzen, war auch das Neugeborene irgendwann kein Gesprächsthema mehr, es machte sich ja nicht bemerkbar, sondern schlief ganz friedlich und seine Mutter ebenfalls. Bald sprachen die Frauen von anderen Dingen, denn nun begannen die heiligen Nächte, in denen nicht gesponnen oder sonst eine Arbeit getan werden sollte. Die kommende Zeit war dem Beisammensein gewidmet, ebenso dem Innehalten, dem Ruhe-Geben, dem Lauschen auf die Natur und der Beobachtung der Ereignisse, denn sie ließen Hinweise auf die Monate des kommenden Jahres erahnen. Die Meierin hatte ein krankes Pferd, dem der Knöchel mit Salbe eingerieben werden musste, die Bergerin mischte sich ein (denn sie mischte sich immer ein) und meinte, dass die Wilde Jagd Heilung bringen könne und dass die Meierin eine Schale Milch vor die Stalltür stellen solle oder einen weißen Kuchen, denn das mochten Frau Holle und ihre Gefolgsleut'. Vielleicht würden sie dann zu dem Pferd schauen und die richtige Arznei anwenden. Als das besprochen war, erzählte die Gruberin, dass der Oheim schon recht alt sei, kaum mehr aus seinem Stuhl aufstehen wolle und auch sonst kaum mehr was sprach oder tat, und dass sie nicht wisse, wie sie damit umgehen solle, denn sie hatte wenig Zeit, um nach ihm zu schauen und außer ihr hatte er keine Familie mehr. Andere sprachen von den Kindern, was diese das Jahr über alles angestellt oder gelernt hatten, ob sie bei der Ernte schon ordentlich mithalfen, wer im kommenden Jahr heiraten könnte und so fort, was sich an einem Winterabend so als Gesprächsstoff anbot.

Da meldete sich die Wallnerin zu Wort und begann zu erzählen:

Einmal, vor vielen Jahren, als sie noch ein Kind gewesen war, geschah es in einer Weihnachtsnacht, dass die Leute vergessen hatten, dem alten Brauch zu folgen und der Wilden Jagd die Milch hinauszustellen. Auch keine Kuchen, Eier oder sonstigen Speisen, die die Göttinnen der alten Zeit gerne aßen, wenn sie vorbeizogen.

In dieser Nacht mussten sie unbefriedigt weiterziehen und am nächsten Tag fand der Bauer sein Vieh im Stall ohne Milch im Euter, weder bei Kühen noch Ziegen. Er war recht erschrocken und ging zum Nachbarn, um sich mit diesem zu beratschlagen. Dessen Frau hörte die Geschichte und sprach: »Die Percht und ihr Tross haben sie wohl ausgetrunken, wenn die nichts bekommen, holen sie sich, was ihnen zusteht und noch ein wenig mehr. Das bringen sie dann denen, die zu wenig haben. Find dich drein und sei froh, dass du nicht mehr zahlen musst.« Der Bauer war nicht wirklich zufrieden, aber er wollte auf den nächsten Tag warten, ob die Tiere wieder Milch gaben. Er besprach es mit seiner Frau, die sich ans Kuchenbacken machte und diesen am Abend gemeinsam mit einer Tasse Milch für die Percht bereitstellte. Am nächsten Tag staunte der Bauer nicht schlecht, denn im Stall fand er alle Tiere schon gemolken und in den Eimern war mehr als je zuvor. Diese Milch schmeckte besonders süß, viel Rahm konnte er abschöpfen, um daraus beste Butter zu machen. Das freute den Bauer, und um der Percht gebührend zu danken, trug er seiner Frau auf, einen weiteren besonders guten Kuchen zu backen. Mit einer schönen Schale Milch und einem Stück der Butter stellte er ihn bereit. Am darauffolgenden Tag war die Milch wieder reichlich gemolken worden. Seine Frau und er freuten sich über die gewonnene Zeit und nutzen diese, zu den Gevattern zu schauen. Denn in dieser Zeit zwischen den Zeiten, da soll man ja einander besuchen, sich austauschen und miteinander sein.

Kaum hatte die Wallnerin »Gevattern« gesagt, tönte ein lautes Stöhnen aus der Ecke, wo die Grete lag, und alle horchten auf. Grete murmelte: »Der Gevatter hat gesagt, wenn ich mich geschickt anstelle, dann werden wir beide große Freude dran haben.« Danach verstummte sie wieder. Sie war gar nicht aufgewacht und würde später wohl nichts von ihrer Schlafrednerei wissen.

Die Frauen waren in einigem Aufruhr. Wenn es stimmte, was Grete im Schlaf gesprochen hatte, wäre es ihr Pate, der Schmied, gewesen, der ihr das Kind gemacht hatte und es gäbe einen, der dafür sorgen könne. Die Frauen vereinbarten, dass sie gleich am nächsten Morgen zu ihm gehen würden, schließlich musste alles seine Ordnung haben.

Als sie in der Früh vor der Türe des Schmiedes ankamen, stand seine Frau mit einem Besen bewaffnet davor und herrschte die Bäuerinnen an: »Was verbreitet ihr da für Lügengeschichten, nur weil eure dumme Magd im Schlaf was vor sich herbrabbelt, bezichtigt ihr meinen Mann des Ehebruchs, ihr Gesindel!« Mehr hatte nicht gefehlt, schon gab es ein Gezeter auf beiden Seiten und wurde immer lauter, bis der Schmied herauskam und polterte: »Was macht ihr Weiber für einen Lärm? Ich kann mein Tagwerk nicht in Ruhe erledigen, das ist nicht gut, denn mit der Glut muss ich achtsam sein, sonst geschieht ein Unglück. Gebt also Ruhe ihr Frauen und geht eurer Wege!«

Zuerst waren alle verstummt und harrten, dass der Schmied irgendetwas zu dem Gerücht, er sei der Vater von Gretes Kind, sagen würde. Doch er schien ahnungslos. Die Jüngste unter ihnen, die sich noch nicht fürchtete, rief, ob er nicht erfahren habe, dass er gestern Vater geworden sei. Seine Frau schrie und keifte und wollte der Suse an die Gurgel gehen, aber der Schmied guckte nur stumpfsinnig und schien kein Wort zu verstehen. Die einen waren nun damit beschäftigt, die streitenden Frauen zu trennen, die Huberin aber nahm den Mann zur Seite, berichtete die ganze Geschichte und fragte, ob er wohl die Verantwortung für seinen Sohn übernehmen wolle. Da wurde der Mann kleinlaut, denn er erinnerte sich der Nacht, als er, ein wenig beschwipst vom Tanze, seinem Mündel begegnet war. Dabei war ihm ganz gleich gewesen, ob es die Grete, die Suse oder sonst ein Weibsbild war. Hauptsache, er konnte seinen Drang befriedigen, denn zu Hause erwartete ihn nur seine Alte, die er in- und auswendig kannte und mit der es ihm schon recht langweilig geworden war. Grete zeigte sich willig, er hatte ihr ja gesagt, dass es ihr Freude machen würde. Und einer Magd, die davon wenig im Leben hatte, der konnte man damit schon kommen. Ja, so war das gewesen, und er hatte es längst vergessen. Sein Vergnügen hatte er gehabt, frisches Fleisch um seine Lenden gespürt, mehr war da nicht gewesen.

Nun aber hörte er, dass ihm diese wenigen nächtlichen Minuten einen Sohn beschert hatten. Seine Ehe war kinderlos geblieben und es tat ihm leid um seine Schmiede, die er niemandem vererben konnte. Also warf er sich in die Brust und herrschte seine Frau an: »Weib, hör auf mit dem Gezeter, wir haben keine Kinder und wenn uns das Schicksal nun doch noch eines schenkt, wollen wir es gut aufziehen. Ich will ihm das Schmiedehandwerk beibringen, so bleibt mein Wissen erhalten und vielleicht kann er einstmals des Herzogs Pferde beschlagen. Ich will ihn alles lehren, was ich weiß.« Er sprach so bestimmt, dass die Frau keinen Widerspruch über ihre Lippen brachte. So hatte sie ihn schon lange nicht mehr erlebt. Und wenn ihr der Grund auch missfiel, sein Auftreten erinnerte sie an den jungen feschen Mann, in den sie einst recht verliebt gewesen war. Eine gute Partie war er gewesen und sie eine resche junge Frau. Als aber keine Kinder kommen wollten und ihr das Liebemachen keine Freude mehr bereitete, waren die gemeinsamen Tage wenig freudvoll geworden. Sie dachte an Kinderlachen, das ihrem Heim neues Leben einhauchen würde – und was konnte denn der Unschuldswurm dafür, dass so ein Mannsbild sich nicht beherrschen konnte. Also stimmte sie zu und die Bäuerinnen waren zufrieden. Alles war wieder am rechten Platz und das Dorfleben in Ordnung.

Doch Grete hatte keine gefragt. Die war in der Zwischenzeit ganz verklärt in der Stube gesessen, wiegte ihr Kindlein, summte Lieder ihrer Kindheit, die sie wieder erinnerte, und hatte alles um sich herum vergessen. Als nun die Bäuerinnen hereinkamen und ihr das Kind aus den Armen nehmen wollten, fing sie an zu schreien, presste den Säugling an sich, beugte sich über ihn und wollte ihn um nichts in der Welt hergeben. Die Bäuerinnen ließen von ihr ab und meinten, sie würde schon irgendwann einschlafen, dann wäre immer noch Zeit, den Sohn zum Vater zu bringen.

Da hatten sie aber die Rechnung ohne Grete gemacht. Die lief zu ihrem Lager, holte ihr Bündel, mit dem sie zur Mutter zu gehen pflegte, und hängte sich ihr wollenes Tuch um die Schultern. Sie beobachtete die Frauen, die beratschlagten, wie sie es am besten anstellen sollten, ihr das Kind wegzunehmen. Da keine auf sie achtete, schlich sie hinaus. Der Hofhund gab keinen Mucks von sich, denn Grete war immer gut zu ihm und brachte ihm so manchen Knochen. Er leckte ihr die Hand und schnüffelte neugierig an dem Bündel in ihren Armen, dabei wedelte er, denn es duftete herrlich. Grete streichelte ihn liebevoll, sie würde ihn ja nie mehr sehen. Ein wenig traurig war sie schon, doch ihr Kindlein wollte sie niemandem überlassen, es war ihr ganzer Schatz, einer, den sie sich nie hätte träumen lassen.

Zur Mutter wollte sie nicht, die hätte sie nicht verstanden. Also beschloss sie, auf Wanderschaft zu gehen, weit weg, dorthin, wo sie niemand kannte. Sie hatte keine Ahnung von der Welt und wie diese auf eine Frau mit Kind aber ohne Mann reagieren würde. Also marschierte sie los, ein wenig Brot war noch in ihrem Rock versteckt, sie hoffte, unterwegs schon irgendwo etwas zu essen zu bekommen. Viel brauchte sie selbst ja nicht, aber das Kindlein sollte genug haben, damit es groß und stark würde.

Nach einer Weile kam sie zu einem Wald, von jeher ein guter Freund all jener, die sich vor der Welt verstecken wollten. Der Wind hatte sich gelegt, rundherum war es ganz still. Nachdem sie ein gutes Stück in das Gehölz vorgedrungen war, stand plötzlich ein schneeweißer Hase vor ihr und sah sie mit seinen Knopfäuglein aufmerksam an. Zwischen Grete und der Häsin entstand ein stummes Zwiegespräch von Mutter zu Mutter. Das Tier lief los und Grete hinterher, bis sie zum Bau der Nagerfamilie gelangten. Dort schlüpfte die Hasenmutter hinein und kam alsbald mit einer Karotte zurück, die sie dort für den Winter gebunkert hatte. Grete freute sich riesig, bedankte sich, setzte sich auf den Baumstrunk und begann die Karotte zu knabbern. Das Kind in ihrem Arm wurde unruhig und sie gab ihm die Brust. Die Häsin setzte sich auf ihren Schoß und wärmte mit ihrem Körper Mutter und Kind. Als beide mit der Nahrungsaufnahme fertig waren, hob sie mit bewegtem Näschen den Kopf, stellte ihre Löffel auf und gab Grete zu verstehen, dass ein anderes Geschöpf des Waldes kommen würde, um sie auf ihrem weiteren Weg zu begleiten und ihr zur Seite zu stehen. Wenig später tauchte eine Rehkuh auf, die trotz ihrer angeborenen Scheu recht nahe an die Mutter mit Kind herankam und ebenfalls ein stummes Gespräch mit ihr begann. Grete verstand auch dieses sanfte Tier und vernahm, dass es sie zu einer Hütte führen wollte, in dem Jäger manchmal Rast machten. Jetzt aber, in diesen heiligen Nächten, blieben die Tiere unter sich und brauchten nichts zu fürchten.

Nach einer Weile erreichten sie das Häuschen, in dem sich Holz und ein Ofen fanden, auch einige Äpfel und sogar ein Stück Speck. In einer Ecke lagerte ein wenig Korn, sogar ein Topf stand da, um warmen Brei zu kochen. Plötzlich hörte sie vor der Tür ein leises Meckern und als sie öffnete, erblickte sie eine Ziege, die ihren dicken Euter anbot, damit Grete etwas nahrhafte Milch für ihr bescheidenes Mahl bekäme. Die junge Frau freute sich sehr, molk das gute Tier und stellte auch ein Schälchen für die Percht neben die Hütte. Denn was die wilde Jagd erwartete, das wusste sie gut und wollte es keinesfalls missachten. Sie lud die kleine Ziege zu sich in die Stube ein, und alle drei schliefen nebeneinander ein und hielten sich gegenseitig warm.

Da es nun die zweite der »rûchigen« Nächte war, kam die Percht mit ihrem Gefolge vorbei und freute sich über die Gabe der einfachen Magd. Die Göttinnen der Nächte zwischen den Zeiten sahen die drei liegen und beschlossen, dafür zu sorgen, dass es ihnen auch weiterhin gut ginge. Also schickten sie Waldgeister aus, um alles gefallene Holz zu sammeln, das sie vor der Hütte aufschlichteten, damit Grete und ihr Kleines es warm genug hätten, um bis zum Frühjahr ausharren zu können. Danach zogen sie weiter in die Kornkammern der Reichen, die alljährlich vergaßen der wilden Jagd ihren Obolus zu spenden, und holten allerlei Getreide und Leckereien zusammen.

Als Grete am nächsten Morgen erwachte, staunte sie nicht schlecht über die Köstlichkeiten. Ganz freudig wurde ihr ums Herz, denn so konnte sie mit ihrem Kindlein den Winter ganz gut in dem einsamen Häuschen überstehen. In der folgenden Nacht brachten die wilden Weiber noch einiges an Leinen, damit sie ein feines Lager bereiten konnte und Windeln für das Kindlein hatte. Einige Krüge standen bereit, um Wasser zu sammeln, falls die Quelle zufrieren oder der Schnee so hoch fallen sollte, dass die Tür sich nicht mehr öffnen ließe. Die Ziege blieb und schenkte ihr ihre Milch, denn auch für das treue Tier hatte das Gefolge der Percht gesorgt und eine Menge Stroh und Heu gebracht.

So lebten sie ganz wunderbar im winterlichen Wald, die Tiere erkannten die freundliche Frau bald als ihre Verbündete. Eichhörnchen teilten ihren Nussvorrat mit ihr und gelegentlich brachte der Fuchs sogar ein Stück Hühnchen vorbei. So gut war es Grete noch nie gegangen. Ihren Sohn hatte sie Felix getauft, weil er sie so glücklich gemacht hatte und das Glück ihm so hold war. Er wuchs prächtig und war schon ein strammes Bürschlein geworden, das seiner Mutter zufrieden entgegenlachte, nach dem Bart der Ziege haschte und friedlich einschlummerte, wenn Grete ein Wiegenlied summte.

Langsam wurden die Tage länger, der Schnee schmolz und die ersten Sonnenstrahlen wärmten den Boden der Lichtung. Schon lugten da und dort ein paar Schneeglöckchen aus dem Boden und die ersten Vögel zwitscherten ein Frühlingslied. Dies bedeutete aber auch, dass alsbald die Jäger kamen und Grete nicht länger würde bleiben können.

Da rief Grete all die Freunde, die sie im Wald gefunden hatte, zusammen und beriet sich mit ihnen, wohin sie sich nun wenden könne. Der Fuchs, der in den Gehöften ringsum wilderte und die Behausungen der Menschen kannte, meinte, dass sie nach zwei Tagen Gehzeit zu einem alleinstehenden Gebäude kommen würde. Es war ein Gutshof, der schon lange verlassen dastand, weil es darin spukte, zumindest ging dieses Gerücht um, und die Bauern waren abergläubische und ängstliche Leute, also machten sie lieber einen großen Bogen darum. Die anderen Tiere waren ganz aufgeregt, denn sie wollten die beiden Menschenkinder, die sie so lieb gewonnen hatten, nicht einem Geist aussetzen.

Der Fuchs beruhigte, das sei alles nur Gerede, der Specht bot ihr an, täglich laut zu klopfen, um einen eventuellen Geist zu erschrecken, die Häsin, die in der ersten Nacht ihre Karotte mit Grete geteilt hatte und nun mit ihrem ganzen Nachwuchs in der Versammlung saß, meinte, dass Grete notfalls Zickzack durch das Gebäude laufen solle, das würde den Geist schon verwirren. Der Hirsch bot ihr sein Geweih als Instrument der Verteidigung an und der Uhu versprach, jede Nacht vorbeizufliegen, um nach dem Rechten zu schauen, denn bekanntlich trieben Geister ihr Unwesen ja in der Nacht, während anständige Menschen schliefen. Als sie so saßen und sich um die Grete und ihr Kind sorgten, vernahmen sie einen sanften glockenhellen Gesang. Nach draußen geeilt, um seinen Ursprung zu erkunden, entdeckten sie bei der Quelle eine kleine Nixe. Als endlich alle um das Wassergeschöpf versammelt waren, zeigte es sich zunächst ganz stolz, denn so viel Aufmerksamkeit hatte es noch nie bekommen. Unten im Bergteich war die Nixe eine von vielen und gar nichts Besonderes, aber hier, vor der Quelle, über die zu wachen man ihr aufgetragen hatte, war sie schon wer. Ja, das musste der Nixenvater wohl anerkennen! Sie erfuhr Gretes Geschichte und vom Geist in dem verlassenen Hof. Der ungewöhnlichen Versammlung gebot sie, durch die Quellöffnung ins Berginnere entschwindend, ein wenig zu warten. Nach einer Weile kehrte sie zurück mit einer Kugel, die ein ganz besonderes Licht ausstrahlte und in allen Farben schimmerte. Die legte sie in Gretes Hand und erklärte, dass sie die Außenwelt spiegeln könne, auch die unsichtbare, und sie rot zu leuchten beginne, wenn Gefahr drohe. Sie hatte ein Glöckchen dabei, das Grete in so einem Fall läuten solle, dann würden aus allen Wasserstellen des Hauses Wasserwesen auftauchen, Grete beschützen und den Dämon in ein anderes Reich begleiten.

Das beruhigte die Tiere, die Grete ans Herz gewachsen waren, und als die Nacht anbrach, begleiteten sie die kleine Familie ein Stück des Weges, solange sie sich im Wald sicher fühlten. In die Nähe der Menschensiedlungen wagte sich nur der Fuchs, der Grete ja das Gehöft zeigen musste. Einige Vögel flogen mal voraus, mal wieder zurück, um darauf zu achteten, dass niemand die vier – die Ziege war natürlich auch dabei – entdecken konnte. Denn sie mussten über einen Acker, in dem die Saat für das nahende Frühjahr noch schlummerte. Nicht mehr lange würde es dauern und die ersten Keime würden durch die Erdkruste brechen und sich den Strahlen der Frühjahrssonne entgegenstrecken, sie würden Wurzeln ins Erdreich ausbreiten, um die Tropfen des Regens aufzunehmen, und immer größer und kräftiger werden. Daran dachte Grete, der Vergleich mit ihrem Sohn, der ebenso schnell gewachsen war, wurde ihr bewusst, und ein verträumtes Lächeln lag auf ihren Lippen.

Der Acker war die gefährlichste Strecke, die zu überwinden war, hier gab es keine schützenden Bäume mehr, die sie vor fremden Blicken bewahren konnten. Mit den Vögeln war ein Signal vereinbart, hätten diese jemanden entdeckt, sollten sich die drei flach auf die Erde legen und warten, bis die Gefahr vorüber wäre. Doch sie überquerten das Feld ohne Zwischenfall, Grete hatte nur etwas Mühe, dem schnellen Fuchs zu folgen, der vorauslief, dann ein wenig wartete, um wieder weiterzulaufen, wenn sie nahe genug gekommen waren. Die Kugel in ihrer Hand blieb farblos, also blieb Grete unbesorgt.

Endlich lag der Acker hinter ihnen und ein stark überwucherter Feldweg brachte sie direkt zum verlassenen Gehöft. Im Licht des Mondes sah es besonders schaurig aus, der Wind bewegte lose Bretter und Fensterläden, die klapperten. Grete war grusig zumute, aber ein Blick auf die Kugel versicherte ihr, dass sie nichts zu fürchten hatte. Sie dankte dem Fuchs, bat ihn, die Freunde des Waldes zu grüßen und betrat ihre künftige Heimstatt.

Die Vögel versprachen, regelmäßig vorbeizukommen, um

sich zu vergewissern, dass es ihnen allen gut ginge. So würde sie auch in Kontakt mit der Waldgemeinschaft bleiben. Sie drückte ihr Kind voller Freude und ein wenig Angst vor der Ungewissheit an sich, aber da sie bisher die Zeit so gut überstanden hatten war sie voller Vertrauen, dass sie auch weiterhin behütet sein würden.

Das Haus war voller Spinnweben, die wenigen Möbel, die es noch gab, waren staubbedeckt, der Herd musste von allerlei Unrat gesäubert werden. Grete erschrak, denn wenn auch niemand herkommen würde, den Rauch würde man doch aufsteigen sehen. Verzweifelt setzte sie sich auf den Boden, da fiel ihr die Kugel in ihrer Hand ein und sie blickte darauf. Sie sah das Haus und den Rauch und weit in der Ferne, im nächsten Dorf, Menschen, die beieinanderstanden und erschreckte Gesichter machten. Als sie die Kugel ein wenig drehte, sah sie die Dörfler ganz nah und verstand ihre Gespräche. Der Glaube an das Unwesen im Haus war so unerschütterlich, dass die Leute meinten, die wären nun auch tagsüber aktiv, ja sie hielten den Rauch für Geisterwesen. Deshalb kam nun erst recht niemandem in den Sinn, dem Haus nahe zu kommen, also konnte Grete ganz beruhigt Feuer machen, sich ungestört einrichten und Gemüse anbauen. Gras für die Ziege wuchs rundherum genug, es würde ihnen also an nichts mangeln. Bloß ein wenig Korn war noch nötig, für Brei zum Sattwerden. Die Vögel versprachen, dafür zu sorgen, wenn jeder von ihnen einige Körner vorbeibrachte, würden es wohl genug für das Jahr sein.

Grete war überglücklich über die wunderbare Hilfe der Tiere und machte sich daran, das neue Heim wohnlich zu machen. Putzen war sie gewohnt von ihrer Zeit bei den Hubersleuten, also dauerte es nicht lange, bis das ganze Haus blitzte und recht gemütlich aussah. Sie meinte das Haus lachen zu hören und wunderte sich nicht, denn nach so langer Zeit des Unbewohnt- und Ungepflegt-Seins musste es wohl recht glücklich sein über das neue Leben in seinen Wänden.

Als der Morgen kam, war Grete fertig, hatte ein Lager für sich und das Kindlein gerichtet, die Ziege war im Hof und sah sich nach Grasresten um, die den Winter überstanden hatten. Grete merkte, wie müde sie war und schlief erschöpft neben ihrem Knaben ein.

Es war beinahe Mittag, als sie erwachte, der Säugling hatte am Abend die Brust bekommen und sie nicht eher geweckt, doch nun schien die Sonne durchs staubige Fenster und Gretes Nase kitzelte, dass sie niesen musste, da war sie gleich hellwach. Nun, bei Tageslicht, sah sie, wie viel Arbeit noch auf sie wartete. Die Vögel hatten bereits genug für einen Brei herbeigetragen, sie entfachte das Feuer im Herd und bald saß sie beim Frühstück, das heute schon das Mittagessen war, und freute sich des Lebens.

Es folgten Tage des Erkundens und wieder Nutzbar-Machens. Hinter dem Haus gab es einen verwilderten Garten mit Obstbäumen, und Grete fand einiges an Gerät, um ein Gemüsebeet anzulegen. Der Fuchs brachte einige Küken, die zu Hennen heranwachsen konnten, denen sie den Stall herrichtete. So lebten sie eine ganze Weile, der Bub wuchs und wurde kräftig, bald lief er auf seinen Beinchen und erkundete neugierig die kleine Welt, in der sie lebten. Von Geistern hatten sie nichts bemerkt, auch die Kugel der Nixe zeigte nie Gefahr, nur gelegentlich, wenn sich Grete ein wenig einsam fühlte, blickte sie hinein, um den Dörflern ein wenig zuzuschauen und den neuesten Tratsch zu hören, so wusste sie immer Bescheid, ob Gefahr drohte.

Einige Jahre waren ins Land gezogen, Grete hatte wieder zu sprechen begonnen, denn mit ihrem Söhnchen mochte sie sich gern unterhalten, auch der Ziege erzählte sie so manches, was sie bewegte. Nur an die Mutter dachte sie ein wenig sorgenvoll, da diese ja auf ihren Besuch warten würde, aber noch traute sie sich nicht aus ihrer Verborgenheit. Es war ein prachtvoller Sommermorgen, als es an ihre Türe klopfte. Sie erschrak heftig, doch ein Blick in die magische Kugel beruhigte sie. Ein einsamer Wandersmann, ein fahrender Geselle, der die Geschichte des Geisterhauses nicht kannte, wollte bei ihr Rast machen.

Dies war nun eine ungewohnte, doch willkommene Abwechslung. Erfreut lud sie den Wanderer zu einer Jause ein. Sie erfuhr, dass er einen weiten Weg hinter sich gebracht und vielerlei Handwerk gelernt hatte, auch hierzulande unbekannte Techniken, und dass er nun auf der Suche nach einer Bleibe sei, wo er seinen Laden eröffnen könne. Er konnte schreinern und töpfern und bot Grete an, ihr ein wenig zur Hand zu gehen, wenn er einige Tage bei ihr bleiben dürfe, um die Gegend zu erkunden. Nun musste auch sie ihre Geschichte erzählen und dass niemand von ihr und Felix erfahren dürfe, um ihr Glück nicht zu gefährden.

Beeindruckt hatte er zugehört, dass eine Frau so ganz allein mit ihrem Kind zurechtkam, hatte er sich gar nicht denken können. Grete gefiel ihm auch sonst recht gut und er hoffte, ein Weilchen bei ihr bleiben zu können. Felix war ein neugieriger Bub geworden, der mit den Tieren innigste Freundschaften pflegte und schon so manches Kräutlein kannte. Er half der Mutter beim Sammeln von Kleinholz, beim Sauberhalten der Gemüsebeete und ging ihr zur Hand, wo immer er mit seinen Kinderhändchen hilfreich sein konnte. Als der Fremde nun sein Werkzeug herrichtete, schaute er wissbegierig zu. Überhaupt bestaunte er den Mann von oben bis unten, denn bisher war der einzige ihm bekannte Mensch seine Mutter gewesen. Er war beeindruckt von den kräftigen Muskeln des Wanderers, besonders aber faszinierten ihn die großen Füße und die Stiefel, in denen diese steckten. Felix lief meist barfuß, nur wenn es kalt war, zog er zwei Lappen über seine Füßchen, die ihm die Mutter aus einem Stück Leder und einer Stroheinlage gefertigt hatte. Das Leder hatte eines der Weiber aus dem Gefolge der Percht an seinem ersten Geburtstag (der ja mit Weihnachten zusammenfiel) gebracht, zusammen mit anderen nützlichen

Dingen, die Grete nicht selbst herstellen konnte. Denn die Wesen der Anderswelt blieben ihr wohlgesonnen und halfen dort, wo Grete sich nicht selbst helfen konnte.

Robert – so hieß der Gast im »Geisterhaus« – reparierte zuerst Fensterrahmen und Läden, damit es nicht mehr so durchs Haus blies, wenn es draußen windig war. Danach fertigte er einen kleinen Stuhl und Tisch, genau richtig für den kleinen Felix. Er baute einen Ofen für seine Töpferwaren und bald stand wunderschönes Geschirr bereit, um auf den Markt gebracht zu werden. Grete freute sich über die Gesellschaft, über die schönen Dinge und natürlich die Reparaturen, die ihrem Heim so guttaten. Robert nahm ihr einiges an Arbeit ab und sie machte sich daran, eine der Wiesen zu einem Acker umzugraben. Das war freilich sehr anstrengend, und sie wünschte sich einen Esel oder sonst ein Zugtier, damit die Arbeit leichter würde.

Mittlerweile hatte Robert genug Handelsware für den Markt in der Stadt. Grete packte ihm eine gute Jause ein und gemahnte ihn, niemandem von ihr und Felix zu erzählen. Das versprach der Mann, der nun zur Familie gehörte, und verabschiedete sich liebevoll von den beiden.

Es war ein regnerischer, kühler Tag und der kleine Karren, den er hinter sich herzog, blieb immer wieder im Schlamm stecken. So erreichte der Kunsthandwerker die Stadt erst spät in der Nacht, die Tore waren geschlossen, er musste sich Schutz vor Regen und Wind suchen und am nächsten Tag auf den Marktplatz fahren. Ein halb verfallener Heuschober sollte ihm recht sein. Er schob eines der losen Bretter zur Seite und schlüpfte hinein. Als sich seine Augen an die Dunkelheit gewöhnt hatten, erblickte er das Tor, das er von innen öffnen und so seinen Wagen mit seinen Töpfereien und Schnitzereien in den Schober fahren und sichern konnte. Vorsorglich schloss er den Riegel wieder und verrammelte das lose Brett, damit ihn keine Räuber des Nachts überraschten. In einer Ecke lag etwas Stroh, darauf machte er es sich gemütlich, aß den Rest seiner Jause und schlief erschöpft ein.

Er ahnte nicht, dass dieser Heuschober der geheime Zugang zum Reich der Erdgeister war. Das erdige Volk scharte sich um ihn und beäugte höchst interessiert den fremden Menschen. Sie sahen die Krüge und Becher, aus ihrem Element gefertigt, und weil sie von feinster Töpferkunst zeugten, nickten alle bewundernd und freuten sich über die schönen Dinge, die aus dem lehmigen Baustoff ihrer Heimstätte entstanden waren. Sie tranken den mitgebrachten Wein aus den Bechern und feierten bis zum Morgengrauen. Als die ersten Lichtstrahlen durch die Ritzen blitzten, erschraken sie ein wenig und beeilten sich, wieder unter der Erddecke zu verschwinden. Die Reste ihrer Feier blieben zurück, im einen oder anderen Becher auch ein wenig vom Erdwein.

Robert indes kitzelte ein vorwitziger Sonnenstrahl, vom Niesen erwachte er. Schnell wollte er sich auf den Weg zum Markt machen, da sah er all sein Geschirr im Heuschober verteilt, verwundert bemerkte er die Weinreste, die er kopfschüttelnd in einen der Krüge zusammenschüttete. Er sammelte alles Geschirr ein, stellte zufrieden fest, dass nichts fehlte und machte sich auf den Weg.

Die Stadtleute drängten sich um seinen Wagen, so feines Geschirr hatten sie noch nie gesehen. Die Schnitzereien fanden sie allerliebst, kleine Holzpferdchen und Puppenwiegen, auch Bauklötze in allerlei Formen. Besonders bewundert wurde ein Setzkasten mit gleichgroßen Würfeln, die je nach Zusammenstellung immer wieder ein neues Bild ergaben. Grete hatte die Seiten der Würfel mit der Landschaft rund um ihr Haus bemalt, für jede Jahreszeit eine, mit den jeweils passenden Tieren und Pflanzen. Eine weitere Seite zeigte das Erdreich von innen, mit allem Gewürm und Wurzeln und einem Maulwurf, die sechste war dem Reich der Wassernixe gewidmet. Durch plätschernde Fluten schwammen Muscheln, Fischlein und Krebse um einen Angelhaken herum und lachten diesen aus.

Roberts Säcklein war recht schwer von Münzen, er hatte alles verkauft außer dem Setzkasten, der konnte nur auf Bestellung gefertigt werden. Gerade machte er sich ans Einpacken, um mit seinem Verdienst auf den Viehmarkt zu gehen – dort wollte er sich um einen Esel für Gretes Acker umsehen – als ein Herold erschien, der das Schmuckstück zu begutachten wünschte. Er war beauftragt, so einen Kasten für die Tochter des Bürgermeisters zu ordern und wollte sich dessen Qualität versichern. Bald waren sie handelseinig, der Kasten für das Mädchen sollte dreimal so groß werden, einen Park und ein Schloss zeigen, auf einer anderen Seite die Räume des Schlosses von innen, den Rest konnte sich die Künstlerin dazuerfinden. Robert erhielt einen Dukaten als Anzahlung, damit ging er frohgemut zum Viehhändler, um seinen Esel zu finden.

Freilich waren die meisten Tiere schon verkauft, nur mehr ein kleines müdes Eselchen stand da und sein mürrischer Besitzer schalt es gerade: »Dich lahmen Gaul, dich will niemand, durchfüttern werd' ich dich nicht, morgen kommst du zum Schlachter, du taugst zu nichts anderem.« Robert dauerte das Tier, und weil doch kein anderer Esel da war, dachte er: »Hat er keine Kraft für den Pflug, kann Felix mit ihm spielen und auf ihm reiten lernen, ich will ihn vor dem Schlachtermesser retten.« Der Händler war froh, das Tier nicht mehr mitzerren zu müssen und überließ Robert den Esel für ein paar Groschen. Robert streichelte seinen neuen Begleiter sanft zwischen den Ohren und flüstert in eines davon freundliche Worte, die von seiner neuen Heimstätte erzählten. Der Esel, der bisher nur Schelte und Schläge gekannt hatte, war ganz verdutzt, hob gleich den Kopf etwas höher und hielt die Ohren steifer. Und dann entrang sich auch ein heiseres »Iihihi-Ahh« seiner Kehle. Robert lobte den grauen Kerl: »Nun bist du doch ein ganz prächtiger

Esel.« Ganz stolz schritten die beiden aus der Stadt. Draußen fragte der ein wenig müde Künstler seinen neuen Freund, ob er ihn wohl ein Stück des Weges tragen und den Karren mit sich ziehen wolle. Wieder erklang ein »I-A«, diesmal schon viel lauter und klarer, danach ging es dahin Richtung Heim.

War das eine Freude, als sie ankamen! Grete richtete ein Plätzchen im Stall für den grauen Helfer, und dass ihre Bilderwürfel solchen Anklang gefunden hatten freute sie so sehr, dass sie gleich zu malen beginnen wollte. Den Wein der Erdgeister, den Robert in einem der Krüge aufbewahrt hatte, ließen sie sich zur Feier des Tages schmecken. Danach fühlten sie sich gekräftigt zum Bäumeausreißen, was der Acker am kommenden Tag auch zu spüren bekam. So ordentlich wurde er gepflügt mithilfe des dankbaren Esels, dass er sich danach besonders bemühte, das Korn üppig wachsen zu lassen. Die Erdgeister trugen das Ihrige dazu bei, denn sie merkten wohl, wer ihren kräftigenden Trank genossen hatte, und die kleine Nixe und ihr Element erzählten ihnen von Grete und ihrer Umsicht für Tiere und Pflanzen, deshalb wollten auch sie dazu beitragen, dass die kleine Familie weiterhin vom Glück begleitet blieb.

So ging es eine Zeit lang, der Esel strengte sich mächtig an, Grete malte ihre Würfelbilder und Robert verkaufte diese und sein Geschirr und Spielzeug auf den Märkten. Schließlich getraute sich Grete aus ihrer Einsiedelei unter die Leute, sie genoss die Bewunderung ihrer Malereien. Die Backwaren, die sie aus dem Korn des Ackers gebacken hatte, fanden großen Anklang. Übers Jahr wurde geheiratet – endlich konnte sie wieder zu ihrer Mutter, die schon recht alt geworden war und überglücklich ihre plötzlich so gewachsene Familie in die Arme schloss.

Die Weibersleut' staunten nicht schlecht, was aus der stummen Magd geworden war, besonders um den feschen Mann an ihrer Seite wurde sie beneidet. Von Ferne durfte der Schmied seinen Sohn bewundern, doch weil er sich nichts dabei gedacht hatte, als er seinen Samen hinterließ, wollte Grete die beiden nicht zusammenbringen. Felix sollte lieber ein Künstler werden, als schwitzend am heißen Feuer das Schmiedehandwerk auszuüben.

Zwar wunderte sich Grete ein wenig, als Felix begann, aus Draht und Blech kleine Spielzeugtiere zu fertigen, aber weil sie so nett waren und sich gut verkaufen ließen, war ihr das auch recht. In den *rauen* oder auch *rauchigen Nächten*, der Zeit zwischen Weihnacht und Epiphanie, konnten diese Tiere auch sprechen, aber das ist eine andere Geschichte.

1. Raunacht: 25. Dezember

Erster Weihnachtsfeiertag; Orakelbotschaft für Jänner, den Monat der Kälte und der Winterfreuden

Beda Venerabilis, angelsächsischer Theologe und Kirchenhistoriker, schreibt um 700: »*Und diese Nacht [Geburt des Herrn], uns heute besonders heilig, nannten die Heiden Modranicht, das bedeutet Nacht der Mutter, aus dem Grund, wie wir vermuten, sie deren Feier in dieser Nacht abhielten.*«

Maria, Matronen und Erdkulte

Die Heilige Maria »Mutter Gottes« ist *die* Mutterikone der christlichen Welt. Dennoch wird ihr am 25. Dezember kaum Beachtung geschenkt, in Krippen kniet sie meist neben ihrem eben geborenen Sohn. Immerhin hat sie eine Geburt hinter sich, nach langer Reise und mühsamer Suche nach einem Ort der Rast. Ob die Niederkunft leicht oder schwer war, erfahren wir nicht, lediglich *»und sie gebar ihren Sohn, den Erstgeborenen, wickelte ihn in Windeln und legte ihn in eine Krippe, weil für sie kein Platz in der Herberge war«*, lesen wir bei Lk 2,7. Bemerkenswert ist ein Satz davor: *»[...] um sich mit Maria, seiner Verlobten, die schwanger war [...]«* Wir erfahren hier, dass Maria ein uneheliches Kind erwartet und allem Anschein nach von einem anderen Vater. Dieser Satz, losgelöst von der Heilsgeschichte, hätte einen Aufschrei der Empörung ausgelöst. Noch in der ersten Hälfte des 20. Jhs. wurde eine ledige Mutter selbst bei ihrer Beerdigung noch gebrandmarkt, sie erhielt *»kein Kreuz, keine Fahne, keine Schleife«*, erzählt die Bergbäuerin aus Tirol. Sie ergänzt: *»Aber für den Vater von einem ledigen Kind hat es eigentlich keine Folgen gehabt.«*

Maria war in den Jahrhunderten der Christianisierung vor allem »nützlich«, um zahlreiche Naturheiligtümer, die häufig weiblichen Gottheiten zugeordnet waren, zu vereinnahmen. Marterl, Kapellen, Kirchenbauten entstanden an diesen Stellen, in Altäre wurden Darstellungen der *Matronen* integriert. Die frühe Kirche hatte ein komplexes System entwickelt, um ihre Machtposition auszubauen und zu festigen. *»Die heidnischen Berg-, Quell- und Flussgötter des Alpenraumes waren eine ernstzunehmende Konkurrenz zum Monopolanspruch des kirchenchristlichen Gottes, der naturfern und lustfeindlich präsentiert wurde«*, schreibt *Roman Schweidlenka.* Die Gegenstrategie ist authentisch verbrieft, *Beda Venerabilis* zitiert *Papst Gregor den Großen*, der 601 seine geniale Methode der Umdeutung heidnischer Bräuche und Heiligtümer verordnete. Statuen und Idole sollten zerstört, sehr bewusst aber Tempel in christliche Andachtsstätten umgewandelt werden, damit die Menschen dort weiterhin ihre Feste feiern. *»Sie sollen Tiere nicht mehr dem Teufel opfern, aber sie dürfen sie töten als Mahl zu Ehren Gottes, dankend für seine Gnade.«* Für diesen Zweck war es sogar erlaubt, temporär Hütten aus Zweigen rund um die Kirchen aufzubauen.

Durch diese Politik blieben viele der alten Rituale erhalten, auch die *Raunächte*. Besonders im süddeutschen Raum werden die Bräuche der *Zwischennächte* noch gelebt, teilweise auch über diese Sprachgrenze hinaus. Frankreich kennt die *Bonnes Dames*, Italien die *Befana*, Slowenien *Perchtlbaba*, die *Baba Jaga* der slawischen Völker ist vom selben Schlag. Wo sie keine Massenattraktion geworden sind oder sich auf Sauf- und Fressgelage reduzieren, bleiben sie privat, Fremde können daran üblicherweise nicht teilnehmen.

Mit der Ursprungsbestimmung tut sich die Brauchtumsforschung schwer, schriftliche Zeugnisse gibt es frühestens seit den Römern, selbst die Runen, hauptsächlich für Namen und Beschwörungsformeln verwendet, lassen sich erst nach der Zeitenwende nachweisen. Relativ viele Zeugnisse gibt es für die kurze aber intensive Zeit der *Matronen*kulte und ihre Hochblüte in den ersten nachchristlichen Jahrhunderten.

Frauendarstellungen und Textilproduktion haben in etwa denselben Ursprungszeitraum. In vieltausend Jahren wandelte sich das Bild der Frau, der gesellschaftlichen Entwicklung entsprechend. Ob sich dabei ein Kult für eine Göttin des Lebens entwickelte, kann nicht mit Sicherheit belegt werden, allerdings gibt es viele dahingehende Deutungen. Anerkannte Zuordnungen kennen wir erst aus Zeiten mit Schriften, deren Entzifferung unter Wissenschaftlern unbestritten ist. Doch es gibt viel frühere. Erste Belege des Webens sowie Spinnwirtel-Funde gibt es seit der Jungsteinzeit. Westlich von Belgrad, am Ufer der Save, wurden solche Spinnutensilien aus der Vinca-Zeit, etwa 7000 bis 6000 v. Chr., ausgegraben, sie dürften zu den ältesten Schriftdokumenten zählen. Dass das gar nicht so abwegig ist, zeigen keltische Spinnwirtel mit römischen Schriftzeichen, die Liebesbotschaften ausdrücken wie *»komm Mädchen, nimm mein Küsschen«*. 4000 Jahre früher waren solche Inschriften vermutlich sakralen Inhalts. *Toby D. Griffen*, emeritierter Professor aus Illinois, hat sich ihrer Entzifferung gewidmet und erklärt in seiner Abhandlung sehr schlüssig, wie er den, seiner Ansicht nach ältesten, geschriebenen Satz herausfiltern konnte: *»Bärgöttin und Vogelgöttin sind wirklich die Bärgöttin.«* Diese merkwürdige Formulierung wird verständlicher mit Blick auf die antike Göttin *Artemis, Diana* bei den Römern, die häufig mit *Percht* bzw. *Holla* in Verbindung gebracht werden. Artemis war Bär- und Vogelgöttin, u.a. zuständig für das Spinnwesen.

In fast allen Kulturen finden sich Hinweise auf die Personifizierung der Erde als *große Mutter.* Die Ambivalenz dieses Elements als Lebensquelle ebenso wie als Reich der Toten scheint das Bild der Göttin(nen) bestimmt zu haben. Bei den Germanen sind es die *Nornen*, die an den Wurzeln der Weltenesche *Yggdrasil* leben und diese mit dem heiligen Wasser des Brunnens *Urd* am Leben erhalten. *Urd* (das Gewordene), *Werdandi* (das Werdende) und *Skuld* (was werden soll) stehen als Dreigestalt für Geburt, Leben und Tod. Die sumerische *Innanna* steigt in die Unterwelt, um sich dort völlig aufzulösen und nach drei Tagen wiedergeboren, erneuert, aus dieser zurück ins Leben zu kehren. Dieses Stirb- und Werde-Prinzip und die Dreigestalt der Göttin finden sich in vielen Kulturen, sie werden daher in diesem Buch auch in weiteren Kapiteln thematisch eingebunden.

Erst in der Bronzezeit entstand die Trennung in gesellschaftliche Klassen, wer den Handel kontrollierte, konnte daraus Reichtum und Vormachtstellung gewinnen. Informationen wurden über teils sehr weite geografische Entfernungen austauschbar. Daraus wird abgeleitet, dass sich in dieser Zeit ein Kult besonders von Sonnengottheiten und damit patriarchaler Prägung ausformte. Wissenschaftliche Erörterungen zur Bedeutung der Frau und zur Darstellung von Göttinnen sind, zumindest bis zu deren historischer

Belegbarkeit im Zwischenstromland, später in Ägypten und weiter im antiken Griechenland, sehr kontrovers, vom absoluten Leugnen bis zur mystischen Verklärung matriarchaler Gesellschaftsformen findet sich alles. Unbestreitbar bleibt, dass sich das Motiv der Erdgöttin auch in dem Märchen *Frau Holle* wiederfindet, denn beide Mädchen finden den Weg zu ihr über den Brunnen in die Unterwelt – ein dem Mythos der *Nornen* ähnelndes Bild. Dasselbe gilt für die bis heute lebendigen Bräuche und Geschichten um die Percht. Ihr Name ist mancherorts auch Bärmutter oder Bärmuada (Oberösterreich) und kann vom Gebären (des Lichtes), ahd. *beran,* abgeleitet werden. Gleichzeitig mit der Auferstehung des Lichtes wird auf die noch wahrnehmbare Erstarrung der Natur durch die Symbolik des Vogels, des Todessymbols, hingewiesen, womit sich der Kreis zu den Anfängen der Aufzeichnungen der Vinca-Kultur schließen lässt.

Sprechende Tiere

Zu Beginn des Tages-Märchens wird dargestellt, wie es geschehen konnte, dass Geschichten zu Brauchtum wurden. Eine der Bäuerinnen erzählt von der fehlenden Opferspeise und der Strafe der Göttinnen. Eine erzählt's, alle anderen folgen der Empfehlung, weil sich keine den Zorn der Holla oder der Percht zuziehen will.

Grete überlebt dank der Hilfe der Tiere, ihnen wird während der Raunächte viel Aufmerksamkeit gewidmet. Sie sicherten Wohlstand und Überleben, erleichterten die Feldarbeit, ihre Bewegungen sowie das Abgrasen der Wiesen sorgten für automatische Landschaftspflege, denn das Wachstum der Gräser, vor allem welche sich durchsetzen, hängt stark davon ab, ob auf ihnen getrampelt wird oder nicht. In Tirol ist Percht auch als *Stampe* bekannt und

Forschungen ergaben, dass die Bewegung der Erde durch Stampfen (also auch durch Tanzen) Pflanzenwachstum beschleunigt. Der indische Botaniker *T. C. Singh* konnte in den 50er-Jahren des 20. Jhs. nicht nur die Wirkung von Klängen auf Pflanzen beobachten, selbst Tanzschritte ohne Begleitgeräusche bewirkten ein um 14 Tage beschleunigtes Erblühen.

In den Raunächten sprechen die Tiere, erzählt die Überlieferung. Heute kommunizieren viele Menschen mit Tieren. Bekannt sind Pferde- und andere Tierflüsterer. In Kursen können Interessierte eine telepathische Form des Redens mit Tieren erlernen. Meist wird in Bildersprache kommuniziert. Katzen sind beim Erzählen oft nicht so genau, habe ich mir sagen lassen, die erfinden gern mal eine Geschichte. Eine befreundete Tierkommunikatorin berichtete mir von ihrem Dackel, der ihr »erzählte«, er sei schon mal ein Mensch gewesen. Doch auf die Frage, ob er wieder mal einer sein wolle, antwortete er mit einem entschiedenen »Nein«.

Auch der Schutz von Haus, Hof und Vieh war eine der *Wilden Jagd* zugeschriebene Funktion. Um diesen zu sichern, gab es allerlei Empfehlungen und Vorschriften, wie sie bedankt bzw. milde gestimmt werden konnte. Jeder Landstrich hatte eigene Variationen, manches davon wird bis in die heutige Zeit befolgt oder wieder belebt. Sichtbares Beispiel sind Umzüge und Heischegänge, bei denen *Wodan* als *Schimmelreiter* eine der klar definierten Rollen ist. Diese maskierten Trupps ziehen von Haus zu Haus, schlagen teilweise die Gastgeber, dennoch werden sie sehnlichst erwartet und reich beschenkt (oft nach festgelegten Regeln). Denn wessen Haus gemieden wird, dem droht, gemäß altem Glauben, Unglück. Wo sie einkehren, wird reiche Ernte im kommenden Jahr erwartet.

Die Zahl 25

Das Helfen, zu Hilfe kommen passt zur 25. Sie wird dem Stabritter des Tarot zugeordnet und damit seinen ritterlichen Verhaltensmustern. Grundprogramm ist, Hilfe zu leisten. Leider nicht nur denen, die sich wirklich nicht eigenständig helfen können, sondern auch ungebeten. Christus kam auf die Welt, um die Menschheit zu erretten. Durch viele Propheten angekündigt, warteten die davon wussten sehnsüchtig auf ihn. In solch einer Konstellation ist es angebracht zu helfen. Aus der Geschichte seines Wirkens erkennen wir den Unterschied zwischen Mitgefühl und Wohltätigkeit. Eine Empfehlung an Menschen, die in helfenden Berufen tätig sind, ist: Wer gebeten wird, kann sofort sein bzw. ihr ganzes Wissen und Können einsetzen. Andernfalls soll Hilfe maximal dreimal angeboten werden. Wird sie nicht angenommen, dann ist zu akzeptieren, dass sie nicht erwünscht ist. Mitunter ist einem Menschen mehr geholfen, wenn er sich selbst anstrengen muss, trotz Fehlern oder Irrtümern. Die Erfahrung daraus kann wertvoller sein, als wenn er seine Schwäche eingestehen und eines anderen Hilfe in Anspruch nehmen muss. Grete, die Mutter im Märchen, mobilisiert alle Kraft, um ihr Leben und das ihres Säuglings bestmöglich zu sichern. Sie erhält Hilfe, aber nur so viel, als sie benötigt, um sich selbst helfen zu können. Dadurch entdeckt und entwickelt sie Talente, die am Huber-Hof wohl verkümmert wären.

Den 25. Dezember können Sie nützen, zu erkennen, womit Sie sich selbst am besten helfen. Und überlegen Sie: Wenn Sie um Hilfe gebeten werden – ist der Mensch wirklich hilflos oder wählt er nur den bequemeren Weg? Vielleicht ist es für alle Beteiligten hilfreicher, wenn Sie Nein sagen!

Märchen berichten häufig von »naiven« Menschen, die, geführt von ihrem Herzensimpuls, sich aufmachen, ihr Glück (oft auch Glück bzw. Heilung für andere) zu finden. Für sie gelten die Regeln der Liebe und der Achtung für jegliche

Existenz, nicht aber religiöse oder staatliche Vorschriften. Märchen bilden also eine Art Gegenmodell, um Mut zu wecken auf etwas anderes als genormtes Leben, ja, dass große Chancen dadurch eröffnet werden.

Schicksalsrad und Lebensfaden

Diese erste Raunacht steht für den Monat Jänner, ab heute dreht sich das Schicksalsrad, deshalb stehen alle anderen Räder still, nur Frau Holle spinnt den Lebensfaden. In dieser ersten der *Zwölften* entwickelt sich die Basis für das Geschehen im Neuen Jahr. Deshalb ist ein Räuchergang nach alter Sitte, durchs ganze Heim, ein guter Start. »*Auf dem Mareierhof wird bis heute ein Abwehrritual praktiziert, das seit Menschengedenken gleich abläuft. Die beiden jüngeren Söhne führen es nach Einbruch der Dunkelheit aus. Andi, erfahrener Ministrant, geht voraus und schwenkt ein mit glühenden Holzkohlen gefülltes Bügeleisen, in dem Myrrhe verbrennt. Hinterdrein geht Matthias; er sprenkelt mit einem Buchszweiglein Weihwasser. So ziehen sie durch das gesamte Anwesen, in den Stall zu den Kühen, Haflingern und Hasen, durch die Kuchel und Stube, hinauf in die Schlafzimmer. Jeder Raum muss gegen die Mächte der Finsternis immunisiert werden. Auf dem Kreilhof war ich der Weihwasserbeauftragte, Großvater trug die Glut in der Kehrschaufel, Großmutter leierte Gebete. ›Treib aus die bösen Geister, o Herr, bewahre dieses Haus …‹*«, erzählt der Journalist *Bartholomäus Grill* aus seiner bayrischen Heimat. Oft beteten die Frauen, während die Männer das Räuchern übernahmen, in der Küche die Litaneien zu den 14 Nothelfern. Drei davon waren Catharina, Margareta und Barbara – C x M x B –, in dieser Form auf die Balken geschrieben schützen sie das Haus, später machte man daraus C + M + B und meinte die drei Weisen aus dem Morgenland, Caspar, Melchior, Balthasar. Das X, Symbol für den Menschen im Kosmos, verbunden mit Erde und Himmel, wurde ersetzt durch das Kreuz. Dieses kann vielfach interpretiert werden, auch so: Die Senkrechte verbindet Himmel und Erde, die Waagrechte verteilt die so zusammengeführten Energien. Das eine steht für das Lebendige aus Fleisch und Blut, das andere für die durchgeistigte, distanzierte, vielleicht auch gönnerhafte Betrachtung. Mittendrin im Geschehen versus von ferne kommend, sinnhafte Geschenke übergebend, das »Fleisch gewordene Wort« anbetend und wieder gehend. Erleben oder Fernsehen.

Vielleicht nützen Sie zumindest eine der Raunächte für einen besonderen Urlaub: Lassen Sie Radio und Fernsehen abgeschaltet, lesen Sie keine Zeitungen. Vergessen Sie Mobiltelefon und Computer. Schreiben Sie nichts auf, machen Sie keine Fotos, um Erinnerungen festzuhalten, bleiben Sie ganz im Hier und Jetzt. Leben Sie jeden Moment als wäre er Ihr letzter, um den nächsten wie eine Wiedergeburt zu feiern.

Diese Aufgabe ist etwas für Puristen, wer es in kleinen, schmackhaften Dosen angehen will, kann sich der alten Orakelbräuche bedienen.

Eisblumen, Zwiebeln und Kartenspiele

Als die Meteorologie noch nicht erfunden war, interessierten besonders Orakel für das Wettergeschehen. Aus der Beschaffenheit der Kristallblumen auf Fensterscheiben wurde es gedeutet. Besonders üppige wiesen auf reiche Ernte hin. Verbundfenster halten zwar die Kälte draußen, aber Eisblumen entstehen darauf nicht. Wer diese besondere winterliche Blumenpracht dennoch erleben möchte, muss wohl irgendwo ein einfaches Fensterglas aufstellen und dafür sorgen, dass von innen warme gegenüber der kalten Luft von außen auftrifft. Vieles hat die Wissenschaft schon entschlüsselt, wie genau die pflanzenartigen Gebilde auf Glasscheiben entstehen, ist hingegen nicht restlos geklärt. Wie schade, dass dieser Hauch von Mythos unseren wärmegedämmten Häusern abhandenkommt.

Ebenfalls zur Deutung des Wetters dienten Zwiebeln. Um Mitternacht, zu jedem Glockenschlag eine, wurden sie in Hälften geschnitten und mit Salz bestreut. Je nachdem, wie feucht oder trocken sie sich am Morgen zeigten, schloss man auf das künftige Wettergeschehen.

Im Ermland, im Stammesgebiet der Preußen, dem heutigen Polen, wurde kein Brot mehr gebacken, denn sonst würden »zwölf andere mitessen«. Eine Zeitzeugin berichtet, dass ihre Mutter in dieser Zeit ungern etwas verlieh, denn man gebe damit »das Glück aus dem Haus«. In Österreich soll alles zurückgegeben werden, was ausgeliehen wurde, auch Geld, um Krankheit und Verluste abzuwenden. Aus Tirol berichtete mir eine Kollegin, dass ab dieser Raunacht die Zehen- und Fingernägel nicht mehr geschnitten werden sollen, um Erkrankungen der Hände und Füße zu vermeiden, ebenso bleiben Haare ungekürzt, damit das Kopfweh einen künftig nicht plage. Ob Bärte ebenfalls unrasiert bleiben müssen, etwa zur Vermeidung von Zahnweh, ist mir allerdings unbekannt. Kartenspiele bleiben in diesen Tagen in der Lade. Selbst »die gestandensten Mannsbilder hielten sich daran«. Türen sollen ganz leise geschlossen werden, um die Friedlichkeit nicht zu stören.

Einen einfachen und sehr weihnachtlichen Tipp las ich bei *Jeanne Ruland*: Zünden Sie für jeden Menschen, den Sie lieben, eine Kerze Ihres Christbaums an und segnen Sie diese. Ich ergänze: Entzünden Sie mit besonderer Liebe weitere, für die Menschen, denen Sie grollen, die Sie meiden, über die Sie sich abfällig geäußert haben. Lassen Sie dieses

Licht der Versöhnung auch Ihr Herz erwärmen, spüren Sie dem Frieden nach, der sich nun überall ausbreitet.

Wer uns begegnet, erkennt sein Innerstes.

Der Traum des Weihnachtsbaumes

Es war einmal ein Christbaum. In diesem Jahr hatte er sich erstmals freigenommen. Einmal wollte er nicht in der warmen Stube stehen, nicht behängt sein mit Kugeln, Süßigkeiten, Kerzen und Lametta. Ob die Leute wohl eine Ahnung hatten, was er da tagelang zu tragen hatte? Merkten sie nicht, dass seine Arme schwer wurden, immer tiefer hingen und immer schlaffer dreinschauten? Ja, wenn es dann so weit war, sahen sie es und sagten: »Wie der schon aussieht, schnell, lasst ihn uns abräumen und entsorgen.« Eilig räumten sie all den Tand weg, der so gar nichts mit des Baumes eigentlicher Bestimmung zu tun hatte, nämlich im Wald zu stehen und zu wachsen, um irgendwann in vielen Jahren einen dicken Stamm zu haben, der zu Nützlichem weiterverarbeitet würde. Zum Beispiel zu Zellstoff oder, noch feiner, zu kunstvollen Krippenfiguren? Nachdem er so nackt herumstand, kaum noch Nadeln auf dem dürren Geäst, endete er auf einer »Weihnachtsbaum-Sammelstelle« auf der Straße, wo ein Müllwagen sie alle abholte. Doch vorher hörte er dort jedes Mal die tollsten Geschichten, wie es den anderen ergangen war.

Es ist die Geschichte eines Baumes, dessen Seele immer wieder als Fichte wiederkehrte, mitunter auch als Tanne, aber vor allem immer beim selben Bauern, der ihn und seine Geschwister nach einigen Jahren der sorgsamsten

Pflege wieder abschnitt und auf dem Markt den Städtern feilbot.

An das letzte Weihnachten erinnerte sich die Fichte sehr gut, da war sie auf dem Baum-Müll der großen Stadt in einem ihrer ältesten Teile gelandet. Im Zentrum, wo die historischen Häuser standen und sehr viel Geld für ein paar Quadratmeter Wohnfläche zu zahlen war. Nur wenige Menschen lebten da, die meisten Gebäude wurden für Büros genutzt oder andere berufliche Zwecke. Dort gab es zwar Weihnachtsbäume, doch wurden sie meist recht bald nach dem Fest wieder entfernt. In diesem Viertel der Stadt war sie damals angekommen, Kinderlachen erlebte sie keines, nur ein griesgrämiges Ehepaar, das sie ganz eigenartig dekorierte. Sie hatten sie über und über mit weißem Spray besprüht und ein paar silberne Glocken an ihre Zweige gehängt. An einem der Äste hing am Weihnachtsabend ein in Platin gefasster Diamant, den sich die Hausfrau nach der Bescherung um den Hals hängte. Der Baum überlegte, ob sie wohl selbst als lebender Christbaum durch die Gassen wandern wolle?

Am darauffolgenden Abend kamen Gäste und die Gastgeberin sah noch viel mehr wie ein Christbaum aus, mit Schmuck behangen (natürlich war auch der Diamant gut zu sehen) und mit einem Kleid, das wie ein einziger Lamettahaufen wirkte. Vielleicht gerade deshalb waren alle Gäste, die einer nach dem anderen den Salon betraten, in dem der Baum tapfer seinen Dienst versah, voll des Lobes für das »außergewöhnliche Design«? Irgendwie sahen die Frauen, die am Arm von Männern in teuren Anzügen hereinstaksten, alle ein bisschen wie Christbäume aus, oben spitz, unten zwei statt einem Stamm und in der Mitte ein wenig, manchmal auch viel dicker als oben. Und mehr oder weniger geschmückt mit diversem glänzenden Klunker. Nur Kerzen brannten keine auf ihnen. Schade eigentlich, hatte sich der Weihnachtsbaum gedacht, das hätte eine heiße Fete ergeben! Aber was nicht ist, könnte ja noch kommen ... gedacht, getan? Nein, der Baum konnte ja nicht »tun«, nur dastehen und alles beobachten – aber sonst? Es verstand ihn auch keiner, mit wem hätte er denn reden sollen? Haustiere oder Kinder, die hellhörig waren für andere Welten und deren Sprachen, fehlten. Die Menschen in diesem Salon verstanden ja kaum einander. Sie lächelten ein geziertes Lächeln, nippten an hochstieligen Gläsern und aßen teure Canapés. Sie sprachen alle nur von sich selbst, niemand wollte hören, was andere erzählten. Genauso gut hätten sie sich vor die Wand stellen können und diese anquasseln, es wäre dasselbe gewesen. Der Baum wartete ganz still auf den Tag, da sein diesjähriges Besitzerpaar ihn wieder loswerden wollte und dachte sich seinen Teil über die seltsame Gesellschaft. Wenige Tage nach diesem merkwürdigen Stelldichein, das damit geendet hatte, dass der Hausherr einem seiner Gäste beinahe einen Kinnhaken versetzt hätte und nur dadurch aufgehalten worden war, dass eine der geschmückten Damen auf hohen Stöckeln einfach umgekippt und zwischen die zwei Männer gefallen war, wollte niemand mehr die rieselnde Fichte sehen. Samt der Glöckchen und dem künstlichen Schnee wurde sie zur Sammelstelle gebracht.

In einer verschämten Ecke des teuren Viertels, dort wo Touristen selten hinfinden, war Endstation. Einige Ratten und Mäuse trieben sich herum, eine streunende Katze freute sich über den üppig gedeckten nachweihnachtlichen Gabentisch. Der Baum lag nun da, noch waren seine Kollegen nicht eingetroffen, da setzte sich eine Amsel auf seine weiß überzogenen Äste. Sie fiepte: »Kollege Baum, was haben sie dir denn angetan? Draußen im Wald solltest du sein, wo es schneit, und echten Schnee auf dir tragen, statt hier zu verrotten.« »Ja«, antwortete der Ex-Christbaum, »das wäre wohl netter, aber weißt du, so kann meine Seele bald weiterwandern und einen neuen Baumsamen beleben, dann steh' ich wieder im Wald. Wenn du möchtest, richte ich deiner Familie schöne Grüße von dir aus.« Die Amsel begann ganz aufgeregt zu flattern und überlegte, was sie ihren Verwandten wohl ausrichten lassen wolle. Ein zottiger Hund näherte sich und sie flog erschreckt auf, denn wer weiß, vielleicht war für ihn nicht genug vom Festtagstisch an Resten abgefallen und er hatte Lust auf Amselbraten? Der aber merkte gar nicht, dass ihm eine mögliche Beute abhandengekommen war – was hätte er mit einer Amsel angefangen, er war ohnedies zu vollgefüllt mit allerlei Zeug, das ihm gar nicht gut bekam. »Wuff«, sprach er zur sterbenden Fichte, »wie war es bei den Leuten, die dich hierher gebracht haben, gab es bei denen auch einen Hund?« »Nein«, war des Baumes Antwort, »da war niemand, mit dem ich mich unterhalten konnte, kein Kind, kein Tier, nicht einmal eine Fliege oder Spinne, alles war steril, selbst mich haben sie mit dieser klebrigen Schicht überzogen, damit sie nur ja nichts an das echte Leben erinnern möge. Aber sag mal, wo kommst du denn her, so allein, ohne Beißkorb und Leine, im Viertel der feinen Leute?« – »Ich hab' mich losgerissen, mir ist es zu blöd geworden mit meinen Leuten. Die brauchten mich nur zum Herzeigen, niemand streichelte mich, der Chauffeur stellte mir pflichtgemäß mein Futter hin, niemand nahm sich Zeit, mit mir zu spielen oder spazieren zu gehen. Ich hatte nur einen Hof mit einem einzigen Baum. Einmal am Tag kam eine Hundesitterin, die mich mit zehn anderen Hunden an einer gemeinsamen Leine in den nächsten Park ausführte. Mit den Kollegen gab es meist nur Streit um die besten Pinkelplätze und jeder trumpfte auf, wie toll seine Besitzer waren. Wären die wirklich so super gewesen, dann hätte diese Hundefrau die Kollegen wohl nicht spazieren geführt, das war doch klar. Aber so ist das bei den Hunden, ganz wie bei den Menschen: Immer wollen sie besser scheinen, als sie wirklich sind. Wie gesagt, jetzt hab' ich mich befreit und such' mir andere Leute. Oder ich versuch' es mal ohne, aber ich weiß nicht, ob ich zum Jagen tauge, und verhungern mag ich auch nicht.«

Der Baum war müde geworden, er kannte dieses Hinübergleiten bereits und wusste, nun folgte eine Zeit der Ruhe, des Entschwindens, ein Gefühl des Zusammenziehens, so lange, bis er sich ganz klein und fest fühlte. Danach passte er in ein Samenkorn und fand seinen Weg in ein neues Leben. Und dann, ja dann wollte er mal kein Weihnachtsbaum mehr sein. Während er so wegdämmerte, dachte er sehr angestrengt nur das eine: »Ein Baum im Wald will ich sein, wo ich groß werden kann, viele Jahre stehen bleibe, wo sich Vögel in meinem Geäst einnisten, Käfer und anderes Getier herumkrabbeln, wo sich Pilze um mich scharen und ich mit anderen Bäumen gemeinsam die Luft sauber halten helfe. Ich möchte Jahr für Jahr den Wechsel der Jahreszeiten erleben, spüren, wie es warm und kalt wird, wie es windet, regnet und schneit, mich freuen, wenn sich ein paar Sonnenstrahlen durch die Baumschatten drängen und Wandernden zusehen, wie sie durch die Wälder streifen. Ich möchte Rehe und Hirsche schützen, damit sie den Jägern entkommen und unter meinen Wurzeln sollen sich Würmer und Maulwürfe heimisch fühlen.«

Und dann hörte sie es: ein Klingeln und Singen und eine sanfte Stimme sprach zu ihr, der die Sinne schon fast entschwunden waren: »Liebe Fichte, ich habe deinen Wunsch vernommen, in deinem kommenden Leben sollst du ein knorriger Baum hoch oben in den Bergen werden.« Das hörte die Baumseele gerade noch und freute sich auf Steinböcke und Schneehasen und eine lange Zeit des Ein- und Ausatmens.

2. Raunacht: 26. Dezember

Zweiter Weihnachtsfeiertag, Stefani; Orakelsymbolik für Februar, den Monat, in dem die Wiedergeburt der Natur, der Frühling, erahnt werden kann

Ein weiteres Weihnachtsfest wurde friedlich absolviert oder es gab doch den berühmten Familienkrach. Die Gans, der Truthahn oder sonst ein traditionelles Weihnachtsessen wurde genossen oder der Familie zuliebe zelebriert. Von einer Freundin erfuhr ich, dass auch andere Traditionen gepflegt werden, am Vortag wird entspannt und *Stefani* ist der Tag des großen gemeinsamen Essens. Bei vielen anderen gibt es Reste, fantasievoll zu weiteren Leckereien verarbeitet. Freunde werden eingeladen, um gemeinsam den übrig gebliebenen Köstlichkeiten den Garaus zu machen. Denken Sie daran: Auch die Percht will daran teilhaben, stellen Sie ihr nach altem Brauch einen Teller bereit, auch sie kann Ihr Gast sein und dem Heim Glück bringen.

Heischegänge und die Feier der Pferde

Zu den Feiertagen dreht sich vieles ums Essen. Früher war es oft die einzige Zeit im Jahr, zu der man sich richtig satt essen konnte. Die Ärmsten sammelten in *Heischegängen* allerlei Essbares, es gab Gegenden, in denen die Kinder Mehl und Eier *heischten*, nur dann konnte zu Hause Kuchen gebacken werden. Selbst im 21. Jh. gibt es noch viel zu viele, die in Armut leben. In einer Welt, in der reichlichst für alle bereitstünde, ist die Verteilung dieses Überflusses nach wie vor extrem ungleich. Deshalb flattern gerade um diese Jahreszeit Unmengen an Spendenaufrufen ins Haus.

Dem natürlichen Wachstumszyklus gemäß und der Verfügbarkeit an Futtermitteln entsprechend wurde um diese Zeit des Jahres der Großteil des Viehbestandes geschlachtet. Weil das Fleisch nur begrenzt haltbar war, wurde auch entsprechend getafelt. Pferde und Eber waren *Odin* geweiht, verschiedene Tafelbräuche, wie der rituell gekochte Sauschädel oder auch Pferdefleisch, waren Teil des Festmahls in bestimmten Landstrichen.

Das Pferd hatte nicht nur praktische, sondern vor allem religiöse Bedeutung. Steinzeitliche Funde mit Sonnenrad-Symbolen lassen auf den bereits geschilderten Sonnenkult schließen. Bei allen indogermanischen Völkern findet sich das Bild des von Rossen gezogenen Sonnenwagens. Es war also auch dank der Pferde, dass die Sonne wieder am Himmel auftauchte. An einem der Tage zu Beginn des Sonnenjahres wurde daher bereits in Urzeiten der Pferde gedacht, auch durch entsprechende Opferungen. Der Bezug zu *Odin* wiederum entstand vor allem wegen seines mythischen achtbeinigen Pferdes *Sleipnir,* auf dem er unterwegs ist, auch mit seinem *Wilden Heer* in den Mittwinternächten.

In heutiger Zeit fällt dieses Fest auf den *Stefani*tag. Der Heilige hieß im Volksmund »*Pferdesteffen*«, Haferweihe und weihnachtliche Ritte um die Kirche oder eine Waldkapelle blieben im Brauchtum erhalten. In Kärnten und Bayern ist der *Stefaniritt* heute noch üblich, die Pferde des Ortes werden herumgeführt und vom Pfarrer gesegnet.

Der Hl. Stephan war einer der sieben Diakone der christlichen Urgemeinde, Zeitgenosse Jesu und der erste Märtyrer. Saulus, einer der eifrigsten Verfolger der Glaubensgenossen Stephans, erst später bekehrt zum Apostel Paulus, war einer der Zeugen seiner Steinigung. Die erwähnten Umritte wurden Teil des Gedenkens und Stephan zum Patron der Pferde und der Berufe, die mit diesen zu tun hatten.

Besuche, besondere Rezepte und Nissemännlein

Gegenseitige Besuche sind Teil der Tradition des zweiten Weihnachtsfeiertages. In Oberösterreich geht man zu den Schwiegereltern und anderen Verwandten zum *Störibrotkosten.* Wer sieben oder neun davon durchprobiert hat, dem sei besonderes Glück gewiss. In den meisten Haushalten gibt es Lebkuchen und andere Backwerke, gerne tauschen wir auch diese gegenseitig aus, jede Familie hat ihre Spezialrezepte, die schon von Groß- und Urgroßmüttern oder auch -vätern gebacken wurden. Bei uns war es paritätisch aufgeteilt, Florentiner, Lebkuchen, Quittenkäse und Marzipan waren Vaters Spezialitäten, mit Haselnuss- und Kokosbusserln ahmte meine Mutter die Backkunst meiner bayrischen Großmutter nach, ebenso mit den »deutschen Ohrenstaubern«, wie Mamis beste Freundin, eine Französin, das Spritzgebäck nannte. Vanillekipferl gab es erst, als ich ein Rezept dafür im ererbten kleinen Rezeptbüchlein entdeckte und aus dem Teig, bevor ich ihn zu Kipferln formte, Rinder- und Schweinsköpfe bildete, die meine Eltern begeisterten. Granny, meine Wahloma, sorgte für den britischen Touch der Feiertage. Ich wuchs also in einem multinational geprägten Haushalt auf. Das betraf das Essen ebenso wie diverse Traditionen. Zum Beispiel fanden sich auf unserem Christbaum *Nissemännlein,* sie kamen von der Tante aus Dänemark, von ihr erhielt ich alljährlich ein Päckchen des besten Marzipans der Welt, von *Alida Marstrand* aus Kopenhagen. Das Geschäft gibt es nach wie vor, in der Bredgade 14, alles ist handgemacht, sie verschicken nichts, man muss wirklich selbst dort einkaufen gehen oder jemanden bitten, der gerade in Kopenhagen ist. Unbedingt ausprobieren!

Der *Nisse* wurde in Dänemark ähnlich umworben wie bei uns die Percht, man stellte ihm Haferbrei hinaus. Er bewacht das Haus und beschützt besonders die Tiere. Ein uralter Kobold, nicht bösartig, außer es läuft nicht nach seinem

Willen. Weiter nördlich, in Schweden, heißt er *Tomte, Astrid Lindgren* hat ihm mit »Tomte und der Fuchs« ein Denkmal gesetzt. Seine rote lange Zipfelmütze bestimmte die kleinen Figürchen aus roter Wolle und weißer Watte (sein langer Bart) auf unserem Christbaum. Heute wird *Nisse,* so wie der Weihnachtsmann, als verkaufsantreibendes Symbol missbraucht, in allen Größen sitzt er in Auslagen und Geschäften Dänemarks und gehört dort doch gar nicht hin. Schon erstaunlich, was sich die Wesen aus der Anderswelt so alles gefallen lassen. Ganz früher, bevor *Jul* ein christliches Fest wurde und noch der winterlichen Finsternis geweiht war und damit auch den Toten, wurde *Nisse* sogar als Hausgott geachtet und mit Opfergaben freundlich gestimmt. In christlicher Zeit wurde ihm seine Nähe zum Totenreich und der Dunkelheit zum Verhängnis, er wurde zum Teufel-Wesen gestempelt. Auch heute noch, will man den Leibhaftigen nicht beim Namen nennen, sprechen Dänen vom *Alten Niels* (Nisse = Niels). Die Nacht des Julfestes sollte man im Haus verbringen, erst nach Mitternacht war der Spuk der *Wilden Jagd* vorbei und *Odin,* der Totengott, war mit allen *Nissen* weitergezogen. In christlicher Zeit war das der Moment, um zur Mette zu gehen.

Nisse sind Einzelgänger, ausschließlich männlich, ohne Familie. Das unterscheidet sie elementar von Heinzelmännchen und -weibchen. Es gibt auch nichtweihnachtliche Nissen, einer davon ist *Sætternisse* (Setznisse), er schmuggelt, beziehungsweise *setzt* Druckfehler in Bücher und Zeitungen. Dies macht er so, dass sie beim Korrekturlesen nicht entdeckt werden. Falls Sie also einen solchen in diesem Buch entdecken sollten, wir waren sehr genau, aber in einem Buch über die Wesen der Anderswelt kann sich so ein Kobold schon mal auf die Seiten verirren. Finden Sie keinen Fehler, dann haben wir ihn wohl ausreichend gewürdigt und freundlich gestimmt. Dann vielen Dank, kleiner *Sætternisse*!

Weihnachtsgrün, heilende Mistel und Kindlein in der Krippe

Für meine Eltern war der zweite Weihnachtsfeiertag Anlass, viele Freunde einzuladen. Die Reste des traditionellen Truthahns (damals wogen die noch mindestens 5 bis 8 kg, da blieb schon einiges übrig) wurden zu diversen Salaten verarbeitet, es gab die erwähnten Bäckereien, *Cookies* genannt, und der Weihnachtsbaum, der vom Boden bis zur Decke reichte – und das waren ca. 3,40 m –, wurde gebührend bewundert. Es musste eine Tanne sein und natürlich grün, mit viel Lametta, das übrigens in Thüringen erfunden wurde. Die im Märchen erwähnte besprühte Fichte erlebte ich bei den Kindern der damals berühmten schwedischen Schauspielerin Ulla Jacobsson, sie waren so stolz auf ihren »wunderschönen Baum«, der über und über mit künstlichem Schnee besprüht war. Ich wiederum konnte dem nichts abgewinnen.

Die Geschichte des immergrünen Weihnachtsrequisits ist abwechslungsreich. Bereits in der Antike, also in vorchristlicher Zeit, schmückten um die winterliche Sonnenwende Zweige von Wacholder, Rosmarin, Mistel oder Stechpalmen die Häuser, sie sollten Glück bringen. Allmählich wurden es ganze Bäume. Sie erinnern an den Lebensbaum, ob als Lebensesche *Yggdrasil*, als Baum des Paradieses oder als philosophische Darstellung der Lebenszusammenhänge wie in der jüdischen Lehre der Kabbala. Im Winter grün bleibende Pflanzen wurden als Symbol des Überlebens auch unter widrigsten Gegebenheiten wertgeschätzt.

Die Mistel hat besondere Bedeutung. Als erdungebundene Halbschmarotzerpflanze, die im Winter Früchte trägt und große Heilkraft besitzt, deren Holz aber als einzige den Lichtgott *Balder* tödlich verwunden kann, hat sie gleich mehrfache Bedeutung. Ihre Wirksamkeit bei Krebserkrankungen kommt selbst in der Schulmedizin zum Einsatz, wiewohl – wegen der bislang nicht eindeutigen Belegbarkeit durch Studien – nicht allgemein anerkannt. Dennoch nutzen viele Krebspatientinnen und -patienten, besonders in deutschsprachigen Ländern, diese ergänzende Therapie. Von *Plinius d. Ä.* (77 n.) wissen wir: Bereits die Kelten kannten und nutzten die Kraft der Mistel. *Viscum quercinum*, auf Eichen wachsend, ist selten, sie galt als besonders wirksam: »*Alles, was von der Eiche kommt, ist vom Himmel, und wenn eine Eiche eine Mistel trägt, ist das ein sichtbares Zeichen für die Anwesenheit der Götter.*« Sie wurde *omnia sanantem – Alles Heilende* benannt, bereits die Antike wusste von ihrer Wirksamkeit bei Krebserkrankungen. Sie entsprach dem Konzept, nach dem Eigenschaften der Pflanze denen von Krankheiten gleichgesetzt wurden. Weil Mistelpflanzen als Baumparasiten sich als Fremdgewächs und metastasierend über die Wirtspflanze ausbreiten, erschien sie geeignet, Krebs wurde als »Parasit« des Menschen verstanden. Bleibt ihr Wachstum kontrolliert, kann die Mistel einen Baum reinigen und damit heilen. Dafür ist das regelmäßige Schneiden unerlässlich. Dass sie zu Weihnachten verschenkt und auf den Türstock gehängt wird, dient also der Baumgesundheit, ihre Wesensenergie unserer geistigen.

Es ist das Immaterielle, das wir zu dieser Jahreszeit feiern: Das zunehmende Sonnenlicht als Wiederkehr des Lebens, die Hoffnung auf Heilung an Geist und Seele durch Gottes Sohn, den Besuch der Wesen der Anderswelt in unserer be-greifbaren Umwelt. Mit Ihren Gedanken dazu werden Sie den weihnachtlichen Mistelbuschen vielleicht mit neuer Ehrfurcht an die Eingangstür oder an den berühmten Türbalken montieren. Diese Pflanze ist Sinnbild der aus allen Normen fallenden Tage zwischen den Jahren. Sie wächst, wie sie will, und steht außerhalb aller Rhythmen und Gesetzmäßigkeiten irdischen Wachstums. Als Luftwesen ohne Bodenhaftung reift sie antizyklisch, blüht, wächst und reift gleichzeitig.

Sich unter der Mistel zu küssen wird mehrfach gedeutet. Am besten gefällt mir, dass es die gegenseitige Liebe für ein weiteres Jahr sichert. Was wir denken bestimmt unsere Realität mit, also was spricht dagegen, es in dieser Weise zu betrachten?

Im Elsass wird schon vor dem 30-jährigen Krieg geschrieben *»über das Richten von Dannenbäumen in den Stuben«*. Die Gegend zwischen Straßburg und Schlettstadt (Sélestat) wurde zum Spielfeld der Spaltung von Lutheranern und Katholiken. Erstere wollten Weihnachten mit Christkind und Bäumen – die zu Beginn von der Decke herunterhingen. Katholiken verdammten den Brauch als Rückkehr zum Heidentum und favorisierten St. Niklas als Gabenbringer. Um 1508 mahnte der Straßburger Prediger *Geiler von Kaysersberg »kein Dannreis in die Stuben zu legen«*. 1555 verordnete Schlettstadt: *»niemand soll Wyhenachtmayen* (-bäume) *hawen«* – das Plündern der Wälder in Kirchenbesitz war den Würdenträgern ein Dorn im Auge. Weil die Verordnung ignoriert wurde, gab es sechs Jahre später das Gebot, pro Familie höchstens einen Baum aus den Wäldern zu holen. Öffentlich wurde die erste Tanne in Straßburg aufgestellt, in den Zunfthäusern waren geschmückte zu finden: *»Auff Weihnachten richtet man Dannenbäume zu Straßburg in den Stuben auf. Daran henket man Roßen auß vielfarbigem Papier geschnitten, Aepfel, Oblaten, Zischgold* [dünne, geformte Flitterplättchen aus Metall] *und Zucker.«* 1611 finden sich erstmals Kerzen als Baumschmuck. 35 Jahre später bezeichnet ein weiterer Prediger diese Sitte verächtlich als *»Kinderspiel«*. Etwa 100 Jahre danach setzt sich der geschmückte Baum in deutschen Landen, zumindest in wohlhabenden Familien, immer mehr durch. Erst im 19. Jh. wird der ursprünglich dominierende Laubwald von Tannen und Fichten abgelöst, die dadurch auch für wenig Begüterte leistbar wurden, das 1830 entdeckte Paraffin machte Kerzen erschwinglich. Der Siegeszug des Christbaums war nicht mehr aufzuhalten.

Katholiken feierten zunächst bei der Krippe. Es waren zwei deutsche Frauen, die den Christbaum nach Österreich brachten, zu Beginn des 19. Jhs., eine davon Jüdin. Die andere, Protestantin, heiratete den katholischen Erzherzog Karl, den »Sieger von Aspern« und Bruder des Kaisers. Ihre Ehe ist als echte Liebesgeschichte berühmt. Heute wird die Krippe oft unter dem Baum versteckt, Karls Bruder Erzherzog Johann erinnert sich wehmütig angesichts der neuen Mode des lichtergeschmückten Christbaums und der Unmenge von (kostspieligen) Geschenken: *»In früherer Zeit, als ich klein war, gab es ein Kripperl, welches beleuchtet war, dabei Zuckerwerk – sonst aber nichts. Nun ist kein Kripperl mehr!«* In Tirol behielt sie bis heute große Bedeutung. *»Die Krippe in der Bauernstube soll wenigstens so groß sein, dass man den Platzmangel in der Stube spürt«,* hieß es. Mitunter füllen diese dann die halbe Stube. Auch heute noch gehen die Menschen einander zum *Krippeleschauen* besuchen, dazu gibt's auch meist einen Schnaps, schrieb mir eine Innsbrucker Kollegin. Aus dem niederösterreichischen Mank (Mostviertel) berichtet Mitte des 19. Jhs. *Theodor Vernaleken,* dass am Heiligen Abend, an dem alle gefastet hatten, die Familie und das Gesinde bei Tisch sitzt, wenn die Hausglocke »heftig gezogen wird« und die »Christschau« sich anmeldet. Herein kamen zwei »Kirchenbuben«, hinter ihnen der Kirchendiener mit einem Krippen-Kasten, der auf ein aufgestelltes Gerüst und zur Schau gestellt wird. Die Knaben singen, dafür gibt es Geldstücke für die Sammelbüchse und weiter zieht die Krippenschau.

Der geschmückte Christbaum

Christbäume wurden mit Äpfeln, Nüssen und Lebkuchen geschmückt, allesamt symbolträchtig, in vielen Märchen und Sagen ist ihre Bedeutung dokumentiert. Mit Äpfeln wird zunächst der Baum der Erkenntnis des Paradieses assoziiert, oft wurden sogar Adam und Eva, ja selbst die Schlange in den Weihnachtsbaum hineingestellt. Ursprünglich gab es in den Ländern der germanischen Völker nur den Holzapfel, erst später kam aus Zentralasien der wohlschmeckende auch nach Mittel- und Osteuropa. Mit der roten, dem Licht zugewandten Seite stand er in gewohnter Symbolik für das Leben, mit der blassen, unbeschienenen für Sterben und Vergehen. Schneewittchen hat bekanntlich diese Seite erwischt. Der Kuss des Prinzen holte sie zurück ins Leben, auch hier lesen wir die Botschaft, dass der Tod nur ein Übergangsstadium ist. Den Göttern spendeten die goldenen Äpfel der Lebensesche *Yggdrasil* ewige Jugend. Sie wurden von *Iduna* gepflückt, die von *Loki* in eine Nuss verwandelt wurde, um sie aus der Gefangenschaft des Riesen zu retten. Die Haselnuss diente (ebenso wie der Apfel) als Winternahrung, beide versorgten die Menschen mit wichtigen Nährstoffen, sie waren Symbol des Lebens und der Fruchtbarkeit. *Augustinus* gelang es, heidnische Symbolik christlich zu deuten. Er verglich die bittere grüne Nusshaut mit dem Fleisch Christi, der die Bitterkeit der Passion gekostet hat, während der Kern das süße Innere der Gottheit symbolisiere, die Nahrung spendet und durch ihr Öl Licht bringt, die Schale wiederum verweise auf das Holz des Kreuzes.

Ein Weihnachtsbaum braucht etwa zehn Jahre bis der Same zum zwei Meter hohen Baum herangewachsen ist. Wir schmücken also pflanzliche Kleinkinder bis Teenager, die für kurze Zeit unsere Wohnungen erhellen und hoffentlich auch Geist und Herzen. Heutzutage gibt es lebende Bäume, sie über etliche Jahre immer wieder zum Schmücken bereitzuhalten erfordert allerdings gärtnerisches Geschick. Gemietete werden nach den Feiertagen abgeholt und wieder in den Wald gepflanzt. Glückliche Christbäume, die weiterträumen dürfen.

Zu Beginn waren es Menschen mit gesellschaftlicher

Bedeutung, wie Amtsmänner oder Lehrer, die einen Baum aufstellten. Wirte nutzten seine Anziehungskraft, um ihren Gastraum damit für zahlungswillige Gäste attraktiv zu machen. Wer einen zu Hause hatte, bei dem traf sich die ganze Verwandtschaft. Ein historischer Zeuge aus Westfalen berichtet, dass die Erwachsenen rundum an den Wänden saßen, während die Kinder tanzend und singend, sich an den Händen haltend, um den Baum herumgingen. Es gab Leckereien und *»die Erwachsenen sangen Weihnachtslieder mit und erzählten sich die alten und neuen Geschichten«*. Zum Schluss wurde der Baum zum Plündern freigegeben, der *»hernach trostlos aussah. Damit endete der Festtag.«*

Ein erleuchteter Christbaum war für vorbeiziehende Kinder Anlass, sich zum Singen im Haus anzutragen, in der Hoffnung, mit Leckereien beschenkt weiterziehen zu können. Es gab Nussschalen als Öllichter oder selbst gegossene Kerzen, befestigt mit ausgeklügelter Technik: eine Stecknadel, mit dem stumpfen Ende in die Kerze versenkt – offenbar gelang es, diese mit dem spitzen durch die Äste zu treiben.

Die Tradition des Weihnachtsbaumes hat sich erst nach und nach in allen deutschsprachigen Gebieten verbreitet, der erste globale Krieg hatte daran einigen Anteil. Soldaten teilten ihre Bräuche, ein Christbaum durfte auch im Feld nicht fehlen.

Die Zahl 26

Die zweite Raunacht steht für den Monat Februar, der vom Faschings-/Karnevalstreiben geprägt ist. Fröhlich und spielerisch stellt sich die Tagesenergie ein, symbolisiert durch die 26. Sie steht für Gaukler, aber auch Trickdiebe. Das närrische Treiben der Zeit des Verkleidens klingt mit ihr schon an, geselliges Beisammensein mit allerlei Spielen passt also wunderbar. Jedoch mahnt uns die 26, die Masken abzulegen, ungeschminkt in den Spiegel zu schauen und nicht gleich wieder Make-up aufzulegen, um das Selbstbild zu schönen. Sich verkleiden, zu spielen, macht großen Spaß, doch wenn Grenzen verschwimmen und schließlich die Maske für die eigene Identität gehalten wird, haben wir ein Problem. Einander durch das Rollenspiel den Spiegel hinzuhalten kann hingegen heilsame Wirkung zeigen. Dafür bietet die 12 des Monats Dezember an jedem Tag der ersten Raunächte die Basis der Liebe und Hingabe, des bedingungslosen Vertrauens in ihre Kraft.

Des Weiteren geht es mit der 26 um unseren Umgang mit Geld, wie wir es erlangen und was wir damit tun. Spendenaufrufe zeigen die Problematik der Verteilung auf. Wer die Energie der 26 im Geburtsdatum trägt, ist speziell aufgefordert, Einkommen selbst zu erarbeiten und nicht auf Kosten anderer Reichtümer anzuhäufen.

Caritas wurde in einer gesonderten öffentlichen Weihnachtsfeier geübt. Wer daran teilnahm, war gleichzeitig als bedürftig bloßgestellt, weshalb sich bald jede Familie um ihren eigenen Baum und Familienfeier bemühte. Soweit zum Ursprung unserer heutigen »Tradition«. Dem Zeitalter des Fernsehens blieb vorbehalten, Schenkende und Beschenkte so weit voneinander zu trennen, dass sich Bittstellende nicht öffentlich deklarieren müssen und wohltätig Spendende via *Licht ins Dunkel* oder ähnlichen Aktionen Gewissensreinigung betreiben können, um Feierorgien und Geschenksaufwand in aller Abgeschiedenheit unter Standesgleichen abhalten zu können.

Den Samen im Herzen säen

Das Geschehen an diesem Feiertag kann Hinweise liefern, welche Saat in unseren Herzen keimen will, welche Ideen sich entwickeln wollen, um ab Februar, angereichert mit zunehmendem Licht und Wärme, weiter gedeihen zu können. Daher kann er genutzt werden, ein neues Projekt anzudenken, erste Ideen zu skizzieren, den Samen für etwas Neues zu setzen. Als symbolische Erinnerung könnten Sie eine Bohne zum Keimen ansetzen und ihr Wachstum als Himmelsleiter beobachten, vorausgesetzt sie erhält die richtige Pflege.

Gelingt es Ihnen nicht, sinnhafte Schlüsse für mögliches Kommende aus den Ereignissen der Raunächte zu ziehen, grämen Sie sich nicht, schon *Karl Valentin* wusste: *»Prognosen sind schwierig, besonders wenn sie die Zukunft betreffen.«*

Bist du ehrfürchtig und lauschst ihrem Ratschlag, so löst sich der Zauber.

Von Gottlieb, den Vögeln und einem tapferen Mädchen

Es war einmal ein Teufelskreis. Der hatte viele Besucher gesehen, nachdem die Ernte im vergangenen Jahr ausgefallen war, weil Gewitter und Hagelstürme gewütet hatten und danach eine Dürre das Land und alles, was die Wetterkapriolen übrig gelassen hatten, austrocknen ließ. Die Menschen hatten nichts zu essen, konnten kein Brot backen, Saatgut für die kommende Aussaat fehlte. Händler bekamen keine Ware und die Bauern kein Geld. Für das Vieh war kaum Heu geblieben, viele Tiere mussten geschlachtet werden. Zwar brachte das ein bisschen was ein, auch zu Essen hatten sie danach, doch war es viel zu wenig. Ohne sättigenden Brei oder Brot war das viele Fleisch nicht viel wert. Gesinde wurde entlassen, denn wovon hätten die Bauern es ernähren sollen? Viele waren deshalb auf der Straße, ohne Arbeit, und wussten nicht, was anzufangen.

Ohne Knechte und Mägde wiederum ging die Arbeit nur schwer voran, die Menschen waren geschwächt. So drehte sich der Teufelskreis immer weiter und zog alles noch tiefer ins Elend hinein. Der Unterirdische lachte sich ins Fäustchen, denn so eine Zeit brachte viele ins Unglück – sie würden böse aufeinander werden und einander schelten oder gar Prügeleien beginnen, das liebte der Teufel!

Gottlieb, der Sohn eines Bauern, der ohnedies nur ein Stückchen Land besaß und ein paar magere Ziegen, wollte bei dieser Elendsspirale nicht mehr mitmachen und beschloss, etwas zu unternehmen. Er ging zu dem Kreis, der mitten auf der Wiese feurig leuchtete und sich dort von allen begaffen ließ.

Da stand er nun, Gottlieb, der den Namen des Allmächtigen trug, und starrte auf den Kreis des Gegenteils. Er hatte keine Ahnung, wie er es beginnen sollte, denn weder Anfang noch Ende konnten dingfest gemacht werden. So war es wohl gleichgültig, deshalb durchtrennte er genau dort, wo er sich befand, den Kreis mit einer Axt, die er mitgenommen hatte, ohne recht zu wissen warum. Er war einer derjenigen, die ihren inneren Eingebungen vertrauen – beim Weggehen von daheim war da die Axt gelegen, die er mitnahm, so wie man einen Freund mitnimmt, dem man auf dem Weg begegnet.

Nun war er an dieser Stelle durchbrochen, der Kreis. Und siehe da, plötzlich lag da ein Riesenwurm, der sich wand und zu einer Spirale drehte, bis diese immer enger wurde. Genau in der Mitte tat sich die Erde auf und hinein entkam er, der Wurm. Als nur mehr das andere, von Gottliebs Trennschlag geschaffene Ende herauslugte, entfuhr diesem ein schwefelig stinkender Funke, und schwupps, war auch der letzte Rest des Teufelskreises verschwunden. Seine Spur sollte lange sichtbar bleiben und die Menschen gemahnen, aktiv einzugreifen, wenn das Unglück sich verdichtete. Es gab stets eine Lösung, auch wenn es ein einfacher Trennschnitt war.

Kaum war das Untier in sein unterirdisches Reich zurückgekehrt, da brach die Sonne durch die Wolken und die Menschen im Ort spürten in sich eine lang vermisste Freude, die sich ausbreitete. Die gerade beieinanderstanden lächelten sich an, aller Streit, der im letzten Jahr die Herzen immer härter hatte werden lassen, schien vergessen oder zumindest vergeben – was ja viel wichtiger war – und alle machten sich frohgemut ans Tagwerk.

Saatgut fehlte, zu wenige Tiere waren in den Ställen und kein Gesinde stand bereit, die nötige Arbeit zu verrichten. Deshalb machte sich Gottlieb auf, in die nächste Stadt, Hilfe zu finden. Dort waren die Menschen fröhlich und voll Zuversicht, reges Treiben erfüllte den Markt. Besonders an einem Platz drängten sich die Menschen. Der junge Bauernsohn schickte sich an herauszufinden, was die Leute hier so anziehend fanden. Wie gesagt, er ließ sich von seinen Eingebungen leiten, dachte nicht viel nach über warum und ob. Spürte er dieses Gefühl der Sicherheit in sich, dann wusste er einfach: Das war jetzt zu tun.

Ein Gaukler lockte die Menge an, an Schnüren führte er eine Puppe und ein Krokodil. Mit diesen Marionetten spielte er für das Publikum eine Geschichte von Heldenmut und Unerschrockenheit. Das Krokodil stand natürlich für die Gefahr, die einer Prinzessin drohte, die Puppe für einen Jüngling, der diese retten wollte, wohl auch, um seinen eigenen Mut zu erproben. Gottlieb sah dem Spiel eine Weile zu, und als es dem Marionetten-Helden gelungen war, das Krokodil mit einer List zu besiegen (er hatte es in eine Kiste gelockt und eingesperrt), überlegte er, was ihm diese Geschichte anbieten könne, um das benötigte Saatgut sowie Knechte und Mägde für die Bauersleute seines Dorfes zu finden. Er blickte in die Runde und sah einige tüchtig aussehende Frauen und Männer und hörte sich sprechen: »Liebe Leute, unser Dorf hat eine schwere Zeit hinter sich, nun aber wollen wir neu beginnen. Wir brauchen viele, die helfen wollen, und Saatgut, um wieder Ernten einfahren zu können. Denn der Teufelskreis, der das Wetter so schlimm hat werden lassen und die Menschen so hart, ist besiegt. Mit einer

Axt hab ich ihn durchbrochen und mit Feuer und Gestank ist er ins Höllenreich verschwunden.«

Da horchten die Menschen um ihn auf, es war ja auch eine spannende Geschichte und einige unter ihnen waren ohnedies gerade auf Wanderschaft und suchten Arbeit. Der Bursche aber fuhr fort: »Weil wir nichts mehr haben, wird die erste Zeit sehr karg werden, den Lohn für eure Arbeit können wir erst nach der Ernte auszahlen und das Essen wird bescheiden sein, obwohl ihr viel werdet arbeiten müssen. Wir können euch nur wenig anbieten, wohl aber das wohlige Gefühl, etwas Gutes und Sinnreiches getan zu haben – und eine starke Gemeinschaft.«

Gleich waren es viel weniger, die mitkommen wollten, einige aber dachten sich: »Allein auf der Straße Hunger zu leiden ist noch erbärmlicher, als mit anderen gemeinsam wenigstens zu scherzen, da erhält zumindest die Seele Nahrung. Also riskier' ich nicht viel und komme mit. Das Wasser des Flusses wird uns laben und hin und wieder ein Fischlein, ein Häslein oder Beeren aus dem Wald werden den Magen schon füllen.«

So hatte Gottlieb eine kleine Truppe um sich geschart, nun galt es noch, Saatgut zu finden. Einer der Männer der Runde berichtete von einem Häuschen am Rande der Stadt, in dem eine weise Frau wohnte, die würde vielleicht Rat wissen. Also zogen sie dorthin und fanden auch richtig das Häuschen. Es war eines wie in den alten Geschichten, auf zwei Hühnerbeinen und konnte sich bewegen. Gottlieb war ein wenig schaurig zumute, die riesigen Krallen sahen bedrohlich aus, was er von der Baba Jaga wusste, stimmte ihn nicht gerade zuversichtlich, aber die Not war groß und vor allem: Er war nicht allein. In der Gruppe, die mit ihm gekommen war, gab es einige Frauen und Mädchen, die konnten die Baba Jaga gewiss milde stimmen. Denn das wusste er noch, zu Frauen war sie freundlich, Männer wurden von ihr aber gern verspeist. So erzählten es die alten Geschichten, die er in langen Winternächten von seiner Muhme gehört hatte.

Rosl, eine ganz junge Dirn, meldete sich. Sie war sicher, die weise Alte würde sie freundlich aufnehmen. Alle anderen gaben ihr gemeinsam ihren Segen und viele gute Wünsche mit, auf dass sie heil wiederkäme, und warteten angespannt. Das Haus drehte sich zuerst weg, dann wieder her, als wolle es überlegen, ob es das Mädchen einlassen solle. Schließlich aber stoppte es, die Tür flog auf und Rosl schlüpfte hinein. Danach verging eine ganze Weile, den Wartenden war schon angst und bang, sie hielten sich fest an den Händen und beteten für die tapfere Maid.

Endlich kam sie zurück, mit fliegenden Haaren und ziemlich zerzaust, aber zufriedenem Gesichtsausdruck. Die Bewohnerin des Hauses mit den Hühnerbeinen hatte sie zuerst das ganze Haus fegen, ein Feuer im Ofen anheizen und ein Brot backen lassen. Während der Arbeit durfte sie nichts reden und die Alte saß an ihrem Spinnrad und murmelte unverständliches Zeug vor sich hin. Als das Mädchen mit allem fertig geworden war, sprach die Baba Jaga: »Du sollst dein Glück finden und weil du dafür das Saatgut brauchst, für das Dorf in dem du glücklich werden sollst, will ich dir helfen. Hier hast du eine Zauber-Schalmei. Wenn ihr zum Dorf kommt blase auf ihr, du wirst merken was passiert. Haben die Männer und Frauen, die mit dir gehen, reine Absichten, wird es bald wieder genug für alle zu essen geben. Sind sie aber scheinheilig und nur auf ihren eigenen Vorteil bedacht, so wird das Korn verfaulen und das ganze Dorf hungern.«

Wieder trollten sich einige. Ob sie nun schlechte Gedanken gehegt oder nur Angst vorm Verhungern hatten, wer konnte das schon sagen? Die kleine Gruppe der Übriggebliebenen – drei Männer und drei Frauen – machte sich beherzt in Richtung Dorf auf den Weg. Eine Wolke begleitete und schützte sie vor der Sonne am sonst wolkenlosen Himmel. Endlich war das Dorf erreicht, wo schon viele sehnlichst auf Gottlieb warteten, denn die Erde war bereit, die Saat aufzunehmen, und das Wetter genau richtig, um sie keimen zu lassen. Aber noch hatten sie nichts, was sie hätten säen können. Also begann Rosl die Schalmei zu spielen. Zuerst verschwand die Wolke, die nun andernorts Sturm und Hagel herablassen würde, und alsbald flogen aus allen Richtungen Vögel herbei, in vielerlei Größen und Farben, der Himmel war kaum mehr zu sehen. Jeder trug ein oder mehrere Körner im Schnabel und ließ diese in Säcke fallen, die Gottlieb leer in die Stadt getragen und ebenso leer wieder zurückgebracht hatte. Sie taten das ganz ordentlich, Weizen in einen Sack, Roggen in den anderen, Hafer in den dritten. Am Ende standen da viele prall gefüllte Säcke. Auf dem Dorfplatz verteilten die sechs genau abgemessene Portionen an alle Dörfler und Dörflerinnen, damit niemand sich benachteiligt fühlen konnte. Die Kinder tanzten vor Freude und die Großen eilten, die Saat auf die Felder zu bringen. Die Mägde und Knechte, die mit Gottlieb gekommen waren, halfen einmal hier und einmal dort, jeder freute sich und teilte das wenige, das sie noch zu essen hatten, mit denen, die ihnen zu Hilfe gekommen waren. Erste frische Kräuter aus Wald und Wiese gaben dem Brei ein wenig Würze.

Nachdem die Saat ausgebracht worden war, blies Rosl ein zweites Mal auf ihrer Schalmei, diesmal kamen kleine Ziegen und fette Hühner und suchten sich selbst die Ställe aus, in denen sie ab nun leben und für Milch und Eier sorgen wollten. Das war eine Freude, denn so konnten die Menschen gut überleben bis die Saat aufgegangen und zur Ernte reif sein würde. So kehrte das gewohnte Leben wieder zurück in das Dorf. Obwohl, einiges hatte sich doch verändert. Die Menschen hatten erfahren, wie sehr sie einander brauchten und dass es gut war, zusammenzuhalten, besonders wenn die Zeiten schwer werden. Gottlieb und Rosl heirateten und an der Stelle des Teufelskreises wurde ein Marterl hingestellt. Dahin brachten die Dörflerinnen jedes

Jahr zum Erntedankfest einen Korb mit Erntegut, für all die guten Geister, die ihnen geholfen hatten. Die Vögel kamen und pickten es auf und in so manchem Baum fand sich danach ein Nestchen, in dem im Frühjahr Jungvögel ausgebrütet wurden. Rosl und Gottlieb bekamen viele Kinder, die die Geschichte des Teufelskreises jedem erzählten, der sie hören wollte.

Der Teufel aber kochte seine Pechsuppe voller Wut. Hie und da quoll ihm sein Topf über und spie irgendwo auf der Welt die brodelnde Masse aus, die alles begrub, was unter ihr wuchs oder kreuchte und fleuchte. Aber das ist eine andere Geschichte.

3. Raunacht: 27. Dezember

Orakelsymbolik für März, Monat des erwachenden Frühlings

Wetterorakel gaben Hinweise auf den besten Zeitpunkt der Frühjahrsaussaat. Die richtige Mischung von Feuchtigkeit, Wärme und Lichtstunden bestimmt den Erfolg des Keimens sowie des Wachstums der Winteraussaat. Entsprechend bereiteten sich Bauern auf diesen wichtigen Monat vor.

Schutz vor Teufel und Dämonen

Im Märchen vom Teufelskreis werden dramatische Auswirkungen des Wettergeschehens geschildert. Durch den Klimawandel drohen entsprechende Folgen auch in unseren Zeiten. Just an dem Tag, da ich den Begleittext zum Märchen fertigstellte, las ich in der Zeitung von drohender Dürre für Getreide- und Gemüsefelder und extrem hohen

Bewässerungskosten. Bereits in den vergangenen Jahren habe es dreimonatige Trockenperioden gegeben, berichtete ein Gemüsebauer, der bis Mitte Juli schon fünfmal nachhelfen musste. Der im Märchen angesprochene Teufelskreis ist also hochaktuell. Wie der Axthieb zu dessen Durchtrennung aussehen müsste, dafür gibt es wohl allerlei Konzepte, ein mutiger Gottlieb, der eine Maßnahme konsequent realisiert, fehlt noch. Zu kompliziert ist heutzutage die Verflechtung von politischen wie wirtschaftlichen Interessen und den Ambitionen von gewinnorientierten Konzernen.

Früher hatten die Menschen einfache Rezepte, um den »Teufel« abzuhalten. Tatsächlich galt schon der Kreis, den man um sich zog, als Bannlinie. Besonders wichtig, wenn Rituale durchgeführt wurden, war die Farbe Weiß, die den Leibhaftigen angeblich ebenfalls fernhielt. Für die Zeiten der Raunächte, auch *ungeheure* oder *Unternächte* genannt, gab es allerlei Empfehlungen, wie man sich vor Satan und seinen dämonischen Helfern schützen solle. Viele Bräuche aus heidnischer Zeit kamen nach der Christianisierung in Verruf bzw. erhielten eine Zuordnung zu magischen Umtrieben, die wiederum Anlass für Hexenverfolgung bot.

Beispielsweise wandelte sich das Pentagramm – eigentlich ein Pentalpha (fünf ineinander verschlungene A) –, das ursprünglich dazu diente, das Anwesen als *Odin*-freundlich zu kennzeichnen, um die Gaben der Wilden Jagd zu erhalten, zum Abwehrzauber gegen Dämonen und schlussendlich zum Symbol für Teufelskult. Dabei wurde ein wesentliches Detail ignoriert: Je nachdem, ob die Spitze des Pentagramms nach oben oder unten zeigt, ist es unterschiedlich wirksam. Nach unten gerichtet soll es tatsächlich der Beschwörung der dunklen Mächte dienlich sein, andersrum bleibt es ein Bannzeichen. Damit wird anschaulich, dass jedes Ding zwei Seiten hat, auch jede Idee. Zu jedem Vorschlag, jedem Plan, jeder Symbolik lässt sich ein kontrapunktischer Aspekt finden. Welche Energie genutzt wird, hängt jedenfalls vom

Anwendenden ab. Ein Streichholz kann Feuer entfachen oder eine licht- und wärmespendende Kerze anzünden. Auch Zeichen und Symbole können ge- oder missbraucht werden. Götter und Göttinnen haben schützende, helfende, nährende Funktionen ebenso wie strafende und vernichtende. In den Zuordnungen, die die Percht beschreiben, kann dies exemplarisch wahrgenommen werden.

Eine Geschichte verdeutlicht, wie wir mit dieser Zwiespältigkeit umgehen können: Eines Abends erzählte ein alter Cherokee seinem Enkel über den Kampf, der in den Menschen tobt. Er sagte: »*Mein Sohn, es gibt einen Kampf zwischen zwei Wölfen in jedem von uns. Einer der Wölfe ist böse. Er ist Zorn, Neid, Eifersucht, Kummer, Bedauern, Habgier, Arroganz, Selbstmitleid, Beschuldigung, Feindseligkeit, Minderwertigkeitsgefühle, Lügen, falscher Stolz, Überheblichkeit und Egoismus. Der andere Wolf ist gut. Er ist Freude, Friede, Liebe, Hoffnung, Gelassenheit, Bescheidenheit, Freundlichkeit, Güte, Menschlichkeit, Großzügigkeit, Wahrheit, Mitgefühl und Vertrauen.*« Der Enkel überlegte eine Minute und fragte dann seinen Großvater: »*Und welcher Wolf gewinnt?*« Der alte Cherokee gab zur Antwort: »*Derjenige, den du fütterst.*«

Tatsächlich werden die Raunächte auch *Wolfsnächte* genannt, vermutlich weil im Winter diese Wildtiere den menschlichen Behausungen nahe kamen, in der Hoffnung, ihren Hunger stillen zu können. Daran knüpfen sich die Sagen vom *Werwolf*, auch dieser ein Zwischenwesen, dessen Symbolik uns an unsere wölfische, also angriffs-, aber auch rudelfähige Seite erinnert. Übergangszeiten wie das Zeitloch zwischen Mond- und Sonnenrhythmus werden fast immer als kritische Phasen empfunden, in denen die Menschen Abwehr- und Schutzmaßnahmen nutzten. Rituale, religiöse Handlungen, Zauber- und Bannsprüche bzw. Bitten an eine höhere Macht haben Hochkonjunktur.

Wenn die *Wilde Jagd* durch die Lüfte brauste, sollte man

sich beispielsweise flach auf den Boden legen. Doch konnte es passieren, dass einer der Reiter seine Hacke hineinschlug, weil er den Liegenden für einen Holzblock hielt. Der wurde danach von Rückenschmerzen geplagt und musste genau ein Jahr darauf an derselben Stelle liegen, damit der Reiter seine Axt wieder herauszog. *»Es war ihm, als ob man ihm einen Schiefer rauszöge und von nun an hörte der Schmerz auf«*, ist in *Vernalekens* Geschichten-Sammlung aus 1859 nachzulesen. Auch könne mit einer schwarzen Henne der Teufel getäuscht werden, wird berichtet. Doch der würde bald entdecken, dass es keine Seele sei, die man ihm da untergejubelt hat, weshalb man sich beim Forteilen nicht umsehen dürfe.

Nicht nur mit dem bereits beschriebenen Räuchern wird das Vieh geschützt, zur Sicherheit gibt es noch eine »Maulgabe«: Geweihtes Brot, drei Mal eingekerbt, mit geweihtem Salz, Kreide vom Dreikönigstag (über's Jahr aufgehoben) sowie *Grodelkraut* (Quendel), aufbewahrt vom Kranz des *Antlasstages,* und mit Weihwasser besprengt, wird verfüttert. Als Schutz gegen Zauberei und Vergiftung sind rund um den Stall Stachelbeeren gepflanzt oder zumindest ein paar dornige Zweige auf die Stalltür montiert. Der *Antlasstag* wird in der Literatur einerseits als Bezeichnung für Gründonnerstag (*Entlassung* von den Sünden) erklärt, im Zusammenhang mit dem Quendelkranz auch als Fronleichnamstag. In jedem Fall wird dem Quendel nicht nur Heil- und Würzkraft zugeschrieben, sondern Bannkraft wider Dämonisches, ebenso wie anziehende in Liebesangelegenheiten. Denn bei den Germanen war der wilde Thymian der Liebesgöttin *Freya* gewidmet. Bräute hatten ihn im Mieder oder im Schuh: *»Ik tret ik tret up Thymian, kieck du mir kene andre an«* war die zugehörige Beschwörungsformel vor der Trauung.

Johannessegen für Rotwein als Allheilmittel und die Weisheit der Baba Jaga

Heidnischer Zauber, Aberglaube und christliche Riten wurden je nach Bedarf ebenbürtig genutzt. Der in manchen Gegenden bis ins frühe 20. Jh. in deutschsprachigen Ländern übliche *Johannessegen* wurde ganz offiziell in der Kirche erteilt. Denn der 27. Dezember ist dem Lieblingsjünger Christi geweiht, dem auch ein Evangelium zugeschrieben wurde, eine umstrittene, aber nicht auszuschließende Zuordnung.

Ab dem 12. Jh. sanktionierte (im Sinne von genehmigen) die Kirche die Mode, vor einer Reise die *Johannesminne* als Schutz zu trinken – *»wer in tranc, der waz behut vor schaden und vor leide«* – und verteilte ihn in der Vormittagsmesse an die Gläubigen mit den Worten *»bibe amorem Sti. Johanni in nomine …«* (Trinke die Liebe …). Später wurde von Bauern mitgebrachter Rot-, mitunter auch Weichselwein, offiziell gesegnet. Zu Hause wurde er allen, sogar Säuglingen, verabreicht, denn ihm wurde Wunder- und Heilkraft sowie Schutz vor Verhexung zugeschrieben, ja sogar dem Teufel konnte man versprochene Seelen abspenstig machen. Ein Teil des kostbaren Weines wurde als Heilmittel für allerlei Gebrechen aufbewahrt. Einer der vier kirchlichen Segenswünsche für an diesem speziellen Umtrunk Teilnehmende war: *»Dass sie verdienen, an Leib und Seele erheitert zu werden.«* Nicht nur Seelenheil war also katholisches Anliegen, auch Freude durfte sein. Der ganze Zauber beruhte auf der Legende, dass Johannes einen Heiden, der ihm vergifteten Wein als Gottesbeweis zu trinken befahl, bekehren konnte, da er den Trank unbeschadet genoss. Darüber hinaus wurden mit dem durch das Kreuzzeichen geheiligten Wein zwei zuvor durch denselben getötete Verbrecher wieder zum Leben erweckt. Vielleicht wurde deshalb der Johanneswein auch als Schutz vor der letzten Reise eingesetzt.

Doch eigentlich geht die Sitte auf Trankopfer der Germanen zurück, dieser Minnetrunk (Minne = ehrendes

Gedenken) galt *Freyr,* ihn solle man, laut *Edda,* anrufen für Friede, Fruchtbarkeit und Liebe. *Freyr* passt auch deshalb in diese Zeit, da ihm die Zukunftsschau zugeordnet wurde, außerdem *»herrscht er über Regen und Sonnenschein und das Wachstum der Erde«,* heißt es im *Gylfaginning* der *Prosaedda.* Er besaß das beste Schiff und war daher Patron der Reisenden und Seefahrer. Um der Liebe Willen gibt er sein Schwert dem beauftragten Werber und bleibt unbewaffnet. Deshalb wurde dieser Wein auch vom Brautpaar getrunken, die Wirkung der Liebe, die Johannes seinem Meister entgegenbrachte, sollte ein Übriges tun.

Auch Haselnüsse wurden mit *Johanni* in Verbindung gebracht, deshalb ist diese Nacht zum Schneiden einer aus Haselholz gefertigten Wünschelrute geeignet. Wer also Wasseradern oder andere Störzonen aufspüren will, kann in dieser 3. Raunacht auf die Suche nach dem bestgeeigneten Haselzweig gehen.

Zingerle dokumentiert 1862 die damals zum Teil noch lebendigen Bräuche rund um den Johannessegen. Er berichtet, dass in Schweden, wo in den *Jultagen* auf den ehemals heidnischen *Sühneeber* künftige kühne Taten herbeigeschworen wurden, der Brauch fortlebt im Auftischen von Kuchen in Ebergestalt. Hausherr und Hausfrau geloben, für das Gesinde zu sorgen, dieses gelobt Pflichterfüllung. Ein Teil des Kuchens wurde aufbewahrt und ins Saatgefäß getan, den Pferden unter den Hafer gemischt und der Knecht, der die Aussaat bestellte, bekam ebenso ein Stück davon wie die Hütejungen, wenn sie das erste Mal die Kühe heimtrieben. Reiche Ernte und Milchsegen wurde dafür erhofft.

Das Märchen erzählt nicht, ob die Bauern, von deren Anger aus der Leibhaftige alle Fruchtbarkeit unterband, auf diese Rituale vergessen hatten. Jedenfalls kommt ihnen ein weiteres mythisches Wesen zu Hilfe, zumindest einer jungen Frau, denn die *Baba Jaga* hat für Männer wenig über. Sie steht für Wildheit und Unabhängigkeit, genau richtig in den Raunächten, weniger beliebt in patriarchalen Systemen. Diese, der Percht und der Holla verwandte, einst mächtige Göttin, wurde mit dem Winter assoziiert, ebenso mit der Frau nach der Menopause. Frauen, die dieses Alter erreicht hatten, galten oft als weise und wurden hochgeehrt.

Die Zahl 27

Weisheit als Ziel wird durch 27 symbolisiert, im ungünstigen Fall durch scheuklappen-beschränktes Vorwärtsstreben, das in einer Sackgasse endet. Wer es dann erkennt, hat Erfahrung und damit Weisheit gewonnen durch das Tun, die Aufgabe der 9 (2 + 7). Wer sich überwindet, auch rechts und links des Weges zu schauen, um eventuell zielführendere Seitenwege zu entdecken, gewinnt mehrfach. Gottlieb, der Held des Märchens dieser 3. Raunacht, lässt sich führen. Er hat ein Ziel, doch der Weg dorthin offenbart sich ihm erst beim Gehen.

Die 9 ist eine der Zahlen, die in Märchen, aber auch im Brauchtum immer wieder als magische Größe auftaucht. Beispielsweise beim weihnachtlichen Brauch des Mehlmessens, bei dem 9-mal eine Maßeinheit Mehl von einem Gefäß ins andere geleert wird. Je nachdem, ob die Menge weniger oder mehr wird, schloss man auf Krankheit oder Gesundheit im Neuen Jahr. Ein besonderes Liebesorakel, bei dem ein kehrendes Mädchen den künftigen Bräutigam sehen konnte, funktionierte nur, wenn im Ofen ein Feuer aus neunerlei Holz brannte. Und wer auf einem Schemel aus neunerlei Holz in der Mette saß, erkannte eine anwesende Hexe. Der Inquisition war alles recht, was zum Ausmerzen des Wissens führte, das sie nicht kontrollieren konnte. Der Klerus bediente sich genauso der Kraft der Zahlensymbolik, erkennbar in den Novenen, eine spezielle neuntägige Form des Bittgebetes.

Katzen haben 9 Leben, heißt es. Am Bauernhof sind sie Arbeitstiere, sie halten Mäuse und Ratten fern. Bei Magiern und Hexen fühlten sie sich zu Hause, besonders die schwarzen. Sie kamen in Verruf, weil sie eigentlich ganz besondere Helferinnen sind. Ihnen wird die Fähigkeit nachgesagt, belastende Energien abzuziehen, was sie z.B. erledigen beim Umstreichen menschlicher Beine. Schwarze absorbieren davon besonders viel. *Dante* beschreibt seine Hölle mit 9 Kreisen. *Odin/Wotan* hing 9 Tage und Nächte auf der Weltesche *Yggdrasil*, um die Geheimnisse der Weisheit für die Menschheit zu erkennen. Nicht zuletzt fasziniert das magische Quadrat, das in allen Richtungen dasselbe Rechenergebnis ergibt, so wie die Eigenschaft der Multiplikation mit 9, deren Ergebnis immer die Quersumme 9 ergibt. 3 x 9 = 27, in ihrer Verdreifachung ergibt sie das Datum des Johannes-Tages. Im *Enneagramm* (griech. εννέα für 9) werden 9 Wurzelsünden zur Typologie vereint. Menschen finden sich in einem Haupttypus mit zwei Seitenflügeln und einem Gegenpol wieder, nur Christus vereint alle 9 Eigenschaften in ihrer transformierten, »erlösten« Form in sich.

Die 9 dieses *Jul*tages setzt sich zusammen aus 2 + 7. Die Zahl der Polarität, 2, der weiblichen Kraft der Nährung und Bewahrung der Schöpfung, die Zahl der Sensibilität und Seherinnengabe, heutzutage, wieder mehr akzeptiert, Intuition genannt. Die 7 wiederum verheißt denjenigen Sieg, die sich selbst besiegen, die den inneren Schweinehund gebändigt haben. Sie steht für Rhythmus und Einklang zwischen Verstand und Herz. Womit wir wieder bei der entscheidenden »Zuständigkeit« des *Hl. Johannes* und seines Vorgängers, *Freyr,* wären. Denn beiden zugeordnet ist die Intelligenz des Herzens, die Liebe, erst durch sie wird echte Heilung möglich.

Durch diese Kombination von Mitdenken (Intelligenz), Hingabe und Gemeinschaftssinn, ausgerichtet auf das Ziel einer alle ernährenden Ernte, führt Gottliebs Initiative schließlich zur Heilung seines Heimatortes. Wer Weisheit gewonnen hat, soll diese mit allen teilen. Wie die Liebe gehört sie zu den Qualitäten, die dadurch mehr werden.

Wenn Sie die Ereignisse des heutigen Tages deuten, achten Sie darauf, welche Saat sich darin ankündigt, die mit Frühjahrsbeginn aufgehen darf. Eventuelles »Un«kraut kann erkannt und gleich ausgemerzt werden, das ist die große Chance dieser besonderen Tage.

Wir nutzen die Kraft der Elemente und
sprechen mit Bäumen und Tieren.

Der seelenlose Rosenduft

Es war einmal ein Rosenstock. Dessen Blüten dufteten weit hinaus in die Welt, in alle Gärten strömte sein Geruch und überdeckte alles, was sich dort redlich mühte, um Schmetterlinge herbeizulocken und Menschennasen zu erfreuen. Denn es waren die Menschen, die sich für die Blumensorten entschieden, und die wählten gerne die duftende Pracht. Die Blumen in diesen Gärten wunderten sich über den alles überlagernden betörenden Duft. Sie baten Schmetterlinge und Bienen herauszufinden, woher dieser käme und was ihn so üppig machte. Die Insekten flogen in alle Richtungen, kreuz und quer, begegneten einander und ruhten sich zuweilen auf einem Blumenstrauch oder einer saftigen Blüte aus, um von Ergebnissen zu hören. Dabei wurde auch der neueste Tratsch über die besten Nektarplätze ausgetauscht oder darüber gelästert, dass die Bienenmänner ihre Frauen arbeiten ließen und nichts anderes im Sinn hatten, als Lust und Liebe mit der Königin zu genießen. Die Bienen wiederum waren voller Unverständnis, dass die Schmetterlinge nach den langen Monaten des Raupendaseins so viel Schönheit für nur so kurze Zeit ausbreiteten. Dann ging es um die Insektenkonkurrenz, mit der sie sich um Nektar balgen mussten. Früher, ja da war alles noch verschwenderisch in Blüte und es gab genug für alle, aber in diesen Zeiten mähten die Menschen ihre Wiesen beständig millimeterkurz, sodass nicht mal mehr ein kleines Gänseblümchen sein Blütenköpflein zur Nahrung anbot. Sie mussten weite Wege fliegen, um an die überlebensnötige Nahrung heranzukommen, es war eine Mühsal.

Über all dem Plaudern und Lamentieren vergaßen sie ihren Auftrag. Sie flogen zur nächsten Blüte, nur um dort wieder ermahnt zu werden, herauszufinden, was es mit der Duftorgie auf sich hatte. Also flogen sie abermals in alle Richtungen, verplauderten sich erneut und so ging es eine Weile hin und her, bis endlich eine Libelle dazwischenfuhr und säuselte: »Ihr vergessliches Honigvolk, ihr schöngeistigen Schmetterlinge – nichts im Hirn als Gespinste! Ich war bei diesem Rosenstock, dessen Duft alle Gartenblumen übertönt. Er duftet zwar, dass es kaum auszuhalten ist, aber Nektar hab' ich in seinen Blütenkelchen keinen gefunden. Dann wollte ich mit den Blüten ein Gespräch beginnen, erhielt aber keine Antwort. Und außerdem stand diese Duftschleuder in keinem Garten, sondern in einem gläsernen Gebilde, in dem sonst nichts anderes zu finden war, kein bisschen Erde konnte ich entdecken, auch keine Tiere. Nur gläserne Gefäße in unterschiedlichen Größen und Formen und merkwürdige, surrende Kästen mit Skalen, Zeigern und blinkenden Lampen. Das konnte ich herausfinden, was machen wir nun damit?«

Die Blumenköpfe bogen sich zueinander und sogleich begann ein Tuscheln, wobei die *Devas*, die in den Blüten wohnten, besonders wichtigtaten. Schließlich rief eine, die sie als Sprecherin erkoren hatten: »Wir haben beschlossen, die Elfen und Wichtelmännlein und -weiblein herbeizurufen. Sie sind weise und kennen die Welt besser als wir, die alljährlich wieder in die Erde zurückgehen, um zu schlafen, und oft nur kurze Zeit unser Blütendasein auskosten können.« Die Glockenblumen fingen sofort an zu läuten, dass es ohrenbetäubend war (zumindest für Insekten- und

Blumengehöre), und der Wind blies das Geläute fort in alle Himmelsrichtungen. Dort übernahmen Sonnenstrahlen, Hasen und Vögel und allerlei anderes Getier, sie trugen die Kunde weiter in die entlegensten Winkel. Denn Elfen und Wichtelwesen hatten sich schon vor langer Zeit aus dem Menschengeschehen entfernt. Viel zu viel hatten sie damit zu tun, die Erde in Gleichgewicht zu halten und die Gewächse der Wälder und Wiesen und die Tiere, die dort lebten, zu unterstützen, damit zumindest einige überleben konnten. Sie waren so beschäftigt, dass sie nicht einmal Zeit hatten, über den Verlust der guten alten Zeiten zu klagen, sie sorgten sich sehr darum, dass es mit der Natur überhaupt weitergehen möge.

Schließlich erreichte sie die Kunde von der stummen Rose ohne Nektar doch betörendem Duft. Alle waren sehr aufgeregt und versammelten sich alsbald auf einer großen Lichtung im Dunkelwald.

Eine Abordnung von Forschungswichteln und Laborelfen wurde entsandt, denn was sie von der Libelle erfahren hatten, ließ sie ahnen, dass diese am ehesten mit dem Ort des Geschehens vertraut sein würden. Außerdem wurde ein Schreiber-Zwerg mitgeschickt, der alles genauestens protokollieren sollte. Eine ganz junge aufgeregte Wichtelmamsell wollte unbedingt dabei sein. Sie hatte auf einem ihrer Neugier-Ausflüge ein Gerät gefunden, das, wenn sie auf einen der Knöpfe drückte, alles was gerade um sie herum war, einfing und davon ein Bild auf einem kleinen Fensterchen des Gerätes erscheinen ließ. Sie wollte von dem Rosenstock solche ergattern, um die Berichte zu vervollständigen.

Gesagt, getan, die bunte Gesellschaft machte sich auf den Weg. Etliche Waldtiere standen schon bereit, um sie bis an den Waldesrand zu bringen, dort wiederum warteten Fasane und Gänse, die sie ein gutes Stück weiterflogen, hin zur Siedlung der Menschen. Der Geruch der unbekannten Rose wehte ihnen entgegen, sie brauchten ihm nur zu folgen. Nach einer Weile landeten sie bei einem großen gläsernen Haus, sehr sauber sah es aus, eine gläserne Türe mit einem Gitter davor sorgte dafür, dass man nicht so einfach hineinkonnte. Allerdings waren die Waldwesen klein, wendig und für die Menschen, die schon lange vergessen hatten, die Welt mit den Augen der Kinder zu sehen, unsichtbar. Daher gelangten sie alle ganz leicht in das Gebäude, dem Duft folgend, in das Labor, aus dem diese Pflanze ihn in die Welt sandte. Sie entdeckten Petrischalen, aus denen winzige Pflänzchen emporragten, auf unzähligen Regalen standen Gläser in allen Größen und Formen, manche mit Inhalt, andere ohne. Alles peinlich genau geordnet und beschriftet, mit Fliesen ausgekleidete Wände und Böden blitzten vor Sauberkeit.

Die Wichtelmamsell war immens aufgeregt, sie flitzte von einem Ort zum anderen und verewigte ihre Eindrücke auf ihrem Wundergerät. Sie dachte, dass es den Wichteln einiges an Anregung bieten könnte, ihre Erdlöcher und Höhlen, unterirdische Stollen und Hallen mal so richtig aufzumöbeln. Aber tief im Inneren spürte sie, dass es wohl verlorene Liebesmüh wäre, denn alles Naturgeborene sah so ganz anders aus als diese eckige, spiegelglatte und sterile Welt. Na ja, man wird ja noch ein bisschen träumen dürfen, dachte sie mit einem kleinen Seufzer.

In der Zwischenzeit hatten sich Laborelfen und Forschungswichtel voller Erstaunen und gleichzeitig Besorgnis in dieser ungewohnten Umgebung umgesehen. Der Rosenduft war so heftig, dass er unangenehm wurde, das Atmen fiel schwer und die Sinne vernebelten sich. Gerade weil sie so intensiv roch und den ganzen Raum erfüllte, war die Quelle des Duftes kaum zu orten, und eine Rose war nirgends auszumachen. Plötzlich hörten sie einen spitzen Schrei, eigentlich eher ein Quieken. Die Wichtelmamsell war ausgerutscht auf einer winzigen Pfütze. Eine der Petrischalen war übergeschwappt, als sie darangestoßen war, die Nährlösung hatte sich ergossen, das Mamsellchen den Halt verloren und auf dieser Masse dahinrutschend landete es vor, na ja, eigentlich in einem Glaskasten. Dessen spiegelnde Hülle war gesplittert und das war auch die Ursache ihres Quiekens, denn Glas schneidet bekanntlich und Wichtelinnen können sich genauso schneiden wie Menschen. Bloß sind sie viel kleiner und wenn sie eine Verletzung haben, bluten sie viel schneller aus. Deshalb trägt auf Exkursionen immer eine von ihnen einen Erste-Hilfe-Kasten bei sich. Umgehend wurde die Wichtelfrau fachgerecht verbunden.

Alle waren sehr aufgeregt und erst als das Blut nicht mehr floss und ein dankbares Lächeln sich in ihrem Gesichtchen ausbreitete, waren einige von ihnen ruhig genug, um den Elfen zuzusehen, die in der Zwischenzeit taumelnd um und in dem Gehäuse herumschwirrten und ihre sonst so zartfeinen Gesänge merkwürdig lallend von sich gaben. Ursache war der Duft, der diesem Kasten entströmte. In seinem Inneren stand die leblose Rose und sandte intensivsten Geruch aus, sodass manche einer Ohnmacht schon recht nahe waren. Der Oberwichtel hatte jedoch an alle Eventualitäten gedacht und Gasmasken mit eingepackt, die wurden rasch verteilt, damit alle handlungsfähig bleiben konnten. Die Elflein wurden zunächst eine nach der anderen in sichere Entfernung gebracht – die Masken wären viel zu groß für sie gewesen – anschließend untersuchten die Wichtel das Blumengebilde. Es griff sich ähnlich, aber doch anders an als Blätter draußen in der Natur, auch an Größe überragte es bei Weitem alle Rosen, die sie je gesehen hatten. Wurzeln fehlten völlig. Es steckte in einer Glasflasche, gefüllt mit rosa Flüssigkeit, die durch eine Kanüle, die den Stängel mimte, hochgepumpt wurde in das Blütengebilde, dem der betäubende Duft entströmte.

Es war eindeutig, diese Rose war ganz und gar künstlich. Die Versammlung der Winzlinge war ratlos – wozu sollte so etwas gut sein? Um Rosen, die ihren Duft verloren hatten, wieder verlockend werden zu lassen? Oder um Zartbesaitete in Ohnmacht zu versetzen? Wollte jemand Rosengeruch konservieren für Zeiten, in denen selbst Rosen zu den ausgestorbenen Gewächsen zählen würden?

Wichtel und Elfen zogen sich zurück, weit genug entfernt, um klar denken zu können, und beratschlagten, was sie nun unternehmen sollten. Der künstliche Duft hatte viel Verwirrung gestiftet, doch wenn dessen Quelle bekannt wäre, könnten sich alle Geschöpfe der Wiesen und Wälder wieder natürlichen Aromaquellen zuwenden. Menschen, die künstliche Nasenreize ursprünglichen vorzogen, sollten sich damit herumplagen. Also entschieden sie, das Rosengebilde sein zu lassen, und machten sich auf die Heimreise. Eine der Laborelfen füllte sicherheitshalber einige Phiolen mit Proben der duftenden Flüssigkeit, die Wichtelmamsell schoss ein paar Bilder von der Abordnung, die sich rund um den Laborkasten gruppiert hatte. Einer brach eines der Rosenblätter ab, um es vielleicht einmal näher zu untersuchen, wenn er gerade mal Langeweile haben sollte. Aber er könnte es auch seiner Frau als Decke mitbringen, dachte er, denn das Blatt war riesengroß für Wichteldimensionen.

Der Forschertrupp war längst wieder heimgekehrt, die Natur war beruhigt oder auch empört, dass die Menschheit ihr Konkurrenz machen wollte, als die Laboranten in das etwas verwüstete Labor kamen, um ihre Arbeit fortzusetzen. Der Projektleiter hatte auf einer Konferenz ein viel beachtetes Referat gehalten über seine bahnbrechende Entwicklung, die von Blütenanpflanzungen unabhängig machen sollte. Vor allem Allergiegeplagte könnten sich dann einer duftenden Blütenpracht erfreuen, ohne geschwollene Nasen und Augen. Der intensive Geruch der Essenz, der nun ungehindert das Labor erfüllte, machte auch ihnen etwas zu schaffen, aber Menschennasen sind nicht so empfindlich wie die der Geschöpfe der Anderswelt. Es verursachte dem Team um Dr. Rosebud einiges an Kopfzerbrechen, wer ins Labor eingedrungen sein konnte, Spionage wurde vermutet, aber da kein Konkurrenzprodukt auf dem Markt auftauchte, war bald niemand mehr besorgt.

Die Menschheit war um ein Duftprodukt reicher, doch setzte es sich nur vereinzelt durch, denn der Duft echter Rosen und das mit dem Schenken der Blumenkönigin verbundene Ritual blieb den Menschen zu wichtig, die Konservierung einer Dufterinnerung für Zeiten ohne Natur schien den meisten doch zu abwegig. Sie vertrauten auf die unendlichen Fähigkeiten der Natur, sich anzupassen und zu regenerieren, Rosen würde es immer geben.

4. Raunacht: 28. Dezember

Tag der unschuldigen Kinder, eine der zwei Wandlungs-Raunächte, Orakelsymbolik für April, den Monat des wechselhaften Wettergeschehens

Der *Tag der unschuldigen Kinder* ist abgeleitet vom biblischen Bericht des Kindermordes. Laut Mt 2,16 befohlen von König Herodes, um den potenziellen Rivalen zu beseitigen, den von den drei Weisen gesuchten »König der Juden«. Die Kraft der Zukunftsschau durch Träume, die während der Raunächte verstärkt beachtet werden sollen, wird in der Bibel häufig erwähnt, auch hier: Christus entkommt, weil abermals ein Engel seinem irdischen Vater, Josef, erscheint und ihm aufträgt, mit seiner Familie nach Ägypten zu fliehen.

Vom Morden, weissagenden Träumen und unschuldigen Kindern

Es ist nicht der einzige Massenmord dieser Art, von dem die Mythologie berichtet. Schon Moses entkam dem Befehl des Pharaos, alle männlichen Nachkommen des jüdischen Volkes zu eliminieren. Aus der indischen Tradition wird vom Versuch berichtet, Krishna's Überleben zu vereiteln, und der britische Held, King Arthur, wollte ebenfalls seiner vom Zauberer Merlin geweissagten Ablösung entgegenwirken, indem er alle am 1. Mai geborenen Prinzen auf ein Schiff verfrachten ließ, das an Klippen zerbrach. In sämtlichen Fällen überlebte das Kind, dessen Tod eigentlich beabsichtigt war, auf wundersame Weise.

Was uns heute als unfassbar und grausam erscheint, war um Christi Geburt üblich und legal. Die Spartaner setzten behinderte und missgebildete Neugeborene aus, römische Väter hatten Gewaltrecht, ihre Kinder konnten sie als Sklaven verkaufen. Germanische Väter entschieden darüber, ob ein Kind in die Familie aufgenommen oder ausgesetzt wurde. In Märchen und Sagen wird von der Errettung solcher unschuldiger Seelen erzählt, zu den berühmtesten zählen Schneewittchen und Hänsel und Gretel. Uneheliche Kinder, ebenso vom Hungertod bedrohte, wurden vor Klostertüren abgelegt, Müttern von Zwillingskindern wurde Geschlechtsverkehr mit mehr als einem Mann angedichtet, häufig wurde eines der beiden Kinder ausgesetzt.

Es waren Vertreter des Christentums, die bereits ab dem 2. Jh. Anstrengungen unternahmen, das Töten von Kindern zu verhindern, Kirchen und Klöster nahmen Findelkinder in Obhut, Waisenhäuser die elternlosen, die sonst kaum eine Überlebenschance gehabt hätten. Kinder waren rechtlos, überall wo sie aufgenommen wurden, gab es viel Missbrauch, mitunter auch Chancen. Der bereits zitierte Kirchenhistoriker *Beda Venerabilis* beispielsweise begann seine Klosterlaufbahn bereits mit sieben Jahren. Selbst

Drehfenster, unserer Babyklappe vergleichbar, gab es bereits im 14. Jh. Das 19. Jh. brachte unermessliches Kinderelend, nicht zuletzt für billige Arbeitskräfte der Industrie. Gleichzeitig entstanden eine Bewegung und wohldurchdachte Konzepte, damit Kinder, die nur aufbewahrt und meist ausgebeutet wurden, eine Chance auf ein selbstbestimmtes Leben erhielten.

Im Mittelalter wurde das Töten von Kindern verboten, es blieben jedoch viele Wege, diese zur »Geburtenkontrolle« genützte Methode ahndungsfrei durchzuführen. Beliebt war das behauptete versehentliche Ersticken des Kindes durch einen Erwachsenenkörper im Bett. Während andere Mütter ihre durch Krankheit dahingerafften Kinder beweinten, suchten jene, sie möglichst rasch zu beseitigen. Züchtigen durften alle ihre Kinder, die Percht, Knecht Ruprecht oder andere Wesen der Anderswelt dienten als Drohmittel, um Kinder zum Gehorsam zu zwingen. Perchts Rolle als Wächterin der Spinnstuben wirkte auch zum Antreiben kleiner Mädchen, deren zarte Hände besonders feines Garn, das *Engelsgarn* spinnen mussten. Für die »braven« gab es Dörrobst, Äpfel, Nüsse, Lebekuchen und Kekse. Mit etwa acht Jahren war es mit dem Kindsein meist ohnedies vorbei, Lehre oder Dienstbotendasein, Eintritt ins Kloster oder zur See fahren waren die Optionen. Ab dem 17. Jh. wurden sie auch als Plantagenarbeiter in Kolonien verschickt.

Am *Tag der unschuldigen Kinder* jedenfalls durften sie herumziehen und um Almosen betteln, zumindest in ländlichen Gegenden. *Heischen* nannte man das und die besuchten Erwachsenen freuten sich darauf, ja sie ließen sich sogar bereitwillig von den Kindern mit Ruten schlagen. Aus Kärnten erfuhr ich vom »Frisch und g'sund schlagen«. Schon ganz früh – natürlich ist da noch finstere Nacht – klopfen die Kinder an Häuser, Fenster oder die Haustüre. »Bewaffnet« mit Birken- oder Haselgerten als Symbolträger des Keimens, schlagen sie die schlaftrunkenen Hausbewohner und singen:

Frisch und g'sund, frisch und g'sund, freudenreich lang leben, gern geben!

Es galt, bis spätestens um neun Uhr mit dem Schlagen fertig zu sein, dafür gab es Lebkuchen oder Äpfel, oft nach langem Stapfen durch den Schnee. Heute geht es bis Mittag, meist gibt es ein paar Geldstücke zu ergattern.

Von der Percht wird erzählt, dass sie mit ihrer Schar der »unschuldigen Kinder« in die Gehöfte einzieht, um auf der Tenne zu tanzen. Dort wurde die *Berchtlmilch* – Milch mit Semmelbrocken oder Roggenknödeln oder auch ein Mehlbrei mit Honig –, ausgestattet mit ausreichend Löffeln für die unschuldigen Seelen, bereitgestellt. Fehlte am nächsten Morgen etwas davon, war es ein gutes Zeichen, denn der Percht hatte es wohl gemundet.

Das erwähnte Klopfen war auch in anderen der zwölf Raunächte üblich, davon leitet sich eine weitere Bezeichnung dieser besonderen Tage ab, die *Klopfnächte*. Bis ins 19. Jh. hielt sich der Brauch, dass in Tierfelle vermummte Knaben mit langstieligen Hämmern von Haus zu Haus zogen, an Fenster- und Türrahmen klopften und eine Art Segen sprachen, *Klopf-an* genannt. Auch dafür gab es Essbares.

Es wurde viel gegeben und viel empfangen in diesen Tagen, deshalb hießen sie auch Gönn-, Gen- oder Gebnächte. Mit »Heidenlärm« kündigte sich die Ankunft der *Wilden Jagd*, der einstigen Götter, an. Dass Hämmer benutzt wurden, sollte vielleicht auch an Thor, sdt. *Donar*, erinnern, den Gott des Donners und der Blitze. Die zum Schlagen benutzten Haselgerten erinnern daran, dass Haselsträucher als Blitzableiter dienten, ein Blitzeinschlag im Acker wurde als Anregung des Bodens für reichen Ertrag betrachtet. Die neueste Forschung bestätigt diese Veränderung des Bodenmilieus für besseres Gedeihen der Pflanzen. Im April kommt die Vegetation so richtig in Fahrt – der Wechsel von Regen und Sonnenschein ist die geeignete Kombination, um alles sprießen zu lassen. Dazu braucht es die Unterstützung des Wettergottes, dessen Rolle nach der Christianisierung der Hl. Petrus übernahm.

Drama der Pflanzenwelt

Ganz so »unschuldig« wie die Seelen ungetaufter Kinder sind Pflanzen allerdings nicht immer, auch in ihrer Welt gibt es Raub und Mord. Fleischfressende Pflanzen lauern kaltblütig auf ihre Beute, Dornen und Stacheln scheuen nicht davor zurück, Lebewesen zu verletzen, Parasiten nähren sich genüsslich an ihren Wirts-Opfern, Blüten nehmen Insekten als Geisel. Sie und ihre friedlicheren Artgenossen nützen dabei alle Sinne, sie richten sich nach Gerüchen, reagieren auf angedrohte Verletzungen und freuen sich über freundliche Gedanken. Sie kommunizieren untereinander und merken sich schlechte Erfahrungen. Auf Menschen, die ihnen zuvor etwas angetan haben, reagieren sie mit Panik. Das Drama des Lebens macht vor der Pflanzenwelt nicht halt. – Sie denken jetzt: Ist sie nun endgültig im Märchenreich?

Weit gefehlt, ich stütze mich auf Berichte wissenschaftlicher Experimente. In einem GEO aus 2014 wird ein Laborversuch wie ein Krimi geschildert. Der Parasit namens Teufelszwirn attackierte Tomaten. Wollte man ihn mit künstlichen Stauden verführen, ignorierten seine Ausleger die leblosen Gewächse. Was fehlte, war der Geruch. Denn einer nach Tomaten duftenden Lösung waren sie sofort verfallen und wuchsen eifrig auf diese zu. Fleischfressende Pflanzen wiederum sind Meister des Ertastens, sobald sie ihre Beute spüren, schnappen sie zu. Pflanzen sind sogar imstande, einander durch Signaldüfte gegen Fresstiere zu warnen. Die Akazie sondert, wird sie von einer Antilope angeknabbert, Ethylen ab und verbreitet es über Zweige und Blätter, Pappeln produzieren giftige Substanzen, wenn Insekten an benachbarten Artgenossen nagen. Diese »riechen« die Gefahr und produzieren ebenfalls den Duft, gleichzeitig wird das für Tiere gefährliche Gift produziert.

So neu sind die Veröffentlichungen über die erstaunlichen Wahrnehmungen und Fähigkeiten der Pflanzen gar nicht. Bereits ab dem 19. Jh. gelang es etlichen Wissenschaftlern, aufzuzeigen, dass Pflanzen fühlen können und auf Schmerzen, selbst auf Gedanken an geplante Angriffe, erregt reagieren.

Unsere Vorfahren wussten bereits von der den anderen Lebewesen ebenbürtigen Wesensart der Pflanzenwelt und gingen bei der Ernte ebenso ehrfurchtsvoll mit ihnen um wie mit Tieren. Aus dieser Haltung erklärt sich auch das »Füttern« der Äcker oder der Baumscheiben mit weihnachtlichen Essensresten. Ein Gärtner, dem ich von meinem Buchprojekt berichtete, erzählte mir von seiner Großmutter, die immer mahnte: *»Vor'm Holler muss man den Hut ziehen.«*

Der Holler, Holder oder auch Holunder genannt, ist – unschwer nachvollziehbar – der Holla/Frau Holle zugehörig. Er ist eines der Anzeigergewächse, wo er gedeiht, ist eine Wasserader anzunehmen, der Boden enthält viel Stickstoff, denn davon ernährt sich der Holunder. Er bietet Nahrung, Heilkraft und Farbstoff. Wenn er blüht »ziehen die Wälder ihr Hochzeitskleid an«, sagt man. Als heiliger Baum, der das Tor zu Hollas Unter- und Oberreich bildet, bietet er den besten Platz, um Speisen für die frühere Göttin, die Wächterin des Totenreiches wie auch des Wettergeschehens, bereitzustellen. Wer seine Teile ernten will, soll zuvor den in ihm wohnenden Hausgeist um Erlaubnis fragen. Auch für das Mark der hohlen Zweige, das, gemeinsam mit den getrockneten Blüten, ebenfalls zum – beinahe geruchlosen – Räuchern genutzt werden kann. So wie die lebendige Pflanze erleichtert es den Kontakt zu den Wesen der Anderswelt und wirkt unterstützend, um die Lebensaufgabe zu erkennen oder den richtigen Zeitpunkt für eine Unternehmung. Mit Wacholder, dem klassischen Räuchermittel unserer Ahninnen gemeinsam verräuchert, ergibt es beliebtes Rauchwerk für die 12 *Gebnächte*.

Das Besondere an Pflanzen, in den meisten Fällen: Je mehr sie in ihrem Wachstum beschnitten werden, desto üppiger gedeihen sie in der Folge. Sie sind eine der variantenreichsten Quellen für Heilmittel. Allzu oft mussten Frauen im Zuge der Verteufelung des alten Wissens ihr Leben lassen, weil sie darüber Bescheid wussten. Glücklicherweise war es ebenso unausrottbar wie das Festhalten an den alten Bräuchen. Und nach wie vor werden neue Pflanzen und Heilwirkungen entdeckt.

Auch für den Mythos der Raunächte war Heilkraft von Bedeutung, diese vierte stand für das Wenden all dessen, was uns bisher an Ahnbarem missfallen hat. Sie wird auch *Herodesnacht* genannt und eröffnet die Möglichkeit, alles wieder gutzumachen und aufzulösen, z.B. wenn an den drei Tagen zuvor Streit, schlechtes Wetter oder Missstimmung herrschte. Noch einmal bietet sich diese Chance in der letzten Raunacht am 5. Januar. Es empfiehlt sich, die Raunächte achtsam und wachsam zu begehen, da sie das ganze kommende Jahr in sich bergen und jede und jeder selbst dafür verantwortlich ist, wie sie oder er die Weichen dafür stellt.

Wirklichkeit und Märchenwelt

Die Geschichte des künstlichen Rosenduftes fand tatsächlich eine Entsprechung in der aktuellen Berichterstattung, sechs Monate nachdem sie meinen über die Tastatur gleitenden Händen entflossen war, entdeckte ich einen Bericht über den Verlust des Rosenduftes. Durch beständig neue Züchtungen haben moderne Rosen immer mehr an Geruch eingebüßt. Nun gelang es einer Forschungsgruppe, herauszufinden, dass ein ganz bestimmtes Gen für ein Enzym zuständig ist, das die Duftproduktion in den Blütenblättern ermöglicht. Je aktiver das Gen, desto duftender. Mit diesem Wissen hoffen die Züchtenden auf eine Reaktivierung des Wohlgeruchs der Königin der Blumen. Auch hier zeigt sich: Erst der Misserfolg, in diesem Fall ein Verlust, bewirkt eine weitere Aktion, nämlich herauszufinden, wie der Fehler wieder gutzumachen wäre.

Bereits fünf Jahre zuvor, 2010, veröffentlichte dasselbe Medium einen Artikel mit dem Schlusssatz: »Durch die Manipulation des Gens konnten die Wissenschaftler Paradeiser mit besserem Geschmack züchten und diese auch verkaufen. Außerdem brachten sie Rosen mit ausgeprägterem Duft auf den Markt.« Die Wirklichkeit hat also die Märchen bereits überholt.

Wirklichkeit und Märchenwelt begegnen einander beim Orakeln, eine überlieferte Variante gefällt mir, als Deuterin der Informationen von Buchstaben, besonders: Schreiben Sie 21 verschiedene Buchstaben auf je ein Kärtchen. Diese werden unters Kopfkissen gelegt. Greifen Sie Schlag Mitternacht unter das Kissen um 12 Karten zu ziehen. In der Früh bauen Sie daraus ein Wort, dieses soll auf das Schicksal des kommenden Jahres weisen. Die besondere Qualität der 21 wurde bereits im Kapitel über die Thomasnacht beschrieben, ihre Visionskraft muss bekannt gewesen sein, denn 21 gehört ebenfalls zu den hervorgehobenen Zahleneinheiten, wie 3 oder 9. Nicht nur Mentaltrainer empfehlen zur Verankerung von Modifikationen unseres Zellgedächtnisses Wiederholungen über 21 Tage lang, z.B. von Affirmationen. Für gesteigerte Manifestationskraft sind 28-mal noch effektiver.

Die Zahl 28

28 signalisiert uns Leuchtkraft, sie verweist damit auf den Monat April, für dessen Verlauf diese Raunacht Informationen bietet. Im Monat nach der Tag- und Nachtgleiche sendet die Sonne zunehmend Wärme, die hellen Stunden sind merkbar mehr geworden. Diese Strahlkraft können wir jetzt schon in uns nähren, indem wir uns mit der Liebesenergie des Kosmos verbinden und dadurch mit unserem Ursprung. Am *Tag der unschuldigen Kinder* könnte eine Meditation mit diesem Fokus genau das Richtige sein.

Mit der 28 und ihrer Quersumme 10 geht es um den Spannungsbogen zwischen Perfektionismus und Vollendung, gleichzeitig um den Zusammenhang von Chaos und Kreativität. Sie ist daher eine Zahl, die künstlerisches Denken und Handeln unterstützt bzw. fordert. Menschen mit der 28 im Zahlenbild ihres Geburtsdatums können Erfolg und Anerkennung erreichen, auch die finanzielle Absicherung des Lebensabends wird signalisiert. Meine Beratungserfahrung zeigte mir allerdings, dass dieser Moment oft zu spät bemerkt wurde und schon mal dagewesener Reichtum nicht gehalten werden konnte. Die 10 lehrt uns, dass wir zwar Geld und Materie besitzen dürfen, wenn diese aber das Ziel unseres Handelns sind und unsere Entscheidungen vom pekuniären Gewinn gesteuert werden, können wir sie nicht halten – er ist sprichwörtlich »wie gewonnen, so zerronnen«. Übertriebenes Streben nach Perfektion wiederum bewirkt, dass man nie von der Stelle kommt, weil immer noch etwas verbessert werden kann. Günstiger ist es daher, die ebenfalls zum Potenzial der beiden Zahlen gehörende Großzügigkeit zu aktivieren und das Gesamtbild und seine Wirkung als Antrieb zum Vorwärtskommen zu nutzen.

Vielleicht sind diese Überlegungen hilfreich, in einer Welt, in der Fehler so wenig geduldet werden und viele Menschen überfordert zusammenbrechen, weil sie an sich selbst beständig höchste Ansprüche stellen.

Diese ganze Bandbreite von Abstufungen wird durch die 10 abgebildet, die 1 symbolisiert den Punkt, ein Kreis ohne Radius, von *Pythagoras* definiert als Einheit, die eine Position hat. Die 0 ist die Menge der Unendlichkeit, gehalten durch den Rahmen, der die 0 erkennbar macht, in der sich der Punkt bewegen, vervielfachen und in unendlicher Vielfalt entwickeln kann. Dieser Rahmen kann als das Konzept der Schöpfung verstanden werden, die Idee (wiederum durch die 1, den Punkt, symbolisiert) des Universums, die gedanklichen Grenzen, innerhalb derer wir uns bewegen, die Axiome, auf die wir uns geeinigt haben. Um sie herum ist auch noch was, nicht nur die Wissenschaft ist bestrebt, dieses Unbekannte zu erforschen.

Der 28. Dezember erinnert uns daran, dass wir unschuldige Kinder sind, gleichzeitig schuldhafte und ebenso heldenhafte Individuen, die in ihrem Streben nach Vollendung immer wieder fehlgehen und dennoch erfolgreich fortschreiten.

Es leuchten die Sterne auf unserem Weg.

Entdeckungsreisen eines Sonnenstrahls

Es war einmal ein neugieriger Sonnenstrahl, der wollte die Welt entdecken. Er hatte mehr im Sinn als seine Geschwister, die tagein, tagaus schnurstracks auf die Erde schienen oder sonstwohin ins Weltall. Nur wenige von ihnen trafen auf einen Planeten, die meisten verschickten ihr Licht weit hinaus in die Galaxie, manche erreichten erst nach sehr, sehr langer Zeit einen weit entfernten Himmelskörper. Denn auch das Licht braucht seine Zeit, um anzukommen. Die Menschen auf der Erde nennen es Lichtgeschwindigkeit, sie erscheint ihnen unfassbar schnell. Der Sonnenstrahl aber wusste davon nichts, er wusste nur, dass er auf Entdeckungsreise gehen wollte. Vor allem wollte er herausfinden, wie es ihm gelingen konnte, auf krummen Wegen zu scheinen – oder gar um die Ecke! Oder in Winkel, Höhlen oder Krater, in die bisher keines seiner Geschwister vorgedrungen war. Oder unter Wasser – hei, das wäre eine Wonne, so ein Bad der Sonne im großen Ozean!

Vater Sonne sollte davon nichts erfahren, sicherlich würde er es verbieten. So tat der kleine, noch ganz junge Sonnenstrahl, der seine Wissbegierde doch kaum bezähmen konnte, zunächst einmal ganz brav, was von ihm erwartet wurde. Er schien durchs All auf die Erde, wärmte dort einigen Menschen das Herz und kitzelte die Nasen etlicher Schulkinder. Das war lustig, aber nicht wirklich spannend, nein, es war ganz und gar nichts Besonderes. Aber genau das wünschte sich das Sonnenkind: etwas zu erleben, wovon keines seiner Geschwister je eine Ahnung haben würde. Und das Erfahrene berichten können, zum Beispiel einem kranken Kind, das nicht in die Sonne durfte, oder einem sentimentalen Poeten, der beim schönsten Wetter in der muffigen Stube verweilte, um sich ein paar melancholische Verse abzuringen. Einer traurigen Witwe, einem liebeskranken Jüngling, einem Affen im Käfig, allen wollte er ein wenig Freude in die Seele scheinen – durch seine Geschichten, aber vor allem, um ihnen zu beweisen, dass viel mehr möglich ist als das, was üblicherweise getan wurde, tagein, tagaus.

Als Erstes überlegte er, dass ein Ausflug auf den Mond interessant sein könnte, am liebsten auf die der Sonne abgewandte Seite, dort gab es sicherlich Unbekanntes zu entdecken. Vielleicht würde er sogar den Mann im Mond kennenlernen, das wollte er einer verträumten Wissenschaftlerin auf der Erde erzählen. Aufgrund seines Berichtes könnte sie die Erkenntnisse der Wissenschaft revolutionieren.

Auf Mutter Mond zu gelangen schien ihm keine so schwere Übung, er wollte nur den richtigen Tag abwarten, wenn die Erde sie nicht verdeckte und viele Sonnenstrahlen dort auftrafen. Danach müsste er trachten, dass seine Geschwister ihn vergaßen, dann würde er genug Zeit haben, rund um den Mond zu reisen und alle Winkel zu durchleuchten. Heißa, das sollte ein Spaß werden!

Die nächsten Tage nutzte er zum Üben. Er schaute sich um nach dem besten Startplatz, um exakt zu landen. Die ersten Versuche scheiterten noch kläglich, er schoss immer geradewegs vorbei am Erdtrabanten und musste sich rasch wieder zurückbegeben, um nicht irgendwo in den Weiten des Alls zu verschwinden. Zurück an den Start, hieß es da. Vater Sonne bemerkte seinen Eifer und war recht zufrieden, dass ein ehrgeiziger Sohn sich abmühte, möglichst präzise und ordentlich zu scheinen. Aus ihm würde mal ein verlässlicher

Botschafter werden. Ach, er hätte dumm geschaut, wären ihm die wahren Absichten seines Sohnes bekannt gewesen. »Nichts als Flausen im Kopf«, hätte er gegrummelt, »weißt du denn nicht, dass Sonnenstrahlen ganz gerade scheinen und es ihr einziger Zweck ist, Licht und Wärme auszusenden, um Leben zu ermöglichen? Wo soll das hinführen, wenn plötzlich alle Strahlen nach ihrem Gutdünken herumschienen und -irrten? Womöglich gäbe es dann Gegenden, in die gar kein Licht und keine Wärme mehr käme? Oder alle würden sich an einem Ort treffen und unendliche Hitze erzeugen – nicht auszudenken, was alles passieren kann, wenn die Ordnung nicht eingehalten wird!« Der unternehmungslustige Sonnenstrahl erahnte die Reaktion des Vaters, aber er konnte einfach nicht anders, er musste seinen eigenen Plänen folgen. Glücklicherweise wusste der Sonnenmann nichts von den abwegigen Ideen des Jungen und seine Geschwister kamen gar nicht auf solche – nur wenige sind bereit, Neues auszuprobieren und einiges dafür zu riskieren.

Der abenteuerlustige Sonnenstrahl übte also eifrig weiter und endlich gelang es ihm, auf Mutter Mond zu landen. Tatsächlich war es eine der Nächte, an denen die Menschen auf der Erde nur eine dünne Sichel wahrnehmen, es war also ganz ungeplant gelungen. Nur wenige Brüder unseres Helden landeten ebenfalls und die rutschten recht schnell von der schmalen Sichel herunter, sie hatten ja nicht so fleißig geübt. Er aber hielt sich in einem Krater versteckt und als es Morgen wurde und ringsum alle Strahlen Richtung Erde eilten, hatte er freie Bahn, die karge Umgebung zu erkunden. Er bewegte sich ganz dicht entlang der Oberfläche, das hatte er von den Raupen auf der Erde abgeschaut. Auf diese Weise, gegen seine Art, gelang es ihm ganz leicht, den Mond zu umrunden. Es war eine staubige Angelegenheit, er durchleuchtete etliche Krater, kroch über Gesteinsbrocken und schließlich entdeckte er glasige Objekte, die herumstanden und so gar nicht zum Rest des Mondes passten. Er näherte sich diesen und war plötzlich von sich selbst geblendet. Da waren doch tatsächlich Spiegel aufgestellt! Ein anderer Lichtstrahl kam daher, traf auf einen der Spiegel und kehrte gleich wieder zurück. Dem Sonnenstrahl kam eine großartige Idee – diese Spiegel würden ihm helfen, die ersehnten Ablenkungen seines Weges zu erreichen. Er machte sich seitlich an einen der Spiegel heran, wurde von diesem im selben Winkel reflektiert und landete auf der Erde – auf einem Hohlspiegel, der ihn wieder zurück zum Mond strahlte, auf einen der Spiegel, der ihn prompt zurücksandte – hui, war das ein Vergnügen!

Nach einiger Tollerei zwischen Erde und Mond besann sich der Abenteurer seiner eigentlichen Mission. Den Mann im Mond (oder war es eine Frau?) hatte er zwar nicht entdeckt, aber die Spiegel, die hatte sicher dieser aufgestellt. Er nahm sich vor, ein andermal nach ihm zu suchen, irgendwo musste er wohl ein Versteck haben und seine Reflektoren anfertigen. Nun aber wollte er auf ähnliche Weise die Erde erkunden. Allmählich hatte sich diese weiter um ihre Achse gedreht und der Sonnenstrahl konnte einen der großen Ozeane direkt unter sich erkennen. Er witterte seine Chance, diesmal in das feuchte Element vordringen zu können. Er sah die riesige, herrlich blaue, glitzernde Fläche, es war einer der Tage, an denen kaum Wolken die Erde einhüllten, weshalb alles wunderbar vom Weltall aus zu beobachten war.

Menschen nennen es »herrliches Badewetter«, der Sonnenstrahl empfand es ebenso und strahlte geradewegs in das tiefe Blau unter ihm. »Zzzzisch« machte es, als er in das Wasser eintauchte, und dann erging es ihm ähnlich wie mit den Spiegeln, das Wasser brach ihn, sodass er in Schlangenlinien weiter hinunter in Richtung dunkle Tiefen drängte. Erstmals wünschte er sich, doch einige seiner Brüder und Schwestern eingeweiht zu haben, denn in der Dunkelheit des Ozeans war er als einziger Lichtbringer doch recht schwach, als Bündel hätten sie viel mehr Chancen gehabt. Er überlegte ein wenig, aber es fiel ihm kein Vertrauter ein, den er in seine Pläne hätte einweihen können. Also musste er auf eigene Faust die Meerestiefen ergründen. Er spürte die Kühlung und ließ sich vom nassen Element treiben, mal trieb es ihn hoch, dann wieder hinunter, zwischendurch schwappte er an die Oberfläche und sah seine Geschwister, die getreulich geradewegs hinunterschienen. Da verzog er sich schnell wieder unter die Wasseroberfläche, damit ihn Vater Sonne nicht entdeckte – denn sein Image als besonders eifriger Sohn wollte er keinesfalls gefährden.

Als er das neue Element ein wenig erkundet hatte, gelang es ihm, sich ganz eigenständig darin zu bewegen. So schlängelte er sich hinunter in die Tiefen und begegnete erstaunten Fischaugen, die so viel Licht nicht gewohnt waren, auch winzigen Lebewesen, die in Schwärmen durchs Wasser zogen und in geöffneten Fischmäulern verschwanden. Schließlich stieß er auf sandigen Boden, auf dem er, ähnlich wie auf der Mondoberfläche, entlangschlängelte.

Plötzlich prallte er auf etwas Glattes, das im Sand feststeckte – der Sonnenstrahl erkannte seine Chance, ließ sich von der Spiegelscherbe, die im Wasser versunken war, zurücksenden und stieß geradewegs aus dem großen Ozean hinaus nach Hause. Herrlich warm war es da und er nützte den Moment, sich ein wenig auszuruhen, um Kräfte für neue Reisen zu sammeln.

Doch lange hielt es ihn nicht, kaum auf Sonnentemperatur aufgeheizt, zog er Bilanz: Mittlerweile konnte er zielsicher landen, selbst auf der dünnen Mondsichel. Aus dem Wasserelement wusste er zurückzufinden und weiterzustrahlen. Das Innere der Erde fehlte ihm noch! Dort könnten endlich die ersehnten Abenteuer warten. Er zögerte nicht lange, lugte zur Erde und sobald ein großer runder Krater in Sicht war, schoss er zielgerichtet darauf zu und schon war er auf dem Weg zum Mittelpunkt der Erde.

Herrliche Wärme umfing ihn, fast fühlte er sich zu Hause. Allerdings war es dunkel und nur mühsam beleuchtete er die rußigen Wände des Hohlraumes, den er tiefer und immer tiefer hinunterstürzte. Schließlich weitete sich der Schacht und ein feuriger Raum empfing ihn. In dessen Mitte schuftete der Feuermeister an einem riesigen Becken, aus dem viele kleine Feuergeister herauspurzelten. Je mehr er rührte desto mehr von ihnen liefen, ein wenig chaotisch, durch den heißen, feurigen Raum. Es gab rote, rundliche, kräftige, weiters orange, die eher einem Band glichen und sich wie ein Mantel um die dicken roten legen konnten. Aber auch gelbliche, ganz strubbelige Geistlein waren haufenweise unterwegs, sie setzten sich gern auf die orangenen. Und einige blaue gab es, die waren durchsichtig und spitz, aufgeregt züngelten sie hin und her, einmal da aufsitzend, dann wieder dort, einmal hoch und einmal niedrig. Als die Feuerlein den Gast erblickten, waren sie zunächst recht verwundert, auch der Große riss erstaunt seine glühenden Augen auf. Artig stellte sich unser Held vor: »Guten Tag, ich bin ein Sonnenstrahl und will die Welt erforschen.«

Er erzählte ihnen, dass er schon mal durch ein Brennglas geschienen und dadurch ein Feuer entfacht hatte, da bewunderten ihn die Kollegen gleich noch mehr, selbst der Senior war beeindruckt. Die kleinen riefen alle durcheinander, dass sie alle ganz begierig waren, ausgespuckt zu werden und sich auf der Erde als glühende Lava zu verteilen. Alle wollten sie ganz viel über die Oberfläche der Erde erfahren vom Sonnenstrahl, der dort schon so viel herumgekommen war. Eine Weile ging es munter weiter, bis der Erzähler ein schwaches Flackern bemerkte. Eines der gelben Geistlein schien ganz traurig vor sich hin zu verglühen. Der Sonnensohn witterte ein Abenteuer und erkundigte sich nach dem Grund der Trauer. Das Feuerlein flackerte kurz auf, überrascht, bemerkt worden zu sein. Dann berichtete es, dass vor einiger Zeit ein anderes Lichtwesen bei ihnen gelandet war. Es sieche dahin und keiner wisse, wie ihm zu helfen wäre. Natürlich wollte es der Sonnenjunge sofort sehen, denn er war ja schon viel herumgekommen, vielleicht konnte er helfen.

In einer Nische, vor der ein Vorhang aus Feuerfäden glomm, lag sie. Eine wunderschöne Lichtmaid, silbrig glänzend und durchsichtig wirkend. Sie atmete flach und langsam, in dicken Tropfen fielen Schweißperlen von ihrer Stirn und zerplatzten mit einem kurzen zischenden Geräusch. Wäre es nicht ringsumher so heiß gewesen, wären sie als silbrig glänzende Perlen zu einer langen Kette aufreihbar gewesen.

Der Sonnenstrahl blickte gebannt auf dieses himmlische Wesen, das ihm gleichzeitig so verwandt und doch fremd erschien. Augenblicklich hatte er sich verliebt. Vorsichtig näherte er sich der kränkelnden Schönheit und die kleinen und größeren Feuergeistlein schauten gebannt, ob er wohl helfen konnte. Behutsam strich er über ihre silbrigblonden Haare, tupfte ein paar Hitzeperlen von ihrem Gesicht und fädelte sie auf sich auf, um diese Kostbarkeiten vor dem Verdampfen zu bewahren. Zu schön wäre es gewesen, sich der Angebeteten selbst als Kette um den Hals zu legen, aber ach, auch er war zu heiß. Nach einiger Zeit öffnete das Mädchen tiefdunkelblaue Augen, die ihm wie aus fernen Welten entgegenstrahlten. Mit schwacher Stimme ließ sie ihn wissen, dass sie ein Sternenkind sei, vom kühlen Nachthimmel als Sternschnuppe heruntergestürzt und nun in dieser Höllenhitze verschmachtend. Er ergriff seine Chance zur Heldentat und bot ihr an, sie zurück an den Nachthimmel zu bringen. Ihr Lächeln konnte gerade noch erahnt werden, während sie ermattet die Augen schloss.

Der Sonnenstrahl erzählte den Feuerwesen, wie es am Firmament aussieht, dass Sonne und Mond sich abwechseln und Sterne nur in der Kühle der unbesonnten Nacht sichtbar sind. Unter »Kühle« konnten sich die Feuerlein zwar nichts vorstellen, aber sie wussten nun, dass das Sternenkind dorthin zurückmusste. Eifrig trafen sie Vorbereitungen für die Rückreise der beiden, zurück ans Himmelszelt. Aus den im Erdinneren reichlich gelagerten Metallen entstand ein luftig leichtes Reisegefährt für das geschwächte Mädchen. Der Sonnenstrahl nahm es huckepack, die Feuerkinder wiederum versammelten sich zu ihrer Erdenreise. Aufgeregt waren sie, dass es endlich losging, und noch dazu in so bedeutsamer Mission! Der Ober-Feuermeister heizte den Kessel tüchtig ein, bis dieser mächtig brodelte und die Kraft stark genug war für den Vulkanausbruch. Auf glühendem Magma wurden Sonnenstrahl und Sternenmädchen durch den Krater in die Atmosphäre hinausgespien. Der sonnige Bursche war in seinem Element und machte sich schnurstracks auf den Weg ins Weltall. Die Kühle des Nachthimmels, an dem der einzelne Strahl nur ganz aufmerksamen Erdlingen auffiel (einige Randnotizen in speziellen Medien berichteten von diesem Phänomen und rätselten über dessen Ursache), weckte die Lebensgeister der Sternenschönheit und sie wies ihrem Retter den Weg. Endlich waren sie an ihrem angestammten Platz angekommen und wehmütig verabschiedete sich der Helfer von seiner Angebeteten.

Müde kehrte er zurück zu Vater Sonne. In den folgenden Wochen und Monaten machte er regelmäßig Überstunden und schoss im Nachthimmel hin zu seinem Sternenliebchen. Die Menschen rätselten weiterhin über diese Erscheinung, Theorien wurden erwogen und wieder verworfen. Schließlich bemerkte auch der Sonnenvater die Extratouren seines Sprösslings. Er zeigte zwar Verständnis für dessen Liebesgeschichte, schließlich war auch er vor langer, langer Zeit einmal jung gewesen und sein Gefühl für Mutter Mond, die Unerreichbare, war nicht erloschen. Doch die Ordnung des Kosmos musste gewahrt bleiben. Der Sonnenmann war alt und weise und wusste, dass Verbote Schall und Rauch wären. Also pochte er auf die Vernunft seines Sohnes – selbst wenn er daran ein wenig zweifelte – und rang ihm das Versprechen ab, die Besuche bei seiner Sternenliebe auf höchstens einmal pro Woche einzuschränken. Er dachte, das Weltall würde gelegentliche Abweichungen schon aushalten und vielleicht würde sich die Liebe der beiden mit der Zeit ja abkühlen. Andererseits – die Welt hatte sich beständig verändert und dadurch entwickelt, vielleicht gehörte es zu ihrem Plan, dass ausgerechnet die Liebe zwischen einem Sonnenstrahl und einer Sternin einen neuen Schritt der Evolution in Gang setzte – diesen wollte der Sonnenvater gewiss nicht aufhalten.

Deshalb besuchte der neugierige Sonnenstrahl ab und an seine Geliebte, außerdem wusste er eine Geschichte einem kranken Kind oder einem traurigen Poeten zu erzählen und konnte verkünden: Unglaubliches ist erreichbar, wenn man es nur wirklich will.

5. Raunacht: 29. Dezember

Orakelkraft für den »Wonnemonat« Mai, in dem sich Mensch wie Tier gerne verlieben

Von Sternen, Planeten, Sonne und Mond ist in diesem Märchen zu lesen. Symbole der Astrologie, ein Konstrukt von thematischen Zuordnungen, mit dessen Hilfe Menschen seit vielen Jahrtausenden die Geschicke der Welt und ihres eigenen Lebens in dieser zu begreifen versuchen.

Was ist wirklich?

Aus Sicht der Naturwissenschaften gibt es keine Belege, dass die Deutungen zutreffen, dennoch bestätigen unzählige Menschen, sich in den planetenbezogenen Charakterbeschreibungen wiederzufinden, ebenso nehmen sie entsprechend wechselnde Qualitäten wahr, die den Lebensfluss zeitweise antreiben oder auch zu blockieren scheinen.

Die Numerologie, mit ihren unterschiedlichen Berechnungsmethoden, muss sich gleichfalls der Kritik logisch und naturwissenschaftlich Gläubiger stellen. Nach bald 20 Jahren Analyse-Erfahrung mit unzähligen Ratsuchenden bin ich selbst nach wie vor verblüfft über die Stimmigkeit dieser Symbolik. Selbst Charakterskizzen mir unbekannter Menschen – etwa für ergänzende Informationen zu Bewerbungen – werden mir bestätigt. Ich erkläre mir diese – manchen märchenhaft erscheinenden – Übereinstimmungen damit, dass auch die Mathematik, ebenso wie die Geometrie oder die Physik, unser Universum mittels Zahlen zu erfassen und zu begreifen versucht. Galileo Galilei soll gesagt haben »Mathematik ist das Alphabet, mit dessen Hilfe Gott das Universum beschrieben hat«. Was also spricht dagegen, dass Zahlen das Leben in diesem Universum symbolisch zu beschreiben vermögen?

Ich weiß es nicht, ob es einen Schöpfergott oder eine Schöpfergöttin tatsächlich gibt (schon an dem hilflosen Verb »geben« wird erkennbar, wie wenig wir aus menschlicher, in der Materie gefangenen Perspektive das Wesen einer ewig wirkenden, sinnschaffenden Kraft erfassen können). Doch fällt es mir schwer, das Universum mit seiner wunderbaren Vielfalt und chaotischen Ordnung als »einfach so entstanden« wahrzunehmen. Den Quantenphysiker Anton Zeilinger fragte ich einmal danach, seine faszinierende Antwort war: Aus der Sicht der Naturwissenschaft gibt es keinen Grund, die Existenz Gottes für unmöglich zu halten. Oder einfacher ausgedrückt: Nichts spricht gegen Gott.

Allerdings empfinde ich *ihn* oder *sie* nicht als personifizierte Gesetzeskraft, die Einfluss nimmt auf Lebensabläufe, vielmehr als die immaterielle – und geschlechtsneutrale, vor allem aber nicht bewertende – Kraft, die permanent Neues »denkt«, um einen weiteren Hilfsausdruck unserer begrenzten Sprache zu gebrauchen. Alles Leben auf Erden ebenso wie im Universum ist Teil dieses Ganzen, materialisiert für eine gewisse Periode, um sich danach wieder in anderem Aggregatzustand in die Gesamtheit einzufügen. In den *Gesprächen mit Seth* las ich folgende Beschreibung: *»Wenn ihr euch die Vorstellung, dass eure eigene Existenz multidimensional ist und dass ihr von unendlichen Wahrscheinlichkeiten umgeben seid, aneignen könnt, dann wird es möglich, einen flüchtigen Eindruck von der Realität zu erhaschen, die hinter dem Wort ›Gott‹ steht, und zu begreifen, warum es fast unmöglich ist, ein wahres Verständnis dieser Realität in Worte zu fassen.« Seth* nennt diese *»All-das-was-ist«*.

Seit Einstein wissen wir, dass Zeit und Raum Illusionen sind (Seth bestätigt das). Der Physiker Brian Greene formuliert dies bildhaft: *»Die Relativitätstheorie lehrt uns, Zeit als Ganzes zu sehen: Momente in der Zeit existieren genauso nebeneinander wie Orte im Raum. Irgendwo da draußen liegen Vergangenheit, Gegenwart und Zukunft.«* Daraus folgt, dass unsererseits als chronologisch erlebte Ereignisse eigentlich gleichzeitig oder auch beliebig gereiht stattfinden. Damit wirken sie alle ununterbrochen aufeinander, mit jeder Modifikation, die ich vornehme, verändert sich der Ursache-Wirkungs-Zusammenhang ebenfalls. Wie die Perlenkette des Sternenmädchens – ihre Schweißperlen sind beliebig aufreihbar und zerplatzen augenblicklich, die ununterbrochene Veränderung der Erscheinungsform wird ebenso deutlich wie die Illusion ihrer Existenz.

Die Zahl als Sinnbild einer Eigenschaft hilft, ein Thema zu begreifen, mit dem ich mich im Hier und Jetzt intensiver auseinanderzusetzen entschlossen habe. Jeder Gedanke, jedes Handeln, das ich aufgrund dieser Erkenntnis neu in die Welt sende, verändert die Auswirkungen, natürlich auch für mich selbst. Mit der 29 beispielsweise, der Wirksymbolik dieser Raunacht, möchte ich erfahren, wie es sich anfühlt, wenn Liebe zurückgewiesen wird. Indem ich lerne zu lieben, ohne eine Gegenleistung zu erwarten, löse ich diese Last auf und befreie mich vom damit verbundenen Schmerz. Frei von der ängstlichen Spannung strahle ich Freude und Empfänglichkeit aus, Liebe wird plötzlich erwidert oder, genauer gesagt, ich kann diese endlich angstfrei annehmen.

Durch des Sonnenstrahls Bereitschaft, trotz des Risikos, sie danach nie wiederzusehen, seine Liebste an den heimatlichen Himmel zu bringen, weckt er auch in anderen Begeisterung, selbstlos mitzuwirken an ihrer Rückkehr zum einzigen Ort, an dem sie gesund und glücklich, weil ihrer Aufgabe gemäß, sein kann.

Quasi als Lohn – ohne ihn zu erwarten – kann er sie auch weiterhin besuchen.

Wer sollte mir widerlegen, dass meine Gedankenbilder, meine Träume oder die erdachten und aufgeschriebenen Märchen weniger real sind als die mir so real erscheinende stoffliche Umgebung, wenn diese im Grunde nur Ergebnis meiner bzw. unser aller Einbildungskraft ist? Die Welt der Fantasie und der Wachträume, der Kreativität ist mein Zuhause. Die Überlegungen und Erkenntnisse der Quantenphysik hingegen kann ich nicht argumentativ erläutern, nur sinnhaft nachvollziehen. Deren Erkenntnisse bergen für mich vieles, das die illusionäre Qualität unseres Daseins bestätigt. Auf der Ebene der Quanten erscheinen Teile ebenso plötzlich, wie sie verschwinden. Im Forschungszentrum CERN können Teilchen auf beinahe Lichtgeschwindigkeit beschleunigt werden und damit ein wenig in die Zukunft reisen. Analog kann ich mir vorstellen, dass Teile aus einer anderen Zeitperiode in die heutige eindringen und weiterziehen in eine künftige, dass Wesen aus der Anderswelt durch die für uns Menschen unsichtbare Grenze eindringen und ebenso wieder verschwinden.

Genau diese Vorstellung prägt die »Zeit zwischen den Zeiten«, die wir Raunächte nennen. In den tradierten Bräuchen ebenso wie in Sagen, Märchen und Mythen ist sie gegenwärtig. Unsere Ahninnen und Ahnen, die von Naturgesetzen in unserem Sinn noch nichts wussten, haben diese Erklärungsmodelle erschaffen. Sie nahmen Naturphänomene wahr, denen sie viel mehr ausgeliefert waren als wir heute. Es war essenziell, die Rhythmen der Natur zu kennen und nutzen zu lernen. Durch Autoritätsbilder wurden sie personalisiert, Opfergaben sollten sie milde stimmen. Diesem Wunsch entsprechend entstanden Mythen, Gottheiten und Orakelformen, eine der ältesten ist die Numerologie.

Die Zahl 29

Die Zahl 29 wird unter anderem mit (seelischer, persönlicher) Heimat assoziiert und dem Gefühl, sie verloren oder nie gekannt zu haben. Heimat kann Familie, ein Ort, ein Gefühl, ein Glaube, eine Partnerschaft sein.

In dieser 5. Raunacht, die orakelhaft für das mögliche Geschehen des Monats Mai erlebt und gedeutet werden kann, können Sie herausfinden, was Heimat für Sie bedeutet, ergründen, wo oder wodurch bzw. mit wem Sie sich zu Hause fühlen. Letztendlich geht es darum, Heimat in uns selbst zu finden, unseren Anker in der All-eins-Seele. Damit ist gleichzeitig umrissen, womit Menschen, die eine 29 in ihrem Geburtsdatum bergen, konfrontiert sind: sich überall und nirgends zu Hause fühlen, voller Sehnsucht nach dieser inneren Heimat. Sie fühlen sich verantwortlich für alles Leid und alles Glück der Menschen in ihrem Umfeld bis hin zu allen Lebewesen auf der Erde. Ein übersteigertes Selbstbild, hinter dem sich der Seelen-Wunsch verbirgt, narzisstische Persönlichkeitsanteile zu transformieren. Narziss, der Archetypus der griechischen Mythologie, kann die ihm geschenkte Liebe der Nymphe Echo nicht annehmen und verliebt sich stattdessen immer mehr in sein eigenes unerreichbares Spiegelbild. Wenn er sich diesem nähert, löst es sich im spiegelnden Gewässer auf. Die 29 fordert uns auf, diese Verfehlung der Ichbezogenheit wiedergutzumachen, zu transformieren. Es gilt, den feinen Unterschied zwischen Selbstverliebtheit und liebevoller Zuwendung zu begreifen, ins bedingungslose Annehmen der eigenen Unvollkommenheit zu wachsen. Das macht fähig, die Liebe anderer anzunehmen und die Mitmenschen ebenso zu lieben. Der zentrale Satz des Neuen Testamentes »Liebe deinen Nächsten wie dich selbst« birgt für mich diese Botschaft in sich: Ich werde für andere nur so gut sorgen können, wie ich für mich selbst zu sorgen bereit bin.

Der junge Sonnensohn will nicht nur um seiner selbst willen Abenteuer erleben, Erfahrungen sammeln, sondern ebenso, um andere glücklich zu machen. Mut und unternehmerischer Geist, Freude, Begeisterung für alles, was wir auf unserem Lebensweg entdecken, bringen die Leichtigkeit, mit der jede Herausforderung bewältigt werden kann.

Ein weiterer Aspekt der 29 behandelt das Thema Verlust. Das Jahresende naht, traditionellerweise halten wir Rückschau. Unterstützt von der Tagesenergie können wir auf dieses Loslassen zurückblicken. In unserer Zeit der Hektik, der Effizienz, des »positiven Denkens« ist der Raum für Trauer, die Zeit, sich dem Schmerz zu widmen, oft viel zu gering bemessen. So verdrängen wir diese Gefühle, aber schleppen sie in unserem Unterbewusstsein immer mit, sicherlich mit ein Grund für die Zunahme von Depressionen, beinahe eine Volkskrankheit.

Zeit für Trauer und Schmerz

In vielen Kulturen waren Klageweiber eine ritualisierte Form, dem Schmerz den ihm gebührenden Platz einzuräumen. Auch bei uns war die Aufbahrung eines Verstorbenen üblich, alle Hinterbliebenen konnten sich entsprechend verabschieden. Außer bei einigen prominenten Verstorbenen haben wir heute kaum mehr diese Chance, Trauer und Leid auszuleben. Wie sehr wir dessen bedürfen, um das Trauma zu bewältigen, zeigen aber gerade öffentliche Erinnerungsplätze, an denen zahllose Kerzen, Blumen, Karten und mehr hinterlegt werden.

Diesen 29. Dezember eventuell ungelebter Trauer zu widmen, kann heilsam sein. Nehmen Sie sich bewusst die Zeit, unaufgelösten Schmerz zu spüren, erlauben Sie sich, zu weinen oder auch hinauszuschreien, was Sie belastet, je nachdem, wonach Ihnen gerade ist. Wenn man sich diesen Empfindungen voll hingibt, so lange bis sie vorbei sind, wird freier Raum geschaffen. *Brandon Bays* schreibt in *The Journey*, dass es nicht möglich sei, länger als sieben Tage durchzuweinen. Wenn die Tränen versiegt sind, kann innerer Friede einkehren. Dabei ist es gleichgültig, ob der Verlust eines Menschen, eines Tieres oder z.B. einer Idee beweint wird. Auch ein verloren gegangenes Objekt, das uns an ein Glücklichsein erinnerte, kann solchen Schmerz auslösen. Erst wenn die Trauer oder auch Wut ausgeheilt, befriedet ist, kann die dadurch gewonnene Leere freudvoll gefüllt werden. Das ist die segensreiche Erkenntnis: In freiem Raum kann sich Neues einstellen. Jede Entscheidung für etwas ist gleichzeitig ein Abschied von dessen Alternative. Somit gehört der Verlust untrennbar zum Gewinn, auch wenn dieser Vorgang nicht immer als schmerzhaft erlebt wird. Wenn ich mich durch einen Lottosechser vom Zustand der Armut verabschiede, dann werde ich kaum darum trauern. Sich zwischen zwei gleichermaßen anziehenden Möglichkeiten zu entscheiden, kann sich schon ganz anders anfühlen. Wird ein Kind erwachsen und führt sein eigenes Leben, spüren Eltern häufig den Schmerz über die unwiederbringliche Zeit der Vertrautheit, der Zuwendung, der Gemeinsamkeit, gleichzeitig dürfen sie sich freuen über die Unabhängigkeit des nunmehr erwachsenen Nachkommen.

Ritueller Abschied

Es kann hilfreich sein, den Abschied in Ritualform zu zelebrieren. Eine Möglichkeit wäre, alle Verluste des zu Ende gehenden Jahres auf einen Zettel aufzulisten, sich zu bedanken für all das Glück, das wir davor mit den Menschen, Tieren, Pflanzen, Ideen, Dingen etc. erleben durften, um danach diese mit der Energie von Liebe und Dankbarkeit gesegnete Liste dem Feuer oder einem anderen Element zu übergeben. Sie könnten das Papier zu einem Schifflein falten und einem Bach oder Strom übergeben oder an einen heliumgefüllten Ballon binden und es der Luft schenken. Oder Sie umwickeln damit einen Stein und vergraben beide in Mutter Erde. Vielleicht gefällt Ihnen die Geschichte des Sonnenstrahls und seiner feurigen Kraft und Sie nutzen ein Brennglas, um die Liste in Asche zu verwandeln.

Zu den Raunachtsbräuchen zählt der *Christblock*, auch *Weihnachtsklotz* genannt. Ein dickes Stück Baumstamm brannte im Ofen während der 12 Nächte vor sich hin, seiner Asche wurde wundertätige Kraft nachgesagt. Heute gibt es wieder vermehrt große Kachelöfen oder zentrale Feststoffbrennöfen, in die ein solches Stück Holz passen könnte. Oder Sie machen es wie der Großvater eines Brauchtumsforschers Anfang des 19. Jhs. und verkohlen ein Stück Stamm des Christbaumes am 6. Jänner und mit diesem gleich auch Ihre Liste. Dieses verkohlte *Jul-Holz* wurde anschließend in den Kamin gehängt, um das Haus vor Blitz und Feuersbrunst zu bewahren.

Sollten Sie die Zeit der Jahreswende in der Nähe eines Vulkans verbringen, können Sie Ihr Abschieds- und Dankschreiben in diesen hineinfallen lassen. Auf der kanarischen Insel Lanzarote z.B. ist dies eine touristisch reichlich genützte Option. Aber vielleicht gefällt Ihnen auch die märchenaffine Variation des Sammelns von Tränen in einem Fläschchen und Sie übergeben diese salzigen Perlen der Trauer einem Gewässer Ihrer Wahl. Das rituelle Waschen des tränenbenetzten Gesichtes kann einen ähnlichen Effekt haben. Es gibt viele Arten, den Schmerz rituell zu verabschieden, wichtig ist lediglich, dies in eben dieser Bewusstheit zu tun, um danach die Freude auf das Künftige unbelastet empfinden zu können. Die *Percht* unterstützt uns, sie fegt mit ihrer *Wilden Jagd* ums Haus und nimmt alles mit, was im alten Jahr bleiben soll.

Liebesorakel

Bekannterweise dreht sich im Mai alles um die Liebe, zur Vorbereitung sind Orakelspiele zum Thema Partnerschaft passend. Variantenreich wird in der Literatur geschildert, wie sie helfen sollen, den Liebsten/die Liebste zu erkennen oder zu erahnen, wer im kommenden Jahr Braut und Bräutigam wird.

Dazu zählt das Schälen einer Apfelschale. Diese soll ohne Bruch in einem Stück abgeschält (gelingt es, gilt bereits das als Glück verheißendes Omen) und danach rückwärts zu Boden geworfen werden. Die Form, die zu liegen kommt (wenn die Schale den Sturz ungebrochen überstanden hat), dient der Deutung eines Anfangsbuchstabens. Daraus wird ein Name enträtselt. In früheren Zeiten bevölkerten viele Gretls, Marias, Josefs, Johanns usw. die Dörfer, da konnte ja nicht so viel schiefgehen – war es der eine Josef nicht, konnte es der andere Johann sein. Um also mehr zu erkennen, waren weitere Liebesorakel geeignet, das Ergebnis zu schärfen. Wer bloß wissen wollte, ob es was wird mit dem Heiraten, setzte sich auf den Boden, mit dem Rücken zur Tür und warf den Pantoffel vom Fuß über den Kopf in deren Richtung. Kam der Hausschuh mit der Spitze Richtung Ausgang zu liegen, wurde es als Auszug von zu Hause gedeutet, folgerichtig als Hinweis auf eine Eheschließung. Dieser Brauch findet sich quer durch die Lande, im Ermland (heutiges Polen) hieß er *Schlorrchen*, in Niederösterreich *Trittlingswerfen*, dokumentiert im Spruch: *Schaut der Trittling herein, bleibt die Dirn daheim. Schaut der Trittling heraus, kommt sie aus dem Haus.*

Wer schon einen Ehegespons im Auge hatte, versuchte es mit einer Schale, gefüllt mit gesalzenem Wasser, in dem zwei leere Nussschalenhälften schwammen. Mit dem (vielleicht gerade geworfenen) Pantoffel wurde darüber gefächelt. Alternativ wurden zwei Holzkohlestückchen durch das Umrühren des Wassers bewegt. Schwammen die Schalen (oder Stückchen) einander zu, nährte es die Zuversicht, dass der/die Liebste die eigenen Gefühle auch erwidern würde.

Eine reizvolle Variante und gleichzeitig Transformation der Geschichte des verliebten Narziss ist folgender Brauch: Heiratswillige traten in der Nacht in ein unbewohntes Zimmer, in dem sich ein Spiegel befand. Blickten sie *reinen Herzens* in diesen hinein, so erschien (so der Bericht) neben dem eigenen das Bild des Bräutigams bzw. der Braut. Zwei Nächte später, also in der Silvesternacht, streuten heiratslustige Mädchen eine Handvoll Hafer und Leinsamen rücklings vor ihr Bett, mit dem Ruf *»Ich streue Hafer ich streue Lein, mein Bräutigam erschein«*. Träumte die Heiratswillige anschließend von einem Mann, wertete sie es als Hinweis auf ihre bevorstehende Hochzeit. Ob dieser Test für alle Altersgruppen funktioniert, davon berichtet die Quelle *(Kießling)* leider nichts, aber: Wer's nicht probiert, verliert, das ist Teil des Spielvergnügens.

Andernorts gingen die Mädels an die Hühnerstalltüre klopfen. Krähte der Hahn, gab es Hoffnung auf einen Bräutigam, gackerte eine Henne, würde die Freierin alleine bleiben. Diesen Versuch konnte sie in allen Los- oder auch *Lößelnächten* (häufig galten ja nur vier Nächte als solche) wiederholen, vermutlich wurde die überwiegende Antwort zur Deutung herangezogen. Andernorts ging das Mädchen schweigend um den Hof oder das Haus und horchte (»loste«) an jeder Ecke. Hörte sie ein »Ja«, war auch dies ein Hinweis auf den künftigen Ehebund. Noch genauer ging es damit: In einer der zwölf Nächte wurden aus Teig oder Lehm haselnussgroße Kügelchen geformt, jedes mit einem Wunsch oder einem Namen besprochen und jede Kugel entsprechend markiert bzw. steckte man ein Papier mit dem Wunsch hinein (ein ziemliches Kunststück bei einer haselnusskleinen Teigkugel). Auf die heiße Herdplatte wurden die Kugeln gelegt. Der Wunsch des Kügelchens, das als erstes aufplatzte, würde in Erfüllung gehen. Wichtiges »Beiwerk«: Der ganze Vorgang musste wiederum schweigend geschehen.

Einen weiteren Apfeltest gibt es für den Neujahrsmorgen: Auf nüchternen (!) Magen sollte ein Apfel, vorher in zwei Hälften geteilt, vor der Haustüre gegessen werden. Die erste Person, der man dabei begegnete, sollte die bessere Hälfte werden. Was aber tat man, wenn einem dieser Mensch gar nicht zusagte? Auch darüber schweigt die Chronik. Aber mindestens hatte man seiner Verdauung Gutes getan, was am Morgen nach ausgiebigem Feiern sicherlich nützlich ist.

Als passende Göttin für diese Raunacht empfinde ich *Kwan Yin*. Sie entstammt dem buddhistischen und taoistischen Weltbild und steht für die weibliche Verkörperung des Mitgefühls. Sie ist immer dort, wo ein Wesen ihrer Hilfe bedarf, weshalb sie auch als Personifizierung der Qualitäten der Zahl 29 gesehen werden kann. Sie steht für die angesprochene bedingungslose Liebe und wird daher häufig verglichen mit Maria, der einzigen Frau, deren Verehrung im christlichen Kontext noch zugelassen wurde, stellvertretend für alle Göttinnen der Vorzeit. Im Gegensatz zu ihr ist *Kwan Yin* selbstbestimmt wirksam. Sie stellt ihre eigene Rückkehr ins *Nirvana* zurück, damit die Menschen die Liebe zu allem, was in ihnen selbst ist, wiederfinden. Ihre wesentlichste Eigenschaft ist Gelassenheit, somit steht sie für inneren und äußeren Frieden, ein Zustand, den wir uns eigentlich immer wünschen. In den Weihnachtsfeiertagen wird er besonders häufig eingefordert und vielleicht gerade deshalb oft nicht erreicht. Gelassenheit könnte auch dafür das Zauberwort sein, denn das bedeutet, anzunehmen was ist, statt mit großer Anstrengung anderes erreichen zu wollen. Über *Kwan Yin* und Hunderte weitere Göttinnen hat *artedea* unzählige Homepage-Seiten gefüllt. Die Feiertage böten Gelegenheit, diese durchzublättern und als Schatzkammer weiblicher Vorbilder zu entdecken.

Mit glockenhellem Klang wird sie die schönsten Lieder singen und aller Menschen Herzen erfreuen.

Die drei Weisheiten

Stille. Sie breitete sich aus über Täler und Hügel, in Scheunen und tiefe Teiche. Sie dehnte sich in die Nacht und überzog die Wiesen mit stummem Tau. Die Menschen waren verwundert, denn Stille hatten sie lange keine mehr erlebt. Vielmehr hatte geschäftiges Treiben auf Märkten, Straßen und in Häusern kaum jemanden zur Ruhe kommen lassen. Tagaus, tagein Lärm und Gerede. Wurde es Nacht, begannen Feste und Versammlungen und wieder war von Stille nichts zu merken gewesen. So fremd war sie geworden, dass kaum noch jemand ihren Namen wusste. Manche Menschen waren sie suchen gegangen und hatten sie an abgelegenen Orten gefunden, in alten Gemäuern, die verriegelt waren und sie nur einließen, wenn sie versprachen, sich an strenge Sprechverbote und andere Regeln zu halten, damit die Stille bleiben könne.

Doch nun war sie da. Sie kam mit Vehemenz, drängte sich überall hin, war nicht aufzuhalten. Die Menschen verstummten, Tiere hörten auf zu wiehern, zu muhen, zu blöken oder zu miauen. Selbst Hunde bellten nicht mehr.

Was war geschehen? Ein großes Rätseln begann und da die Menschen nicht mehr sprachen, machten sie sich auf in Bibliotheken und lasen in alten Schriften, um herauszufinden, was da vor sich ging. Nichts konnten sie finden, was dem tonlosen Zustand auch nur annähernd ähnelte. Wie ein großes Virus breitete er sich epidemieartig aus. Es tat nicht weh, hatte keine Schwächen zur Folge. Ganz im Gegenteil, die Menschen konnten wieder schlafen und erwachten ausgeruht, mit neuer Schaffenskraft gingen sie an ihr Tagewerk und waren eher fertig als zuvor, da alle geschwätzig durcheinandergeredet hatten.

Schon eine Weile war es so, die Menschen winkten einander freundlich zu oder runzelten die Stirn, schüttelten den Kopf oder nickten, je nachdem, was gerade der Stimmung und dem Zweck entsprach. Aber vor allem hatten sie Zeit für sich selbst, konnten über so manches nachdenken oder auch tagträumen. Und die Nächte waren so unfassbar ruhig, dass man gar nicht anders konnte, als tief zu schlafen.

Eines Tages näherte sich der Stadt ein lärmender und musizierender Tross fahrender Theaterleute, ausgestattet mit Musikinstrumenten, Rasseln und Schalmeien sangen sie lustige oder schaurige Lieder. An den Wagen hingen Schellen, damit man sie schon von Weitem hörte, denn sie wollten ja viel Aufmerksamkeit. Alle sollten sich versammeln, um dieser Vergnügung beizuwohnen und danach ein wenig glücklicher nach Hause zu gehen. Die Theaterleute aber wollten ein wenig reicher weiterziehen.

Und dann trafen sie einander: die Stille, inzwischen etabliert und mächtig, und der Trubel des Theatervolkes. Am Stadttor prallten sie aufeinander, es gab einen Knall und ein Zischen, alle Schellen, Zimbeln und Trommeln vibrierten im Gleichklang. Eine Klangwand erhob sich, denn in die Stadt konnten die Geräusche nicht eindringen, zurück wollten sie nicht, also war es der einzige Ausweg. Weit, ganz weit hinauf, höher als die Vögel fliegen, höher als der höchste Berg und noch höher stieg der Klang, braute sich da oben zusammen bis sich die Klangwolke entlud. Danach regneten die Töne einzeln und ganz langsam, einer nach dem anderen, wieder zur Erde herab. Der Wind hatte ein wenig nachgeholfen und ließ sie direkt über der Stadt herunterfallen. Dort fingen die Kinder sie auf, ähnlich wie Seifenblasen, nur dass sie nicht so leicht zerplatzten. Und sie riefen sich die Klänge zu, in allen Tonlagen und Klangfarben, manche waren zart und hoch, einige kräftig und tief, andere samten und üppig, wieder andere rau und ungestüm. Ganz allmählich fügte sich dieses Klang-Spiel zu einer Melodie, so wunderschön, dass die Leute andächtig lauschten. Die Stille war schließlich hinzugekommen und so berührt durch dieses alte Lied, dass es ihr nicht mehr gelang, ihre Vormachtstellung einzufordern. Das Lächeln gesellte sich dazu und breitete sich aus wie vormals die Stille, über alle Gesichter, alle strahlten und denen, die einander ansahen, wurde ganz wohlig. Da war diese wunderschöne Melodie und dieses bezaubernde Lächeln und die Menschen umarmten einander. Hie und da floss sogar eine Träne der Rührung oder der Freude und alle nahmen sich an den Händen und begannen, zuerst ganz langsam, dann etwas schneller, sich im Kreise zu drehen, und schließlich waren die Menschen miteinander verbunden und bewegten sich singend, lachend und tanzend durch alle Gassen, damit auch diejenigen, die schon zu alt oder noch zu jung zum Laufen waren, sich mitfreuen konnten und die Musik zurückerhalten würden.

Die Menschen der Stadt kannten nun den Lärm der Hektik, die Stille der Besinnung und die Musik der Freude. Und sie erkannten, dass jede ihre Zeit hatte und keine zu mächtig werden sollte, sondern dass es gerade das Gleichgewicht aller drei war, das ein zufriedenes Miteinander erlaubte.

Mit dieser Erkenntnis tanzten sie hinüber ins Neue Jahr und beschlossen, im Jahreslauf drei Tage zu Feiertagen zu erklären, damit jede der drei zu ihrem Recht kam und gewürdigt würde. Denn so würden sie sich daran erinnern, dass alle bedeutsam waren und keine fehlen durfte.

Nun war die Stille ganz zufrieden und innerlich richtig ruhig geworden und machte sich auf, eine weitere Stadt zur Ruhe zu bringen.

6. Raunacht: 30. Dezember

Orakelsymbolik für den 6. Monat, Juni, Monat der Sommersonnenwende, der Moment, an dem sich alles wieder umkehrt

Vers 12 des Buches der Prediger aus dem Alten Testament klingt nach einer perfekten Anleitung für mittwinterliches Feiern: »Da merkte ich, dass es unter den Menschen nichts Besseres gibt als fröhlich zu sein und es gut zu haben im Leben. Dass aber ein Mensch essen und trinken kann und sich gütlich tun bei all seiner Mühsal, auch das ist eine Gabe Gottes.«

Ewiger Kreislauf und göttliches Drama

Die 6. Raunacht ist einer von wenigen Arbeitstagen zwischen Festtagen, an denen meist viel gegessen und getrunken wird. Viele Menschen haben sich auch diese Tage freigenommen, um es »gut zu haben«, das nützen andere, um in aller Ruhe, ungestört von der üblichen Geschäftigkeit und Hektik, aufzuarbeiten, was schon zu lange liegen geblieben ist. Auch die Orakelperspektive verweist auf einen Monat des Beendens. Im Juni geht das Schuljahr zu Ende, Unternehmen bereiten sich vor auf die Urlaubszeit, Netzwerke veranstalten ihre letzten Meetings vor der Sommerpause. Am 21. Juni wird sich erneut alles umkehren, der tote *Balder*, der Strahlende, *Odins* Sohn, wird auf dem Schiff verbrennen (siehe Seite 31), begleitet von seiner Frau, der Blumengöttin *Nanna*. Die Hitze wird beginnen, nicht Gegossenes wird verdorren, der Höchststand der Sonne schenkt uns den längsten Tag des Jahres. *Loki* hatte den nicht vereideten Mistelzweig parat, der blinde Bruder traf den Strahlenden tödlich, alles steuert von Neuem dem Untergang, der Finsternis zu. Die Sonne versinkt im Meer, macht sich auf in die Unterwelt.

Die ganze Götterwelt beweint *Balder*s Tod, er scheint unrettbar in *Hel*s Welt gefangen. Umso größer die Freude, wenn die Götterdämmerung überwunden ist und zur Wintersonnenwende das Licht wiederkehrt.

Auch vor 2000 Jahren galt: Bad news are good news – trotz aller Wundertätigkeit brauchte es den Kreuzigungstod, auch und vor allem, um die nachfolgende Auferstehung als Heilsbotschaft in alle Welt verkündbar werden zu lassen. Denn keine Nachricht verbreitet sich so rasch wie die des Schreckens und des Leidens, besonders wenn damit Mitgefühl für ungerecht verfolgte Opfer geweckt werden kann. Die Botschaft der Hoffnung durch Christi Auferstehung ist gerade deshalb wirksam, weil zuvor ein Zustand der Verzweiflung erzeugt wurde. Im Gegensatz dazu entfaltete sich die Wirkung der Lehre des *Buddha*: nach einem Lebensabschnitt, in dem alle Facetten von Lust bis Leid ausgekostet/erfahren wurden, verklärt er sich in Innenschau und gelassener Toleranz. *Buddha* brauchte kein Drama, um seine Botschaft wirksam werden zu lassen, er zeigt einen Weg aus dem Kreislauf der Reinkarnation hinaus mittels Stille, Besinnung und Einkehr in den Herzensraum. Über die Form, die buddhistische Würdenträger über die Zeit hinweg entwickelt haben, weiß ich allerdings zu wenig, vermutlich wurde auch Buddha für Herrschaftszwecke missbraucht. Mein Griechischlehrer wurde nicht müde, uns zu vermitteln, dass jede Idee zum Problem wird, sobald sie sich als -ismus etabliert.

Die Dramatik der germanischen Götterwelt wiederum liest sich wie ein Action-Film, zumindest deren Aufzeichnung im 13. Jh. Damals galt es, die Fama der aufstrebenden Kriegerkaste, der Ritterschaft, mit entsprechenden mythisch unterlegten Bilderzyklen aufzubauen. Fanatische, in Trance losstürmende Krieger, die *Berserker* und in *Walhall* als Helden aufgenommene *Einherjer*, angeführt von *Odin/Wotan*, dem *Schimmelreiter*, wurden als Ikonen beschrieben und im Mythos des *Wilden Heeres* alljährlich heraufbeschworen.

Göttinnen und ihre vergessene Verehrung

Von möglichen anderen, weniger dramatischen Varianten, wissen wir zu wenig, um ein vollständiges Gegenmodell zeichnen zu können. Die Sagas wurden über die Jahrhunderte hauptsächlich mündlich weitergegeben und, je nach gesellschaftlicher Entwicklung, beständig angepasst. Feministische Interpretationen archäologischer Funde und frühzeitlicher Schriftdokumente werden von der Allgemeinheit der wissenschaftlichen Wortführer bestenfalls als »umstritten« angeführt, schlimmstenfalls in die Ecke der Esoterik oder Fantasterei verbannt. Dennoch, aus den spärlichen Zeugnissen der Jahrtausende davor sowie aus zahlreichen archäologischen Funden, u.a. von weiblichen Statuetten, lässt sich ableiten, dass es auch anders gewesen sein könnte. Noch nach der Zeitenwende gab es Druidinnen, sogar christliche Priesterinnen soll es in den ersten Jahrhunderten gegeben haben, die der irischen Tradition folgend von heidnischen zu christlichen Dienerinnen des (oder der?) Allmächtigen wurden. Erst ab dem 4. Jh. überwog die patriarchale Macht, alle Spuren weiblicher Präsenz samt den Göttinnenkulten wurden ausgelöscht, die Vormachtstellung der Männer als Standard etabliert. Unter den Jüngern Christi waren auch Frauen, allen voran *Maria Magdalena*, die sogar als Apostelin genannt wird. Doch bereits 70 Jahre nach seiner Geburt begannen Kräfte der patriarchalen Gesellschaftsordnung sich durchzusetzen. Solange Frauen noch als aufopferungswillige Wegbereiterinnen des Glaubens nützlich waren, durften sie gelegentlich Ämter bekleiden. Sobald das Christentum die antike Götterwelt abgelöst und sich eine neue Priesterkaste etabliert hatte, brauchte es keine Märtyrerinnen mehr, Machtstrukturen wurden etabliert, ein neues Herrschaftsgebäude im Namen des Glaubens errichtet.

Parallel dazu wurde in Griechenland und seinen Kolonien noch *Artemis* verehrt, ihre lateinische Entsprechung *Diana*, Göttin der Jagd, überstand die Christianisierung bis ins 7. Jh., weil sie Aufnahme fand im germanischen Himmel, der davor keine Jagd-Gottheit gekannt hatte, bei den slawischen Völkern als *Ziewonia* oder *Dziewanna* sogar bis ca. 900. Auch sie war eine Strahlende in lichtem Gewand, Geburtshelferin und konsequent jungfräulich im Sinne der Nicht-Unterwerfung unter die männliche Dominanz. In Polen wandelte sich ein ursprünglich dem Wechsel von Sonne und Mond (Diana) gewidmeter Ritus zur alljährlichen symbolhaften Vernichtung aller Monumente des Heidentums, mit zeremonieller Ertränkung einer Diana-Figur. Die Verbannung des alten Glaubens wurde demonstriert, gleichzeitig die Ablösung der Frauen als Göttinnen durch den einen männlichen Gott des Christentums deutlich.

In den Texten der *Edda,* im christianisierten Island Mitte 13. Jh. aufgezeichnet, sind weibliche und männliche Gottheiten gleichwertig vertreten. Seherinnen, Walküren und Nornen zeugen für hohes Ansehen von Repräsentantinnen der mythologischen Welterklärung unserer Vorfahren, gleichzeitig lassen diese dichterischen Schilderungen auf eine den Männern ebenbürtige Stellung der Frau im Alltag der germanischen Völker schließen. Eine Textstelle bei Tacitus aus dem Jahr 61 über die Eroberung der Druideninsel Mona (heute Anglesey, Wales) untermauert diese Vermutung: »*Am Ufer stand die gegnerische Armee in einer dichten Masse von bewaffneten Männern, zwischen denen Frauen wie Furien in Leichentücher gekleidet, mit zerzaustem Haar, Fackeln schwenkend, herumliefen.*«

Über viele Jahrhunderte kann die Spur konsequenter Verdrängung weiblicher Vorbilder und deren Dämonisierung verfolgt werden. Schon 906 findet sich die Anprangerung des Diana-Kultes als Hexenritt: »*[...] dass es gewisse verbrecherische Frauen gibt, die Satan gefolgt sind und, durch [...] Dämonen verführt, glauben und bekennen, des Nachts [...] mit der heidnischen Göttin Diana und einer unzählbaren Menge von Frauen auf gewissen Tieren zu reiten, [...] die Weisungen der Göttin zu befolgen, als wäre sie die Herrin, und in bestimmten Nächten zu ihrem Dienst gerufen zu werden.*« Rituale, die den drei weisen Frauen galten, wurden als sündhaftes Verhalten in den Beichtspiegel aufgenommen. – Bischof *Burchard von Worms* schreibt zur Jahrtausendwende des Frühmittelalters in seinen Beicht-Empfehlungen, über die – aus seiner Sicht verwerflichen – Bräuche: »*Bist du des Glaubens, dass die dem Pöbel bekannten Parzen(= Nornen) wirklich bestehen und das Schicksal des Neugeborenen bestimmen?*« Frigg, Percht und Huld (Holle), sie alle waren gemeint. Sogar im jüdischen Aberglauben findet sich eine Entsprechung: *Lilith*, zunächst eine Urgottheit der Sumerer, wird im Talmud des 9. nachchristlichen Jahrhunderts zur ersten Frau *Adams* (= *aus Erde*, hebr. ădãmãh). Sie will gleichberechtigt sein, wie Diana bleibt sie unabhängig, kinderlos, erst später werden ihr Tausende Dämonenkinder angedichtet, die Jahwe tötet. Das lässt wiederum sie verzweifeln und zornig werden, weshalb sie als Nachtdämonin verschrien ist, als Gefahr für Schwangere und Mörderin der Neugeborenen. Gegen sie werden in jüdischen Kinderstuben Abwehrrituale eingesetzt. Nach der Legende kann sie nur durch drei Engel gebannt werden: *Sanoi, Sansanoi und Samangalaf.* An Türpfosten und über dem Bett der Wöchnerin werden daher als Bannzauber Zettel mit deren Namen aufgehängt.

Hexenjagd auf weise Frauen und alte Bräuche

Noch zu Zeiten der Matronenkulte wurden Frauen geehrt, nicht nur weil sie Leben gebaren, sondern auch, weil sie wussten, wie es zu bewahren und zu schützen sei. Sie pflegten Heil- und Kräuterkunde, waren Seherinnen, nutzten schamanische Rituale und hüteten geheimes Wissen, besonders über Frauenheilkunde. Zauberei (in germanischer Zeit gleichbedeutend mit Zeremonien) war Frauensache. Germanische Männer, die sich magischer Praktiken im Kampf bedienten, galten in der Regel als feige und unmännlich, sie wurden zumeist Übeltätern zugeschrieben.

Mit zunehmender Kirchenmacht wurden zuvor hochgeachtete *weise Frauen* schließlich als Hexen verfolgt. Ihr Bild, als *witte wieven* im Niederländischen erhalten geblieben und verharmlosend als *weiße Frauen* ins Deutsche rückübersetzt, erschien zunehmend verzerrt. Konnte die »weiße = strahlende« Percht nicht gänzlich verbannt werden, so gelang es doch, aus ihr ein bedrohliches Monster zu machen. Im alpenländischen Brauchtum taucht sie als *Schiachpercht* auf. Aber selbst da gibt es ein Glück verheißendes Gegenmodell, die sogenannten *Glöckler,* die *Schönperchten.* Und weil der Glaube an ihre Geberinnenqualität nicht gänzlich verschwand, stellte ihr manche Bäuerin weiterhin Jahr für Jahr *weiße Speisen* auf den Tisch, um sie freundlich zu stimmen. Auch das erfahren wir schon bei Bischof *Burchard* (s.o.): *»Hast du, wie mehrfach Weiber tun, zu gewissen Zeiten den Tisch mit Speis und Trank nebst drei Messern zubereitet, damit, wenn jene drei Schwestern kommen, sie sich daran laben?«*

Der Brauch hat sich trotz dieser Verdammung über die Jahrhunderte gehalten, noch *Kießling* beschreibt ihn wie folgt: *»In einer der Loosnächte solle man den Tisch für drei Personen decken und in Milch gekochten Hirsebrei oder Leinsamen anrichten. Am Morgen werden diese Speisen dann im Ofen verbrannt. Dies sollte für ein rei-*

ches Wachstum des Flachses sorgen, das Spinngut verarbeitete sich frei von Knöpfen und Leinwand konnte schön weiß gebleicht werden. Auch darin erkennen wir die der Percht oder auch der Holla zugeordnete Oberhoheit über die Tucherzeugung.«

Das Kalkül hinter der Ächtung der alten Bräuche – auch wenn es vermutlich nicht mal diejenigen, die es durchführten, so klar erkannten – wurde von *Andrea Dechant* in ihrem *Artedea*-Blog auf den Punkt gebracht: *Die »Herrgötter« wollen Macht. Hinter der Idee der Göttin steht, sich selbst zu ermächtigen.*

Mit dem Ausbau hierarchischer Strukturen wandelte sich das Leben im Einklang mit der Natur und ihren Rhythmen zu deren Analyse und zum Glauben an die Möglichkeit ihrer Beherrschung, letztlich vor allem zur Ausbeutung der Urmutter *Gaia*.

Ich will hier keinesfalls die Illusion heraufbeschwören, es hätte eine gute alte Zeit gegeben, der wir nachtrauern müssten. Alle Erkenntnisse, die uns heute die Welt und das Leben in und auf und um sie herum begreifbar erscheinen lassen, haben großartige Chancen eröffnet. Ich meine auch nicht, dass wir mit magischen Ritualen den Klimawandel beenden können. Aber ich bin zutiefst davon überzeugt, dass wir aus der unseren Fortbewegungsmitteln entsprechenden Beschleunigung hin zum Kollaps nur aussteigen können, wenn wir uns der Qualitäten und Werte jedes Lebewesens besinnen und gemeinsam alles daransetzen, die Erde und ihre Gaben zu würdigen. Ein Druide, eine Druidin fragte jede Pflanze um Genehmigung, sie ernten zu dürfen und bat sie, all ihre Kräfte, heilende oder magische, intensivst zur Verfügung zu stellen. Sie wussten, zu welcher Tageszeit und Mondstand sie dies am besten gewährleisten konnte und nahmen häufig große Strapazen auf sich, um gemäß all dieser geheimen, mündlich tradierten und in Jahrzehnten der Lehrjahre erlernten Gesetze die Wunder des Lebens verfügbar zu machen. Noch ist dieses Wissen nicht verloren, von Generation zu Generation wurde es weiterhin fast ausschließlich mündlich weitergegeben, naturwissenschaftliche Erkenntnisse bieten förderliche Ergänzung. Das sollten wir nutzen, statt Produkte aus Forschungsergebnissen zur Gewinnmaximierung, aber gegen das Leben, massenweise in Tiermägen, Wasserläufe und somit auch in den menschlichen Kreislauf zu befördern. Antibiotika in der Tiermast, als Düngemittel verbotene Konservierungsmittel im Fischfutter und genetische Manipulationen von Pflanzen sind einige wenige Beispiele für all das Widernatürliche, das unseren Wohlstand zu sichern behauptet, während es in Wirklichkeit unseren Lebensraum vernichtet.

Die Zahl 30

Es geht um Besinnung, um eine Zeit für Stille und eine andere für Lärm. Das Datum dieser Raunacht, die 30, mahnt zu diesem Ausgleich der Gegensätze. Sie steht für fröhliche Geselligkeit ebenso wie für Stunden des mit sich selbst in Ruhe-Seins.

Die 6. Raunacht ist demgemäß ein idealer Tag, um nach dem Trubel der Feiertage, nach einer Zeit des Besuchens und Besucht-Werdens sich Zeit der Muße zu gönnen. Traditionsgemäß blicken wir am Ende des Jahres zurück, ziehen Bilanz und formulieren die berühmten Vorsätze für das kommende Jahr, in dem wir alles besser zu machen hoffen. Auch die Anweisungen zu den Raunächten besagen, dass nichts mitgeschleppt werden soll ins Neue Jahr. Geborgtes soll zurückgegeben, Schulden beglichen, Müll entsorgt und Groll vergeben werden.

Die 0 der 30 symbolisiert das Alles und Nichts, in ihr ist alles enthalten, in ihre Leere laden wir die Fülle ein. Sie ist Symbol des ewigen Kreislaufs vom Untergang zur

Auferstehung, vom Tod zur Wiedergeburt. Die 3 markiert die Chancen innerhalb dieser Bewegung.

Die Dreigestalt der Weisheit

Zu Ende des Märchens kristallisieren sich drei Qualitäten, die drei Weisheiten, heraus: Stille, Musik, aber auch Lärm. Ihn hören wir zum Jahreswechsel nicht nur als Böller und Knallfrösche bis hin zum Geläute der Pummerin im Wiener Stephansdom, das niemand hört, es sei denn via Radio-Aufzeichnung, weil unten am Boden so viel Krach ist.

Lärm ist ein Markenzeichen des *wilden Heeres* bzw. der *Wilden Jagd,* damit auch aller szenischen Darstellung *Wotans*' Heer oder der Perchten in den Alpentälern. Klageweiber, die die Toten beweinen, erzeugen solchen. Lärm soll Dämonen vertreiben, vielleicht auch ein Aspekt des Klagegeschreis. Öffentliche Festivitäten sind fast immer von immensem Lärm begleitet, dort gilt für Musik: je lauter, desto besser. Davon abgesehen füllt die Musik den Übergang von Lärm zu Stille aus. Sie kann laut und leise sein, die Spannung musikalischer Meisterwerke wird genau durch dieses Wechselspiel bestimmt. Wenn die letzten Klänge verstummt sind, folgt – mit Glück – ein Moment atemloser Stille der Nachwirkung, der Rückkehr der Lauschenden aus der Entrücktheit ins da-Sein, um sich im tosenden Applaus zu entladen.

Die Dreigestalt findet sich auch als Werden, Leben und Vergehen, als junge, reife und alte Frau. *Skuld, Werdandi* und *Urd,* die drei *Nornen* am Fuße der *Weltenesche Yggdrasil* (siehe Seite 79), sind eine dieser Personifizierungen. *Skuld* ist die, die alles in Gang bringt, der Notwendigkeit des *Werdensollens* folgt, emotionslos und unerbittlich setzt sie die Zwänge des Schicksals um, die Konsequenz des bereits Geschehenen. Sie ist undenkbar ohne die anderen beiden, die wiederum nur vollenden können, was sie als Möglichkeit anlegt. *Werdandi* gestaltet, sie konkretisiert was *Skuld* skizziert hat, sie bündelt aus der Kraft der 3, der Chancen, die unendlichen Möglichkeiten der 0 zur 30, zur Strahlkraft. Für diesen Prozess braucht es Ruhe und Zeit zur Ent-Wicklung (des Schicksalsfadens), gleichzeitig will der richtige Augenblick genutzt werden. Der Zeitpunkt von Saat und Ernte entscheidet über Hunger oder Sattsein. Sie ist der Entwicklungsprozess, das Werdende, um es seiner Bestimmung *(Urd)* zuzuführen, seinem Sinn entsprechend gleichzeitig Vergangenheit werden zu lassen. *Urd* ist immer da und verändert sich ununterbrochen. Sie steht für das, was sich manifestiert hat, nur um wiederum Ursprung einer neuen Manifestation zu sein. Auch wenn die drei gerne mit Zukunft, Gegenwart und Vergangenheit gleichgesetzt werden, sind sie doch viel eher die Personifikation der Zeitlosigkeit, des immer Seienden in beständiger Wandlung.

Begreifbarer sind ihre vermenschlichten Entsprechungen, die drei Bethen *Ambeth, Wilbeth* und *Borbeth. Ambeth* ist die Leben gebärende Mutter, sie steht für den Kreislauf von Leben-Vergehen-Wiederwerden. *Wilbeth* spinnt auf ihrer Spindel den Lebensfaden, sie teilt das Schicksal zu, ist zuständig für den Verlauf des Lebens. *Borbeth* steht für das Vergehen, sie trennt den Lebensfaden, entsprechend dem alten Bild von Mutter Erde, die sich auftut, um Leben zu gebären und wieder in sich aufzunehmen. Später wurden diese drei zu Eigenschaften gewandelt, aber zumindest haben sie dadurch überlebt. *Fides, Spes* und *Caritas* (Glaube, Hoffnung, Liebe). Interessanterweise ist die Ursprungsbedeutung von *caritas* Teuerung, hoher Preis, der noch in römischer Zeit zur *hohen Wert-Schätzung* wurde. Im Laufe der Verchristlichung angestammter Feiertage taufte man die drei um in die historisch nicht belegbaren, aber umso grausamer umgekommenen Märtyrerinnen: Katharina, Margarethe, Barbara. Sie wurden als drei der 14 Nothelferinnen angerufen.

Wie wäre es heute mit einer Mußestunde als Tagesausklang? Ein ruhiges Musikstück, ein wohlschmeckendes Getränk, dabei können Sie die Gedanken schweifen lassen und alles notieren, was an Altem auftaucht, um es zu Silvester endgültig der feurigen Wandlung zu übergeben.

Wir kommen aus alter Zeit, wir reisen durch die Zeit.

Als die Zeit beinahe am Ende gewesen wäre

Das alte Jahr war zur Tür hinausgegangen, viel Schimpf und manche Flüche, auch ein paar Blumen hatte es auf den Weg mitbekommen. Der alte Mann wusste, wer fern ist, bleibt meist in besserer Erinnerung als zum Zeitpunkt, da man noch beieinandersaß. Der Schleier der Erinnerung wirkt wie ein Weichzeichner, im Rückblick scheint vieles milder, worüber geweint wurde ist oft zum Lachen. Blumen verwelken, Gedanken vergehen, der Alltag lässt vieles an Wohltaten aber auch Schmerz vergessen. So ging der Alte mit einem Lächeln aus dem Haus, seine Arbeit war getan, sollte ein anderer, ein junger Draufgänger, sich die Hörner abstoßen, auch er würde im Laufe der Jahreszeiten ruhiger und weiser werden.

Lachen und Gläserklirren waren zu hören, ringsum krachten Raketen und Böller, der Wind pfiff durchs Gebälk, in der Ferne heulten Hunde um die Wette und ein Wiesel eilte in den Schutz des Waldes zurück. Der viele Lärm um die Jahreswende machte den Tieren zu schaffen, Schießen bedeutet meist Tod für sie, und wie sollten sie es unterscheiden können?

Gerade noch sah er einen eiligen Schatten hinter dem Haus, das Neue Jahr schien sich beinahe verspätet zu haben, aber der Junge hatte es gerade noch rechtzeitig geschafft. Nichts wie Flausen im Kopf, dachte der Alte kopfschüttelnd.

Was wäre wohl mit der Zeit geschehen, wäre er nicht rechtzeitig zur Stelle gewesen? Der alte Mann bog um die Ecke und kehrte ein in eine versteckte Herberge, um zu ruhen von der Arbeit eines Jahres. So konnte er seinen Gedanken nachhängen und schließlich wusste er eine neue Geschichte, um sie denen zu erzählen, die sie hören wollten:

Es war einmal die Zeit. Sie war eine recht launenhafte Person. Mal lief sie an den Menschen vorbei, die kaum wahrnahmen, dass sie schon wieder vergangen war, dann wieder wollte sie nicht und nicht enden, wie ein Besuch, der schon längst hätte gehen sollen, aber einfach nicht merken will, dass die Zeit des Beisammenseins vorüber ist. Dann wieder kam sie zu spät und alle mussten auf sie warten, im nächsten Augenblick eilte sie voraus und achtete nicht auf Zurückbleibende. Nur mit einer Sache nahm sie es sehr genau: In 24 gleiche Abschnitte, die sie mit dem Wechsel der Jahreszeiten in unterschiedlich lange helle und dunkle Phasen aufteilte, gliederte sie den Tag. Ihr ein Mehr von diesem Kontingent abschwatzen zu wollen war aussichtslos, da war sie unbeugsam. Wie die Menschen damit zurechtkamen, war ihr herzlich gleichgültig. Schließlich waren sie ihr ohnedies ausgeliefert, es war deren Sache, wie sie ihr Tagewerk vollbrachten. Nur mit Sonne und Mond musste sie es sich gut stellen, denn ohne die beiden war ihr Rhythmus in Gefahr. Auch das Weltall brachte ihren Ablauf leicht durcheinander, so ein Wirrkopf mit herausgestreckter Zunge hatte das irgendwann herausgefunden. Aber da sich ohnedies nur die Menschen auf der Erde um sie und ihr Verrinnen Gedanken machten, konnte sie diese Abweichung getrost außer Acht lassen. Die Zeit wiederum war Sonne wie Mond völlig gleichgültig, denn schließlich richtete diese sich ja nach ihrem Lauf und hatte ihre Stunden danach eingeteilt, wie die beiden sich die Arbeit untereinander aufteilten.

In ihrer Hoffart hatte sie das schon ganz vergessen, meinte, alle seien von ihr abhängig und sie könne von nichts und niemandem aus dem Rhythmus gebracht werden. Tagaus, tagein spulte sie ihre Stunden herunter, wer hinterherhechelte oder ihr immer voraus war, kümmerte sie nicht, wer zu wenig von ihr hatte, war selbst schuld in ihren Augen, wem sie zu lang wurde, dem konnte sie auch nicht helfen.

Doch mit ein paar Gesellen musste sie wohl oder übel zusammenarbeiten. Zunächst mit Gevatter Tod. Er beendete die zu lang gewordene Menge an Jahren, aber den meisten ließ er die Zeit viel zu kurz werden. Müttern, die sich ein Stündlein mehr von ihm erbetteln wollten, Kindern, die für ein extra Kontingent für ein letztes Gespräch mit ihrem Vater oder ihrer Mutter der Zeit gern ein Opfer gebracht hätten. Doch unerbittlich gingen die Stunden nur vorwärts, nie zurück. Das mussten auch diejenigen erkennen, die einen Fehler lieber ungeschehen gemacht hätten, auch so manche schöne Stunde wäre gern verlängert worden, die Zeit aber meinte nur: »Wo kämen wir denn da hin?«

Ja wohin wohl? Darauf sollten ihr die zwei anderen eine ungebetene Antwort geben. Jedes Jahr war sie von deren Pünktlichkeit abhängig. Es war nämlich so: Die Sonne hatte ihren Rhythmus und der Mond einen bisschen anderen. Einmal im Jahr, rund um die Wintersonnenwende, wenn die Nächte am längsten waren, musste die Zeit dafür Ausgleich schaffen. Sie tat dies gern in der Zeit der Finsternis, sie meinte, da würden die Menschen es nicht so merken, weil sie träge wurden und wenig Arbeit am Feld war, die Tage dazwischen brächten niemanden aus dem Gleichgewicht. Diese 11 Tage und 12 Nächte konnte sie nicht kontrollieren. Wie eine Glucke suchte sie alljährlich die 12 wilden Gesellinnen – man nannte sie *Raunächte* – zu bändigen, doch jedes Jahr entwischten sie und trieben ihr Wesen fern von Gesetz und Anstand. Alljährlich musste sich die Zeit Moralapostel anhören, die sich beschwerten, dass das keine Art sei, dass so ein Beispiel die Jungen auf schlimme Gedanken bringen könne und was sich Kleinbürger sonst noch gern zusammenängstigen, wenn sie soliden Boden unter den Füßen zu verlieren glauben. Es waren dieselben, die immer an ihr herumnörgelten: dass sie früher viel besser gewesen sei, dass die Sitten verfielen, schneller als sie verging (als ob das ihre Schuld gewesen wäre!), dass auf sie kein Verlass sei, weil alles Mögliche mit ihr vergeht, und, obwohl sie unerbittlich verrann, sie mitunter einfach stillstand, die tickenden Uhren verhöhnend, die ihren Lauf abbildeten.

Diese alljährlich wiederkehrende Zwischenzeit nutzen die beiden Männer, ein junger und ein alter, um sich die Türklinke in die Hand zu geben. Der eine immer müde und Lebewohl sagend, der andere neugierig und voller Tatendrang. Seit urdenklichen Zeiten, trotz der ungestümen Tage um sie herum, gelang jeder Jahreswechsel und nach einem letzten lärmenden Fest der Wilden Weiber kehrten wieder Ruhe und Ordnung ein.

Doch dann änderten sich die Zeiten (dass es mehrere von ihr gäbe war auch so eine Illusion der Menschen, mit der sie sich den Lauf der Zeit schönzureden versuchten). Die Frauen wollten nicht hinnehmen, dass nicht auch eine von ihnen die Arbeit der sich abwechselnden Männer ausüben konnte, von Gleichstellung war die Rede, vom Mitreden und -bestimmen und ständig gab es Versammlungen, in denen bis zum Morgengrauen debattiert wurde. Manche wollten Männer gar nicht mitreden lassen, andere wiederum boten an, sie könnten im Austausch ja gern mit ihnen kommen und die Gegend unsicher machen. Ihre regelmäßige, klar definierte Aufgabe wollten diese wiederum nicht abgeben für ein unsicheres wechselhaftes Herumziehen, mit wild gewordenen Frauen gemeinsam schon gar nicht, davor fürchteten sich die Vertreter des starken Geschlechts. So konnten sie sich nicht und nicht einigen. Über all dem Vorschläge-Machen und wieder Verwerfen übersahen sie die Zeit und das Jahr war zu Ende, ohne dass der Alte gegangen oder der Junge gekommen wäre. Das Haus an der

Grenze stand klirrend in der Kälte und wartete vergeblich auf deren Wechsel.

Die Zeit war in den vergangenen Raunächten ungewöhnlich unterbeschäftigt gewesen, statt herumzubalgen waren die Frauen nur am Reden, es war ein richtig langweiliges Jahresende. Sie aber wollte Gewohnheiten nicht auch noch gefährden, also war sie dahergestapft, um wie üblich den Wechsel der Jahreszahlen zu überwachen. Das Haus stand unbelebt da. Die Zeit blickte unruhig herum, wo die beiden Jahre geblieben sein konnten. Sie rief ihre Namen, aber nur ihr Echo hallte zurück wie höhnisches Gelächter. Ihr wurde ganz angst und bang um sich selbst, denn was sollte nun geschehen, wenn das Jahr nicht zu Ende gehen konnte und das neue nicht beginnen?

Die Zeit war ratlos. »Sonne, Mond und Sterne«, fluchte sie vor sich hin (der stärkste Schimpf, den sie kannte), »was mach ich jetzt? Bei wem kann ich mich beschweren, wo eine Eingabe machen, wem die Schuld geben? Was tun, wenn die beiden für immer verschollen bleiben?« Wie alle, die in Panik geraten, verlor auch die Zeit den Kopf und sie konnte nicht mehr klar denken. Rund um sie schien alles zu erstarren, wartend auf den Wechsel der Zeiten, der nicht stattfand. Nun reute es sie, dass sie so selbstherrlich sich nie um die Belange der anderen geschert hatte, denn so blieb sie ohne Freunde, hatte keine Gemeinschaft, deren Unterstützung sie erbitten konnte. Ganz allein war sie im Niemandsland der Zeitenwende und das Leben ringsum lief Gefahr, aus den Fugen zu geraten. Sie malte sich aus, dass die *rauen Nächte* nun immerfort dauern könnten, dass Mensch und Tier nicht mehr wüssten, wann die Zeit für Aussaat und Vermehrung gekommen sei und alle kreuz und quer und durcheinander planlos umherliefen.

Das versetzte ihr einen Schock, der ihr zu einem klaren Gedanken verhalf. Den ließ sie nicht mehr los, obwohl dieser, seiner Freiheit beraubt, sich heftig wehrte. Half ihm aber nichts, sie breitete ihn vor sich aus und studierte seine Einzelteile. »Du musst die beiden suchen gehen«, stand da vor ihr. »Du« und »musst« waren ihr völlig fremde Worte, »die beiden« konnte sie klar den zwei Männern zuordnen, deren Abwesenheit sie in dieses Ungemach gebracht hatte. »Suchen« kannte sie wohl, bereitete ihr aber Unbehagen, weil sie es unter ihrer Würde erachtete, »gehen« wiederum tat sie ohnedies fast immer, wenn auch in unterschiedlichen Geschwindigkeiten. *»Die beiden«* verschaffte Erleichterung, denn es bedeutete, es gab Schuldige, denen sie den Ärger umhängen, auf die sie verweisen konnte, wenn sie wieder Schelte bekäme. Würden sie gefunden, konnte alles wieder seinen gewohnten Gang gehen.

Sie versuchte, Ordnung hineinzubringen: *»Du«* weckte ihre Neugierde, es öffnete ein Tor in eine neue Welt, in der sie sich selbst wahrnehmen konnte. Etwas in ihr erteilte ihr Befehle. Das irritierte sie. Sobald das Schlamassel zu Ende wäre, wollte sie mehr darüber herausfinden.

»Musst« war extrem unangenehm, gleichzeitig unausweichlich, denn weiterhin herumzustehen und auf das Ende der Tage zu warten, schien keine verlockende Alternative.

»Suchen gehen« war der Auftrag. *»Suchen«* war ein Rätsel, denn welcherorts hätten altes und neues Jahr verloren gegangen sein können? Saßen sie in einer Kneipe, hatten sie ihre Pflicht vergessen ob all der Frauen, die sich den alten Regeln widersetzten, oder gar den Jahreswechsel der Wilden Jagd überlassen? Grauen überkam die nun so verlorene Zeit und sie wusste, sie *musste die beiden* finden. Regelbrüche waren ihr zutiefst zuwider, weil alles durcheinandergeriet.

Mit dem *Gehen* kannte sie sich aus, also beschloss sie, loszumarschieren, vorwärts jedenfalls und abwärts, denn die Orte, wo sich Menschen versammelten, lagen meist in Tälern, in den Höhen waren Einsamkeit und Stille zu Hause.

Auf ihrem Weg begegnete sie einem knorrigen Baum, sie

wollte von ihm wissen, was er davon hielte, wenn die Jahre stillstünden und sich nicht mehr abwechselten. »Hmm«, brummelte der, »das wäre wohl merkwürdig, denn wie wüsste ich dann, wann Frühling ist, der den Winter ablöst, in dem doch der Jahreswechsel stattfindet? Ohne Abschluss gibt es keinen Anfang und nichts folgt auf nichts. Die Zeit wäre wohl zu Ende.«

Wieder war da dieses unangenehme Wort »Ende« – sie *musste* die beiden noch in dieser Nacht finden, sonst wäre es mit ihr vorbei! Gegen diese Vorstellung spürte sich das *Müssen* ganz harmlos an und *Suchen* wurde gleich leichter. Sie dankte dem Baum (eine neue Erfahrung) für seine erhellenden Worte und eilte weiter.

Merkwürdiger Veränderungen wurde sie gewahr. Da und dort wehte ein warmer Lufthauch, einzelne Blätter trieben aus und vor ihren Augen vermehrte sich ein Hasenpaar, wohl in Sorge, sie hätten sonst nicht genügend Familienmitglieder zum Ostereieraustragen, die gerade von einigen Hähnen geliefert wurden. Der Zeit pochte das Herz (oder das, was bei ihr an diesem Ort war, um sie am Laufen zu halten, denn bisher war sie ja nicht gerade gefühlsbetont gewesen). Dass es so schnell gehen würde mit dem Durcheinander hätte sie nicht gedacht, Eile war geboten.

Endlich erreichte sie eine Ortschaft, in der Lärm und Geschrei die Nacht durchbrachen, die Häuser waren hell erleuchtet, etliche Menschen standen auf den Straßen und redeten durcheinander.

Vermummt, um unerkannt zu bleiben, mischte sie sich unter die Leute, um Hinweise zu erlauschen. Man mochte sie nicht besonders und Hilfe konnte sie kaum erwarten. Sie näherte sich einer Gruppe von Männern, Frauen und Kindern, die durcheinanderredeten und ratlos umherblickten. »Hast du schon gehört, die Jahre sind in Streik gegangen, die Zeit soll verloren sein, niemand schlägt mehr die Stunde!« – »Ach Unsinn, wer braucht schon Zeit und

Stunden, lasst uns in den Tag hineinleben, alles andere ergibt sich von selbst!« – »Bist du verrückt, wer soll sich da noch zurechtfinden, was macht die Lehrerin, wenn die Kinder kommen, wann sie wollen, sie muss dann immer wieder neu anfangen und die lernen gar nichts mehr!« – »Wann soll ich einkaufen und wann kochen, wenn es keine Zeit mehr gibt, gerät doch alles aus den Fugen!« So und ähnlich klang es durcheinander, eine Kakofonie wie das Kreischen einer schlecht geschmierten Kette, die nicht in die Zacken passt. Die Zeit hielt sich die Ohren zu und rannte davon. In ihr dröhnte »sie streiken, sie streiken, das ist doch unerhört!«. Sie wandte sich um und erblickte ein großes Gebäude, darauf stand »Versammlungssäle«. »Hier bin ich richtig«, dachte sie, »da drinnen sitzen sie und streiten. ›Ungehinderten Zugang zum Arbeitsmarkt‹ fordernd, dabei verrinne ich und das Jahr findet kein Ende. Von wegen ›Chancengleichheit‹ – bald ist es so weit und alle Chancen sind vertan!« Ganz verzweifelt betrat sie den Saal. Frauen und Männer hatten die Zeit ganz vergessen und seit Stunden und Tagen Tafeln beschrieben, Diagramme gezeichnet, Perspektiven erörtert und waren doch zu keinem Schluss gekommen. Die Zeit bahnte sich einen Weg durch die Reihen, drängte auf die Bühne und stieß den eben dozierenden Bürgermeister vom Pult.

»Habt ihr überhaupt eine Vorstellung davon, was ihr mit euren Debatten anrichtet?«, rief sie aufgebracht in die erstaunte Menge. »Habt ihr vergessen, dass wenn ihr euch nicht einig werdet, wer nun den Job erledigen soll, ganz gleich ob Mann oder Frau, das Jahr nicht zu Ende geht und daher auch nicht beginnen kann? Habt ihr eine Ahnung, was das für Folgen hat? Die Natur ist bereits durcheinander und die draußen sind verwirrt.«

Da saßen sie nun, die Streitparteien, erst jetzt wurde ihnen das durch ihren Eigen-Sinn ausgelöste Schlamassel bewusst. Die allgemeine Verstörung nutzte die Zeit und rief:

»Wo sind denn nun die beiden, das alte und das neue Jahr, die bisher diese Aufgabe pünktlich erledigten?« Betretenes Schweigen breitete sich aus, Köpfe waren gesenkt, beängstigende Starre war eingetreten. Ein Mädchen durchbrach die Stille: »Sie haben die beiden nie zu Wort kommen lassen, sie sind verärgert gegangen. Ich glaube, sie meinten, jetzt könnten sie endlich auch mal Urlaub machen, sich die Sonne auf den Bauch scheinen lassen und im Meer plantschen.«

Erneut kam Bewegung in die Menge, erschrocken schauten sie einander an und redeten durcheinander. Der Bürgermeister fühlte sich wieder wichtig, trat ans Rednerpult und donnerte: »Wir müssen die beiden aufhalten, das Jahr braucht seinen üblichen Lauf, wer weiß, wo wir sie finden können?« – »Wie wär's denn mit dem Bahnhof, da würde ich jedenfalls hin, um wegzufahren«, rief einer aus der hintersten Reihe. »Gute Idee«, hallte es mit vielen Stimmen und alle rannten los, um die Jahre aufzuhalten. Ein riesiges Menschenknäuel entstand beim Ausgang und nichts ging weiter. Der Zeit war das zu dumm, sie erspähte einen Notausgang, eilte hinaus und weiter zum Bahnhof. Keuchend langte sie ein, gerade wurde ein Zug angekündigt – die Zeit, also sie selbst, wurde knapp! Und dann sah sie die zwei, einen alten und einen jungen Mann, die fröhlich dem nahenden Zug entgegenblickten. Sie rannte drauf los – die Sekunden fielen ihr schon aus den Taschen – und ergriff je einen Arm der beiden, um sie zurückzuhalten. Die Jahre blickten empört, erkannten die Zeit und alle Freude wich aus ihren Zügen. »Hast du uns erwischt! Wir wollten doch endlich mal erleben, was ›Urlaub‹ bedeutet. Sag doch denen, wir geben unseren Job gern ab, wir haben gar nichts gegen Gleichberechtigung, mit Freuden legen wir uns auf die faule Haut und lassen die Tage an uns vorüberziehen.«

Die Zeit schüttelte den Kopf: »Diesmal wird daraus nichts, das ist eine verantwortungsvolle Aufgabe und wir sind ein eingespieltes Team, so ein Wechsel muss gut vorbereitet werden, also rasch an die Arbeit, damit es überhaupt noch ein neues Jahr gibt!«

Das sahen die beiden ein und starteten ihr Übergaberitual. Der Alte hatte ein dickes Buch, das übergab er dem Jungen, der nahm es zwischen die Hände, da war es wieder ganz dünn. Dann quetschte der Alte eine Träne aus den Augen, klopfte dem Jungen die Schulter – »Du wirst das schon schaukeln« –, drehte sich um und ging seines Weges. Der Junge nahm die entgegengesetzte Richtung, voller Vorsätze, die streitenden Parteien zusammenzubringen, um für das kommende Jahr einen Lehrling ausbilden zu können, der oder die ihn dann begleiten würde, um das verantwortungsvolle Handwerk des Jahreslaufes zu erlernen.

Die Zeit schüttelte zweifelnd den Kopf, wusste sie doch über die Haltbarkeit von Neujahrsvorsätzen gut Bescheid. Sie würde jedenfalls auf der Hut bleiben, denn noch einmal wollte sie ihren eigenen Stillstand nicht erleben!

Ob nun auch Frauen das Jahr wechseln, kann ich euch nicht sagen, jedenfalls hat es bisher noch jedes Jahr geklappt. Prosit!

7. Raunacht: 31. Dezember, Jahresende

Orakelsymbolik für den 7. Monat, den Hitzemonat Juli

Der bereits zitierte *Bartholomäus Grill* schreibt in der wöchentlich erscheinenden *Zeit,* für die, um sie zu lesen, man sich so viel von ihr nehmen muss, dass ein Monat kaum reicht: *»Damals, als noch unvorstellbar viel Schnee fiel und die bucklige Welt unter einem gnädigen Flockentuch verhüllte. Als es im Winter immer Kraut gab und niemals*

Tomaten. Als die Natur so reglos schien wie der Wilde Kaiser und nur das Perpendikel der Standuhr sich bewegte. Als das Ticken die Zeit in unendliche Augenblicke teilte. Als das Leben noch Langsamkeit war.«

Von dieser Art von Zeit erzählt auch die Tiroler Bäuerin: »*Nur zu Neujahr feiern, ja, das hat man nicht gekannt! Wenn man ledig ist gewesen, dann ist man wohl mit Bekannten, sonst nichts. Da hat man nur Neujahr gewunschen und ist dann gleich schlafen gegangen.*« Gerade an einem Abend wie Silvester, an dem vielerorts viele Menschen zusammenkommen, viel Alkohol trinken und es den Vorfahren mit Heidenlärm nachmachen, wenig wissend über den Sinn dieser Rituale, passte es gut, es einmal ganz anders anzugehen.

Einmal gar nichts tun …

Die Raunächte sind eine geeignete Periode für Entschleunigung. Wir dürfen alle wieder lernen, langsam voranzukommen, uns Zeit zu nehmen. Wie anders nehme ich eine Wiese, einen Wald, einen Acker wahr, wenn ich Schritt für Schritt setze, anstatt eilig zum Gipfel zu stürmen oder gar mit dem Auto hinaufzubrausen. Die einzige Eile, die jetzt aufzuwenden wäre, ist: endlich zu sein, statt zu haben. Vor einigen Jahren unternahm ich ganz allein eine Wallfahrt nach Mariazell. Fast eine Woche war ich langsam wandernd unterwegs. Die Schönheit des Wienerwaldes aus dieser mir als Autofahrerin unbekannten Perspektive beeindruckte mich unendlich.

Eine lebendige Landschaft ist wie ein Standbild, in dem sich winzige Details verändern, während der Rahmen unverändert verharrt. Heute sind wir kurze Videos mit schnellen Schnitten gewohnt. Als nur wenige lesen konnten, wurde die Heilsgeschichte in Bildern erzählt. Daher mein Tipp: Nützen Sie einen dieser Tage für einen Besuch im Museum. Wählen

Sie eines der vielen Bildwerke und gönnen Sie sich alle Zeit, es zu betrachten. Was entdecken Sie nach wenigen Minuten, was verändert sich nach einer halben Stunde, wie wirkt es nach Stunden der Betrachtung? Unvorstellbar, so lange vor einem Objekt auszuharren? Erlauben Sie sich, nichts zu tun, außer zu schauen. Was hat Sie ausgerechnet zu diesem hingezogen? Nehmen Sie dabei aufsteigende Gefühle wahr, halten Sie durch, danach sind Sie wie neugeboren. Vielleicht spüren Sie etwas vom Wunder der heilenden Geburt, an das uns das Weihnachtsfest erinnern will.

Mit Sicherheit wird Ihnen bewusst, wie relativ unser Zeitempfinden ist. Jetzt, zu Ende des Jahres, scheint sich die Zeit rasant zu verkürzen, die letzten Stunden des alten Jahres haben geschlagen, unausweichlich rückt der Zeiger gegen Mitternacht. Erinnern Sie sich an die Anspannung des Jahrtausendwechsels? Weil alles so gut darauf vorbereitet war, verlief dieser angstbesetzte einmalige Moment reibungslos. Auch 1000 Jahre davor fürchteten die Menschen den Weltuntergang, aufgrund von Interpretationen der Apokalypse des Johannes. Doch die Erde bewegt sich noch durch Zeit und Raum und wir mit ihr. Oder ist alles nur eine Illusion, eine glaubhaft erzählte Geschichte, in der wir so eifrig mitspielen, dass wir es für real halten?

Silvester – Hochkonjunktur für alte Bräuche

In diesem Zweierlei befinden wir uns auch, wenn wir Orakelspiele durchziehen, die am Silvesterabend bzw. um Mitternacht Hochkonjunktur haben. Wir glauben zwar nicht daran, würden es aber gern. Wir gießen Blei oder, umweltfreundlicher, Wachs und versuchen die Schattenrisse der so entstandenen Gebilde zu deuten. Wir essen Biskuitfische vom Schwanz hin zum Kopf und verschenken Schweine oder

Fliegenpilze aus Schokolade oder Plastik, obwohl wir wissen, dass Glück von ganz anderem abhängt.

Im Juli, dem Monat, für den der Silvestertag Voraussagekraft hat, erhielt ich ein »Zitat des Tages« von Frank Sinatra: *»Ein Prozent Glück bringt im Leben oft mehr als zehn Prozent Dividende.«* Nun, er konnte das leicht sagen, Dividende hatte er bereits genug. Während nur 2% der Weltbevölkerung so locker auf diese verzichten können (was sie aber genau nicht tun), hoffen die restlichen 98% auf glückverheißende Orakelsprüche. In früheren Zeiten war es nicht anders, vielmehr noch bedrängender, weshalb die heute geübten Bräuche diesen Zeiten entstammen, doch unsere Vorfahren wussten noch eine Menge mehr, die inzwischen in Vergessenheit gerieten. Etliche wurden in vorigen Kapiteln beschrieben, an dieser Stelle erwähne ich eine weitere Auswahl derer, die mir speziell aufgefallen sind.

Wer heute noch oder wieder mit Holz heizt, kann das *Holzgreifen* nutzen: Aus geschlichtetem Kleinholz ziehen Sie mit einer Hand ein Bündel. Zählen Sie eine gerade Anzahl Hölzchen, geht Ihr Wunsch in Erfüllung. Für Paare soll die Menge der Stücke nebstbei die zu erwartenden Kinder anzeigen.

Um einen *Hecktaler* (ein Geldstück, das immer wieder zurückkommt) zu ergattern brauchen Sie eine vollkommen schwarze Katze – das ist bereits eine kaum überwindbare Hürde, denn jede noch so schwarze Katze hat einen weißen Fleck auf der Brust, die gänzlich schwarzen sind möglicherweise als Nebenwirkung der Hexenverbrennungen ausgerottet worden. Nun muss das Tier in einen Sack gesteckt, dieser mit 99 Knoten zugebunden werden. Angesichts des Tierschutzes wohl kaum realisierbar, 99 Knoten binden ist zudem Sisyphosarbeit. Gelingt es dennoch, gilt es, mit dem Sack (und der lebenden Katze darin!) dreimal um die Kirche zu gehen und den Namen des Schutzpatrons des Pfarrers hineinzurufen. Daraufhin erscheint eine Gestalt, ihr ist das Bündel ohne Kommentar vor die Füße zu werfen. Jetzt gilt es, schleunigst zu verschwinden, nach Hause. Der *Gottseibeiuns* bindet nämlich die 99 Knoten auf, wer ankommt, wenn der es bereits erledigt hat, den bestraft das Leben, wer aber den Teufel erst danach die Katze befreien lässt, der findet am Neujahrstag den *Hecktaler* in seinem Geldbeutel. Ob es mit den heutigen Börsen auch klappt, weiß ich nicht, aber so kompliziert, wie der Ritus ist, wundert mich nicht, dass nur 2% der Bevölkerung es schaffen. Auch eine Variante, die Schere zwischen Arm und Reich zu erklären.

Wer's einfacher haben will, stellt einen Sessel mit der Lehne gegen die Wand und springt dreimal vom Sitz auf die Erde, und zwar möglichst weit – auch das soll Glück bringen. Speisereste über Nacht auf dem Tisch zu belassen, schützt vor Nahrungsengpässen im Neuen Jahr.

Die Zahl 31

Das alte Jahr endet mit der 31, ihr wird Starrsinn zugeordnet. Dieser führt zu endlosen Argumentationen, weil niemand vom eigenen Standpunkt abrücken will. Wie im Märchen, in dem die Frage nach weiblicher oder männlicher Aufgabenverteilung ungelöst bleibt. Die Unwilligkeit der Streitparteien, vom eigenen Standpunkt abzurücken, endet beinahe in einer Katastrophe.

Meine Kabbala-Lehrerin meinte zur 31: »*Die hat sich für Gott gehalten.*« Daraus wird verständlich: Wer überzeugt ist, als Einzige(r) die (rettende) Wahrheit zu kennen, lässt sich kaum von anderen umstimmen. Der Gegenpol dieser Eigenschaft ist förderlich: Beharrlichkeit – wer mit dieser beschließt, etwas zu unternehmen, lässt sich nicht so rasch abbringen. Die Zeit findet schließlich die beiden Jahre und der Lauf der Zeit kann weitergehen. Am 31. Dezember geht ein

Jahr zu Ende, egal ob beharrlich oder starrköpfig, und ein neues, für alle Möglichkeiten offenes, beginnt.

Chancen kündigen sich mit der 3 an, die 1 symbolisiert, wohin es gehen sollte: zur Einheit, zur göttlichen Vollkommenheit. Jedes Jahr ein weiterer Schritt. Trotz Hindernissen und Fehltritten: Die Ausdauer der 31 lässt uns durchhalten, 12 Monate später haben wir ein weiteres Jahr hinter uns gebracht. Wir haben viel getan (4, als Quersumme der 31) oder uns dem Leben anvertraut, uns bewegen lassen – entsprechend der passiven Seite der 4. Sie mahnt zur Entscheidung. Oft ist es die Zeit, die sie für uns trifft. Sie läuft ab, heilt angeblich alle Wunden und mitunter dauert sie so endlos, dass wir irgendeine Entscheidung treffen, nur damit die Langeweile ein Ende findet. Das sind die Momente, in denen entweder sehr sinnlose oder sehr kreative Einfälle unsere Zukunft mitbestimmen. Einmal fragte ich eine Runde von 16- bis 17-jährigen Mädchen, was sie im Falle von Langeweile machen würden. Alle meinten: Freundinnen treffen, einkaufen gehen. Eine einzige erzählte: *»Ich setze mich hin und komponiere«* – ihre Kolleginnen sahen sie plötzlich in neuem Licht, voller Bewunderung.

Diese Qualität, die uns die Langeweile schenkt, wieder schätzen zu lernen, könnte ein Neujahrsvorsatz sein. Beginnen Sie mit einer Übung: Gehen Sie spazieren und finden Sie heraus, wie langsam Sie gehen können, ohne gänzlich am selben Fleck zu verharren. Wie verhält sich die zurückgelegte Strecke zur geistigen Bewegung? Was haben Sie unterwegs wahrgenommen, das Ihnen im Eilschritt entgangen wäre? Lassen Sie sich von ungeahnten Ergebnissen überraschen.

Zeit ist kostbar

Ist uns bewusst, wie kostbar Zeit ist? Clevere Finanzexperten können Geld vermehren – doch egal wie stur oder beharrlich es jemand versucht, der Tag hat 24 Stunden, das Jahr 12 Monate, es werden nicht mehr. Sie vergehen und niemand weiß, wie viele Stunden ihr oder ihm persönlich noch bleiben.

Diese letzten Stunden des alten Jahres, letzte Gelegenheit, das Vorjährige hinter sich zu lassen, wollen weise genutzt sein. Viele Bräuche sind mit dem Feuer verbunden, in diesem kann verbrennen, was verwandelt werden soll. Man bespricht ein Stück Holz damit, formuliert den Wandlungswunsch, wirft es in die Flammen und überlässt ihn seiner transformierenden Wirkung. Auf Fotos des Jahreswechsel-Feuers 13/14 konnte ich Feuerwesen und Engel erkennen. Vielleicht wollen auch Sie diese Kraft nützen, anstatt viel Geld mit Raketen in die Luft zu schießen. Sollten Sie diesen Genuss bevorzugen, hängen Sie an jeden der Feuerblitze einen Lösungswunsch und schicken ihn gen Himmel. Blindgänger könnten als Hinweis dienen, was noch zu bearbeiten bleibt. Mit diesem Wissen überschreiten Sie die Schwelle in ein Neues Jahr, die Zeit geht weiter.

Unser Gesang klingt rau, unsere Kehlen gurren,
und die Winde heulen mit uns um die Wette.

Die Mutter der Winde

Die Menschen hatten sich vereinzelt, jeder ging seines Weges, merkte kaum die vielen, die an seiner Seite waren. Die Städte wuchsen in den Himmel hinauf, ins Reich der Winde, weshalb Pläne geschmiedet wurden, die stürmischen Gesellen abzuschaffen. Radikale meinten, man solle sie in unterirdische Höhlen sperren, andere wollten sie zügeln mit langen Riemen aus Sonnengeflecht, wieder andere schlugen eine Konferenz vor, zu der man sie einladen solle. Hin und wieder bräuchte man sie doch, aber nur zu bestimmten, vereinbarten Zeiten. Dazwischen sollten sie Urlaub machen, zum Beispiel in einem Labor, unter kontrollierten Bedingungen.

Von all diesen Rumoren erhielten auch die Winde Kunde. Sie waren empört ob der Dreistigkeit der Menschen, die jedes Verständnis für das Zusammenspiel der Ganzheit verloren hatten – auch wenn sie es ohnedies nur vereinzelt überblickt hatten. Die Natur war den Menschen zur völligen Nebensache geworden, sie legten Stein auf Stein, Glas und Beton erdrückten die Erde, die die meisten nur aus Erzählungen kannten. Nur im Museum, hinter Vitrinenglas, als Beispielhäufchen verschiedener Sorten wie Lehm oder Sand, konnte sie bestaunt werden. Kaum jemand wusste, dass in entlegenen Bergregionen noch lebendige Erde existierte. Einige Zivilisationsverweigernde lebten dort und bebauten Ackerland wie in früheren Zeiten. Exklusiv für Forschungszwecke durften ausgewählte Stadtmenschen diese Reservate besuchen. Die großen Nahrungsmengen, die die Menschheit benötigte, wurden schon lange in Glashäusern auf Nährlösungen gezüchtet. Die Menschen waren zu Pflanzenessern geworden, Tiere verbrauchten zu viele Ressourcen. Natürlicher Sauerstoff war rar geworden. Der in den Glashäusern produzierte Lebensstoff wurde in großen Ballons gesammelt und via Spezialleitungen in die Städte geleitet. Waren zugeteilte Lebensrationen aufgebraucht, konnten Lebenshungrige übrig gebliebene Rationen verfrüht Verstorbener erwerben oder auch von in Armut geratenen Artgenossen, die Teile ihrer Kontingente verkauften. Extra Sauerstoff gab es für die unbeliebte Arbeit in den Glashäusern. Waren alle Möglichkeiten ausgeschöpft, wurde es Zeit, in einer der CO_2-Kammern die Seele abzugeben, in eigens mit einem Schreibtisch eingerichteten Kabinen, an dem letzte Gedanken oder Wünsche notiert werden konnten. Danach wurde der Person ein spezieller Glasbehälter gereicht, in einem sauerstofflosen Raum hauchte sie ihre Seele hinein. Körperliche Überreste kamen auf automatisierten Förderbändern ins Krematorium, Seelengläser wurden im Tresor verwahrt. Das Bevölkerungswachstum sollte damit unterbunden werden. Für Menschen, die der alten Tradition des Lebens in Familien nachhingen, gab es lange Wartelisten. Erst wenn die Zahl der Lebenden die 16 Milliardengrenze unterschritt, wurde die entsprechende Anzahl von Seelen zur Reinkarnation freigegeben. Elternschaft war nur nach längerer Zeit des harmonischen Miteinanders gestattet. Der Intelligenzquotient wurde im Alter von 21 Jahren erhoben, unter 120 war gar keine Chance, die Anwartschaft auf Fortpflanzung zu beanspruchen. Auch der Nachweis eines entsprechenden Kapitalpolsters war Bedingung, denn schließlich war eine hochwertige Erziehung zu finanzieren. Die gesamte Lebensplanung musste angepasst werden, in eigenen Familienzonen, mit entsprechend kinderorientierten Einrichtungen für artgerechtes Spielen und gemeinschaftlichen Bildungsräumen. Vor allem musste jedes Elternpaar seine Eignung in aufwendigen Tests beweisen. Viel zu lange war es nämlich möglich gewesen, Kinder in die Welt zu setzen, ohne dass je die Kompetenz zu deren Aufzucht überprüft wurde.

Haustiere gab es keine, auch sie hätten Sauerstoff benötigt. An ihrer Stelle befriedigten Roboter entsprechende Bedürfnisse. Vorteilhafterweise mussten sie weder gefüttert werden noch produzierten sie Exkremente, gleichzeitig waren sie treue Begleiter, ließen sich willig streicheln, gegen Quälereien waren sie immun. Roboterhunde unterschieden mit eigenen Sensoren Einbrecher von anderen, harmlosen Fremden. Somit bellten sie nur wenn wirklich nötig, niemand fühlte sich mehr in seiner Ruhe gestört. Insgesamt lebten die Menschen dieser Zeit ein sehr geordnetes, sicheres Leben, auf Lebensveränderungen konnte man sich rechtzeitig einstellen, der Erwerbsarbeit ging man nur wenige Stunden des Tages nach.

Neue Herausforderungen wie die Organisation der vielen Freizeit galt es zu bewältigen, andererseits die der Windregulation. Denn außer in den Enklaven der Landwirtschaft nach alter Tradition brauchte man keine Samenverteilung mehr, Wettersatelliten kontrollierten Regen und Sonnenschein. Doch die Winde verweigerten, sich dieser globalen Kontrolle unterzuordnen. Es war ihnen schwer beizukommen, von ihren Pflichten befreit hatten sie unkontrollierbare Freiheiten dazugewonnen. In den Riesenstädten mit Straßenfluchten und Wolkenkratzern (mittlerweile machten diese ihrem Namen wirklich alle Ehre) herumzuflitzen, bereitete ihnen Hochgenuss. Miteinander spielten sie Verstecken oder Fangen oder beides gleichzeitig. Sie zischten hinauf und hinunter und rundherum um die Gebäude. Besonderen

Spaß machte das Umherwirbeln der Fortbewegungsgeräte, mit denen die Menschen sich auf Straßen oder auch durch die Lüfte bewegten. Es war ein wirklich großes Vergnügen – für die Winde natürlich, nicht für die Menschen. Für diese war es der letzte Kontakt zu den Naturgewalten, die letzte Unsicherheit, das Letzte, das für sie unregulierbar blieb.

Sie wurden zum Abenteuer, eine neue Sportart hatte sich entwickelt, das Windreiten. Die Aufgabe bestand darin, mit Hilfe einer speziell geformten luftgefüllten Matte die wirbelndsten Luftbewegungen zu nutzen, um in die Höhe getragen zu werden. Champion wurde, wem es gelang, auf einem der Hochhausdächer zu landen. Die Winde ließen sich auf dieses Spiel ein, was bedeutete, dass auch sie mitspielten und sehr oft gewannen, etwa indem einer von ihnen kurzfristig den Atem anhielt und der Wagemutige in die Tiefe stürzte. Oft machte sich der nächste Sturm den Spaß, kurz vor dem Aufprall dazwischenzufahren, gerade Abgestürzte wurden wieder hochgewirbelt und das Spiel begann von Neuem.

Den Menschen war ihr Leben nicht mehr viel wert, deshalb setzten sie es leichtfertig aufs Spiel. Manche wollten, nachdem sie den größten Teil ihrer Sauerstoffreserven verkauft hatten, noch einen letzten Kick erleben. Überlebende erhielten von tödlich Verunglückten deren Restkontingente, wer also Glück hatte, konnte auf diese Weise eigene Atmungszeit ein wenig verlängern. So entstand eine spezielle Kombination aus Abenteuer, Risiko und Glücksspiel. Findige Profiteure richteten mobile Wettbüros ein, wahlweise konnte Geld oder Atemstoff Spieleinsatz sein. Verlierer wagten sich zum Windreiten, um das Leben um weitere Atemzüge zu verlängern.

Den Regierenden war dieses Treiben schon lange ein Dorn im Auge, erstens, weil ihnen alles Unkontrollierbare zuwider war, zweitens, weil sie diesen Wildwuchs des Nervenkitzels, Potenzial zur Revolte, keinesfalls gutheißen wollten. Also wurde ein Plan entworfen, um dem Übel beizukommen.

Ein Weltwindrat wurde gegründet, der einen Ideenwettbewerb ausschrieb. Die Bevölkerung wurde aufgefordert, Methoden zur Eindämmung oder, noch besser, der rigorosen Kontrolle der Winde zu entwickeln. Sie ganz abzuschaffen, das schien den Verantwortlichen doch ein wenig hochgegriffen, und so ein sanftes Lüftchen konnte ja auch ganz nett sein – aber kaum jemand konnte sich erinnern, ein solches je erlebt zu haben. Die Aussicht darauf bedeutete eine weitere Anregung, sich zu beteiligen.

Ein großartiger Wettbewerb! Natürlich gab es jede Menge Atemluftreserven zu gewinnen und die Bevölkerung erhielt eine Aufgabe. Manche schlossen sich zu Forschungsteams zusammen, andere tüftelten im stillen Kämmerlein, die Todesmutigen genossen weiterhin das Luftwellenreiten. Eine eigene Leichenabfuhr war beauftragt, Gefallene einzusammeln und entsprechend hygienisch zu entsorgen. Schon möglich, dass sich unter ihnen auch manch Leichnam befand, der einer anderen Ursache zum Opfer gefallen war, doch interessierte das nur insofern, als er oder sie eventuell noch Sauerstoff aufbewahrt haben konnte.

In einem versteckten Winkel der Stadt – die Stadtvorsitzenden wollten dessen Existenz gern vertuschen – lebten die O-Schürfenden. Männer, Frauen, auch regelwidrig geborene Kinder, nicht angepasst und keinesfalls eingeplant, forschten Lagerstätten aus, in denen solche Restmengen gebunkert waren, für Eigenbedarf und regen Schleichhandel. Hier fand sich so mancher Wildwuchs, in kleinen Gärten wurden nicht nur Gemüse oder Obst, sondern vor allem illegale Rauschmittel gezüchtet. Spiel- und Traumzentren verlockten nach Nervenkitzel Hungernde, die tolldreiste Pläne gegen die Wächterbanden entwickelten. Manche versuchten es mit Ablenkung, währenddessen konnten die anderen sich hineinschleichen. Frauen punkteten mit Sexappeal. Einigen machte das sogar Spaß, doch die meisten waren unter Druck gesetzt von Männern, die ihnen dieses Vergnügen andichteten. Manch Verzweifelte nahm diese Gelegenheit auch wahr, sich gegen Sauerstoffrationen sexhungrigen Bandenmitgliedern auszuliefern. Teilweise kannten sich die von draußen und die von drinnen bereits von früheren Besuchen, gegen entsprechende Bezahlung wurden sie in kleinen, streng kontrollierten Gruppen eingelassen.

In dieser gesetzesfreien Zone konnte sich auch eine Gegenöffentlichkeit entwickeln. Medien, die unterdrückte Nachrichten veröffentlichten, und so manche scheinbar regelkonforme Bürgerin, so mancher brave Bürger führten hier ein zweites Leben, Ungereimtheiten, Betrügereien und was sonst noch unter dem allgemeinen Anschein des Wohlbefindens verborgen war, aufdeckend. Künstler und Künstlerinnen fanden hier Wirkungsraum. Kunst galt als verwerflich, um die allgemeine Unaufgeregtheit nicht zu gefährden, sollten kritische Geister die Massen nicht erreichen.

Diese Brutstätten städtischen Widerstands zu verhindern, mühten sich die Ordnungshüter der Obrigkeit vergeblich ab. Die Lust auf verbotene Vergnügungen breitete sich ebenso aus wie das Wissen um die Drahtzieher der scheinbaren Glückseligkeit.

Der Ideenwettbewerb war zusätzlicher Motor, um kreative, kritische Menschen zu motivieren, sich zu konspirativen Kreisen zusammenzuschließen. Nicht, um die Eindämmung der Winde anzustreben, sondern um deren widerständige Kraft zu nutzen und das festgefahrene Gefüge der Sicherheit gehörig durcheinanderzuwirbeln. Plötzlich war es gar nicht mehr so schwer, ins Ghetto hineinzukommen, sofern man das richtige Passwort wusste. Einige Spione der Obrigkeit dachten, sie hätten leichtes Spiel, unerkannt in die Sperrzone zu gelangen, doch die Parolen wurden ständig gewechselt. Spitzel wurden rasch entlarvt und grausam behandelt. Sie wurden auf Windmatten geschnallt und sobald eine der Böen vorbeischoss mit auf den Windritt geschickt. Die hilflosen Gefolgsleute der Stadtverwaltung wurden herumgewirbelt, auf und ab geschleudert und landeten schließlich entweder auf einem der Dächer oder Gebäudevorsprünge oder krachten in eines der Glashäuser im Umfeld der Stadt. Meist überlebten sie diese Kamikaze-Flüge mit etlichen Schrammen oder auch Brüchen. Rasch wurde bekannt, dass es nicht ratsam war, in die Ghettos eindringen zu wollen und die Keimzellen des Umsturzes blieben ungestört.

Nach einigen Treffen, in denen vieles vorgeschlagen, erwogen, verworfen und neu betrachtet wurde, wurde eine Gesandtschaft gewählt, um in die Landstriche zu reisen, wo die Menschen sich wie zu Vorzeiten fortpflanzten, die Erde noch sichtbar war und Felder und Obstgärten hervorbrachte. Niemand hatte diese Gegenden je gesehen. Es kursierten Fantasiegeschichten über deren Bevölkerung, die als Zwerge, Riesen, Einäugige, Verkrüppelte, geistig Zurückgebliebene oder gar Vielarmige geschildert wurde. Die Anspannung war groß, zunächst musste über eine vertrauenswürdige Forschungsstätte eine Einreiseerlaubnis erwirkt werden, ein geländegängiges Fahrzeug war aufzustellen sowie Proviant und ausreichend Atemluft-Vorräte. Endlich machte sich eine Abordnung von je drei Frauen und Männern auf die Reise. Aufnahme- und Kommunikationsgeräte führten sie mit, um die Zurückgebliebenen an ihren Erfahrungen teilhaben zu lassen.

Es herrschte Aufbruchsstimmung, die Menschen lachten, fühlten sich bedeutsam, alle sonst übliche gedämpfte Stimmung war verflogen. Sie freuten sich, umarmten einander ohne einen der früher nötig gewesenen formellen Gründe. Eine derartige Stimmung fehlte der Programmierung der Roboterhunde, sie probierten alle Verhaltensmuster gleichzeitig aus, was zu heillosem Durcheinander von Gebelle, Gewinsel, Herumlaufen, still Liegen, Katzenroboter-Fangen und den Roboterpferden ans Bein Pinkeln führte (wenn auch nichts rauskam aus ihnen, das Beinchen hoben sie dennoch). Das erheiterte die Menschen erst recht, so viel Unvermutetes auf einmal hatten sie lange nicht, die meisten überhaupt nie, erlebt. Kein Fest hätte schöner sein können.

Die Ausgesandten hatten die Stadt hinter sich gelassen und fuhren über staubige Landstraßen – kilometerlang waren die Glashäuser in Reih und Glied an ihnen vorbeigezogen –, danach vorbei an den Abfällen der Ordnungsgesellschaft. Was den Normen nicht entsprach türmte sich auf diesen Müllhalden. Darauf waren Wesen zu erkennen, die sich bewegten, sehr menschlich erschienen sie den Vorbeifahrenden nicht. Die Zeit war zu knapp, um zu erforschen, wer die Gestalten waren, sie vermuteten, dass Arbeiter der Gewächshäuser Verwertbares suchten.

Und dann erblickten sie etwas für sie Unglaubliches, noch nie Gesehenes. Es war aufregend, eine Farbe leuchtete ihnen entgegen, die sie nur aus Beschreibungen in Büchern kannten, ein Meer von Grün, in allerlei Schattierungen. Sie waren fassungslos. Erst nach einer Zeit des Staunens reagierte der Älteste unter ihnen: »Kollegen und Kolleginnen, ich bin mir sicher, dass wir hier Zeugen eines Naturwunders werden. Wir werden eines Waldes angesichtig, einer Naturerscheinung, von der wir alle dachten, sie sei längst ausgestorben.« Diese ungewohnt feierliche Ansprache brachte die Truppe zum Lachen, damit war der Bann der Überwältigung gebrochen. Sie beschlossen, das Naturwunder zu erforschen, denn sie hofften, dort auch Hinweise auf das Windverhalten erhalten zu können.

Vor ihnen stand eine Ansammlung von Bäumen, ein Mischwald, wie in den Lehrbüchern der Geschichte beschrieben. Durch ihn führte ein schmaler Weg, ihr Transportfahrzeug mussten sie stehen lassen, um zu Fuß weiterzugelangen. Auch dies ein ungewohntes Erlebnis, denn mehr als einige Meter wurden in den Städten kaum mehr gehend zurückgelegt. Dazu kam, dass sie ihr Gepäck selbst tragen mussten, denn daran, einen Lasteselroboter mitzunehmen, hatte niemand von ihnen gedacht. Der Protokollführer notierte diese Erkenntnis sofort in sein Logbuch, als wichtige Erfahrung.

Im Wald bemerkten sie erstaunt, dass sie den mitgebrachten Sauerstoff gar nicht benötigten. Nie gekannte frische Atemluft gab es hier im Überfluss, leicht kühlend, duftend nach Kräutern und Erde. Sie konnten die Düfte benennen, denn in den Naturmuseen gab es Geruchsproben zu den Ausstellungsstücken. Implantierte Gedächtnis-Chips gaben auf Knopfdruck die richtige Identifikation frei. Doch was war das für ein Unterschied! Natürliche Gerüche, nuancenreich und allgegenwärtig, umhüllten die Wandernden. Sie mussten alle Sinne zusammenreißen, um nicht in einen haltlosen Rauschzustand zu verfallen. Wieder war es der Älteste, der die Truppe zur Ordnung rief und sie zur Disziplin der Gedanken mahnte. Der Protokollführer suchte nach geeigneten Worten, schließlich entschied er sich für eine unsentimentale Lösung: »Natürlicher Sauerstoff vermischt mit Ausdünstungen der Pflanzenwelt beeindruckt unsere Geruchsorgane und verursacht rauschartige Sinneseindrücke.«

Die Abordnung der Windforschenden ahnte zu diesem Zeitpunkt nicht, dass dieser Waldspaziergang die einfachste Stufe der ungewohnten Sinnesreize bleiben würde. Der Chronist würde noch viel mehr Not empfinden, die Vielfalt der ihnen begegnenden Natur einigermaßen adäquat in Worte zu fassen. Aber selbst wenn er dazu in der Lage gewesen wäre, wie konnten diese Worte eine Schönheit und Opulenz Menschen verständlich machen, die nie in ihrem Leben auch nur annähernd Vergleichbares erfahren hatten? Welche Vorstellung sollten Stadtmenschen von einer Blumenwiese haben, wenn selbst eine einzelne Blume nur von Abbildungen bekannt war? Ganz zu schweigen von den Roboterblumen, die aktuell groß in Mode waren. Konnte sich den Vorgang des Verwelkens vergegenwärtigen, wer in einer Welt lebte, in der alles Vergängliche tunlichst augenblicklich von der Bildfläche verschwand? Wer das Vergehen nicht kannte, wie konnte der sich freuen über das zaghafte Sprießen und Entfalten einer Blüte? Über die verschwenderische Pracht einer Blume, die sich der Sonne zuwendet, ihren Duft verströmt, Schmetterlinge anlockt, um alsbald wieder ihre Blütenblätter zur Erde fallen zu lassen, wo diese von allerlei Getier und Mikroorganismen verarbeitet werden, um die Erde, ihre Mutter, zu nähren? Wer hatte eine Ahnung, welche Gefühle es auslöst, diese zu spüren, ihren Geruch aufzusaugen, sich auf ihr auszubreiten und sich tragen zu lassen? Die sechs Forschenden verspürten keinerlei Angst, wie Menschen es in früheren Zeiten taten, vor Spinnen, Würmern oder gar Schlangen, die möglicherweise im Gras lauern konnten. Sie waren nur voll kindlichen Staunens über die Pracht der ungekannten Natur.

Ihr Erlebnistaumel wurde unterbrochen von einer kleinen Gruppe von Menschen in Arbeitskleidung, mit kräftigen Händen und Schweiß im Gesicht. Beide Gruppen bestaunten einander. Die Bauern weniger, denn gelegentlich waren Forschergruppen schon bei ihnen gewesen, aber diese Truppe war doch ein wenig anders als die in sterile Schutzanzüge gekleideten regierungsbeauftragter Untersuchungsabordnungen. Nach minutenlangem Schweigen war es eine der Frauen der Gesandtschaft zur Winderkundung, die vorsichtig fragte: »Verstehen Sie unsere Sprache, können wir miteinander sprechen?« Einer der Bauern nickte: »Unter uns sprechen wir einen in der Stadt vergessenen Dialekt. Wir müssen uns also bemühen, damit Sie uns verstehen.« Daraufhin begrüßten sie einander gegenseitig, was doch einige Zeit in Anspruch nahm, bis alle Hände geschüttelt, Namen erfragt und der Grund der Reise berichtet worden war. Die Neuankömmlinge wollten erfahren, wie die Menschen in dieser Natur lebten – besonders begeisterte sie, dass rundherum genug Luft zum Atmen vorhanden war. Niemand hier wäre auf die Idee gekommen, dass diese jemals weniger werden könnte. So manch einer dämmerte es, dass sie in den Städten einem riesigen Schwindel aufgesessen waren, dass künstlich verknappt wurde, was immer und überall zur Verfügung stand.

Sie hatten eine solche Fülle an ungeahnten Geheimnissen herausgefunden und noch nicht einmal das der Winde ergründet! Jedenfalls wollten sie die Menschen in den Städten aufklären, dass Sauerstoff nicht in Flaschen und Säcken mitgetragen und aufgefüllt werden musste, wenn genügend Pflanzen zur Verfügung standen. Dass Pflanzen überall wuchern konnten, wenn man sie nur ließe, und dass nicht nur Nahrungsgewächse geeignet waren, um Sauerstoff zu produzieren. Ganz zu schweigen von der Schönheit, die so entfaltet wurde und dieses ungewohnte Gefühl der Freude, ja der Euphorie, in ihnen hervorrief. Der Protokollführer vermerkte: »Als eine der wichtigsten Aufgaben hier im Forschungsgebiet setzen wir die Erfassung von traditionellem agrikulturalem Wissen auf die Agenda.« Natürlich wussten die sechs, dass es keinem der Menschen, die hier so verbunden mit der Natur lebten, zuzumuten war, in die Stadt mitzukommen. Dennoch hofften sie insgeheim, eine kleine Abordnung zumindest für eine Ausbildungsserie gewinnen zu können. Doch würde das selbstverständlich noch viel Vorbereitung und Informations- sowie Überzeugungsarbeit erfordern. Das brachte sie zurück zum eigentlichen Zweck ihres Ausflugs, der Erforschung der Winde. Als sie die Bauern danach fragten, die die Kräfte der Natur kannten und nutzten, um ihre tägliche Nahrung sicherzustellen, mussten diese erst ein wenig beratschlagen. Denn sie wiederum wussten nur aus Erzählungen von den hohen Gebäuden der Städte. Eine Welt ohne Wiesen, Bäume und Felder war für sie kaum vorstellbar. Einer erinnerte sich, in einem Buch aus längst vergessenen Zeiten von der Windmutter gelesen zu haben. Nur sie könne wissen, wie ihre Söhne zu bändigen wären. Nun wusste aber niemand, wo sie zu finden wäre. Eine der

Ältesten unter den Landmenschen beherrschte noch die Gabe des Orakellesens. Sie lud die sechs Windforschenden ein, ihr auf die Anhöhe zu folgen, auf der das Heiligtum der Gemeinschaft lag. Sie entfachte ein kleines Feuer, das die 6 aus 6 verschiedenen Richtungen gemäß ihrer Anweisung durch kräftiges Hineinblasen hochflackern ließen. Auch je ein Stück Kleidung sollten sie in diesem Feuer verbrennen lassen. Als nur mehr Asche übrig war, betrachtete die Weise diesen Rest. Der Aschehaufen war für sie wie ein Buch, in dem sie Aufschlussreiches lesen konnte. Schließlich übersetzte sie ihre Erkenntnisse: »Die Asche spricht: Geht nach Norden, in das Gebiet der großen Kälte. Erreicht ihr das Eisschloss, dann lasst euch nicht abhalten, einzudringen – auch wenn vor den Toren die Winde Wache halten und alles daran setzen, euch fortzublasen. Der Nordwind wird es mit Kälte versuchen, der aus dem Süden mit Hitze und ihre Brüder werden trachten, euch durch ein Gebläse aus allen Richtungen in einen Wirbel einzufangen, euch in die Höhe zu tragen und dann, durch eine plötzliche Windstille, herabfallen zu lassen. Ihr müsst euch aneinanderklammern und die Füße beschweren. Bewegt euch in Schlangenlinien, um auszuweichen. Behaltet euer Ziel vor Augen, konzentriert euch auf das Bild eurer Ankunft im Inneren des Schlosses, dann werdet ihr von diesem magnetisch angezogen und die Winde können euch nichts anhaben. Sie werden wütend sein, gleichzeitig eure Meisterschaft erkennen. In der großen Eingangshalle sind nur Masken, lasst euch nicht abhalten von diesen Irrgestalten! Ihr müsst den Turm hinaufsteigen, ganz oben unter der Dachspitze, in einem Raum mit acht Fenstern sitzt sie, die Mutter der Winde, und achtet darauf, dass ihre Kinder hinaus- und hereinwehen und ihre Arbeit verrichten. Sie allein kann euch sagen, was nötig ist, um das Gleichgewicht wieder herzustellen.« Die Alte verstummte und verfiel in tiefen Schlaf.

Alles wurde für die Reise in den Norden vorbereitet.

Die Landmenschen sorgten für wärmende Felle und schwere, wollig gefütterte Stiefel. Ein kleiner Schlitten, mit abnehmbaren Rädern an den Kufen, wurde vollgepackt mit Lebensmitteln und der Reise dienlichen Werkzeugen. Besonders ein Kompass, aber auch eine Flöte, deren Macht erst zu ergründen sein würde, kamen hinzu.

Anderntags zog die kleine Karawane in aller Frühe los. Dass es darum ging, das Gleichgewicht der Naturkräfte wiederherzustellen und die Menschen einzubinden, das ahnte die Gruppe schon lange. Wie dies am besten zu bewerkstelligen wäre, mussten sie noch herausfinden.

Als sie das Meer erreichten, mussten sie sich nach einem anderen geeigneten Transportmittel umsehen, um ganz in den Norden zu gelangen. Noch war es Sommer, doch waren sie schon nahe dem Ziel und ohne wärmende Felle hätten sie schon recht gefroren. Aber die Tage waren lang und so konnten sie weite Strecken hinter sich bringen. Sie hielten Ausschau nach einem Schiff, und wirklich, da war eines angetäut, als hätte es nur auf sie gewartet. Es musste hier schon sehr lange vor Anker gelegen sein, die Segel fein säuberlich zusammengerollt und gut erhalten. Sie stachen in See, vertrauend darauf, dass es seinen Weg schon wisse und die Winde es in Richtung Heimat wehen würden.

Warum sie, trotz aller Warnungen, auf die Mitarbeit der Söhne der Windmutter vertrauten? Es war die Flöte, die nun ihre Wunderkraft offenbarte. In den Wind gehalten begann sie, wundersame Melodien zu spielen. Diese erinnerten die Luftbeweger an ihre Kindheit, Heimweh trieb sie an und in Windeseile waren die Reisenden im hohen Norden angelangt, wo das Schloss der Mutter stand. Tatsächlich gelang es den stürmischen Wächtern nicht, die Reisenden von ihrem Weg abzubringen. Auf kurvigen Wegen, dem Rat der Alten gemäß, wichen sie den Böen aus, die schweren Schuhe gaben Halt. Schließlich erklommen sie die Stufen hinauf in der Windmutter Stube.

Da saß sie, die Greisin – ihr Haar wehte in alle Richtungen, unzählige flatternde Stoff-Fahnen waren ihre Kleidung, es herrschte Pfeifen und Toben.

Sie stieß einen schrillen Schrei aus, denn schon unendlich lange hatte sie kein Menschenkind mehr in ihrer Einsamkeit gestört. Sie kannte das Anliegen, das Orakelbild war auf ihrem Spiegelradar erschienen und die Gedanken der Alten hatten ihre inneren Sinne erreicht.

Sie sprach: »Meine Söhne wollt ihr bändigen und ihre Kräfte geordnet einsetzen? Wisst, dass sie voneinander abhängen, sie blasen hoch oben, dann wieder tief, mal sind sie vom Regen durchnässt, dann wieder von Wüsten ausgetrocknet, mitunter auch voll Sand aus diesen trockenen Gebieten der Erde. Sie treiben die Wolken vor sich her, wärmen sich in den Strahlen der Sonne und ruhen sich vom vielen Toben auf den Wellen des Meeres oder den Gipfeln der Berge aus. Das Spiel in den Städten beginnt sie zu langweilen. Ihre Arbeit wollen sie verrichten, zum Gedeihen der Pflanzen, der Gewässer, zum Wechsel des Wetters und um Räder und Schiffe anzutreiben. Sie wünschen sich Bäume, deren Blätter sie im Herbst vor sich her blasen können und deren Stämme und Zweige sich ihnen beugen. Sie wollen die Ströme der Meere lenken, Wellen an die Strände treiben und im Frühling Blütenstaub auf befruchtende Reisen schicken. Geht und mahnt die Menschen in den Städten, dass sie wieder Raum schaffen für das Wachsen der Pflanzen und das Spiel der Kinder. Ihr habt euch so weit entfernt von dem, was einst ›Natur‹ genannt wurde, ihr meint, alle Geheimnisse der Weltorganisation ergründet zu haben. Kontrolle ist für eure Regierungen das Maß aller Dinge und das Zusammenleben ist durch eine Fülle von Gesetzen, Vorschriften und Verboten geregelt. Sorgt für Spielraum, öffnet der Fantasie und dem Risiko wieder die Pforten, dann müssen meine Söhne es euch nicht ständig vor Augen führen und um die Ohren wehen. Wer nichts mehr dem Zufall überlässt, dem kann auch nichts zufallen. Geht und verkündet die Rückkehr der Unsicherheit, des Unerwarteten. Damit wird auch das Glück wiederkehren, denn nur wer die Furcht kennt, kann sich über deren Überwindung und das Gelingen freuen.«

Ruhe breitete sich aus in der Turmstube, die Robe der Windmutter lag unbewegt um sie herumgefaltet und ihre Haare darüber. Wie eine Skulptur in irisierenden Pastelltönen, durchzogen von silbern schimmernden Strähnen, blieb sie regungslos. Den Reisenden war der Atem fast gestockt, so mächtig hatten die Rede und nun dieses Bild den Raum erfüllt. Schritt für Schritt gingen sie rückwärts Richtung Stiege, sich höflich verbeugend. Die Alte war in tiefen Schlaf versunken und die Winde harrten in aller Stille der Wandlung, die in diesem Augenblick ihren Anfang genommen hatte.

Auf einem silbernen Flügel kehrten die Forschenden geradewegs in ihre Stadt zurück. Sie waren mit großen Aufgaben zurückgekehrt, doch die Zeit war reif und der Bericht des Erlebten sowie die Botschaft der Windmutter breiteten sich windgeschwind aus. Die Menschen hatten sich gesehnt nach Visionen, nach Herausforderungen. Der Wandel vollzog sich unaufhaltsam. Die bisher Mächtigen waren entlarvt, die Überängstlichen, die sich vor Unsicherheit schützen wollten, waren bald in der Minderheit. Rasch wurden auch sie von der neu keimenden Begeisterung und Freude erfasst.

Ein neuer Zyklus gestaltete das Leben auf Erden neu.

8. Raunacht: 1. Jänner

Orakelsymbolik für den 8. Monat des kommenden Jahres, den Erntemonat August

Der erste Tag des Neuen Jahres eröffnet einen Ausblick auf den Monat August. Manche meinen aus seinem Tagesverlauf sogar Informationen für das gesamte kommende Jahr erkennen zu können. Wer also einen wachen August wünscht, ein aktives Jahr beginnen will, hat am Abend im Tagebuchtext vermutlich viel zu streichen. Denn nach ausgiebigen Mitternachtsfeiern beginnt für viele der 1. Jänner mit langem Schlafen, entspanntem Neujahrskonzert, eventuell Neujahrs-Skispringen Schauen, ein Mittagsschlaf wird mitunter angehängt. Freunde nannten dergleichen einen *Huffeltuffeltag*. Für einen entspannten August, ein ruhiges Jahr ist der feiertägliche Schlendrian jedoch genau richtig.

Die Zahl 1

Die 1 als Tageszahl hält ohnedies Vollkommenheit bereit. Alles ist in allem enthalten, signalisiert sie. Das bedeutet: Aktivität steckt in der Ruhe, Ruhe in dieser. Starker Wille ist ihr Markenzeichen, die Kehrseite der Medaille ist ein betontes Ich-Denken, klassischerweise als Egoismus bezeichnet.

Menschen, die an einem 1. geboren werden, haben viel vor, wollen etwas erreichen, vor allem auf geistiger Ebene, zumindest gemäß zahlenkabbalistischer Deutung. Die Monats-1 unterstützt mit dem Gefühl der Geborgenheit, dem Vertrauen, dass für mich gesorgt wird. Es steckt also großes Entwicklungspotenzial im Neujahrsbaby. Allerdings kann so viel in die Wiege Gelegtes auch dazu führen, dass der Mensch glaubt, es ginge von selbst, und dann wird nichts daraus. Wer sich zu lange auf Rosen bettet, verschläft vielleicht den Moment, während andere, die kämpfen müssen, kraftvoll vorbeiziehen. J. Edgar Hoover wurde am 1. 1. geboren, er gründete und leitete das FBI, 48 Jahre lang war er einer der mächtigsten Männer der Welt. Auch Christine Lagarde, aktuell Vorsitzende des Internationalen Währungsfonds, wird von dieser Power angetrieben.

Da die 1 für Willensenergie steht, wäre dies ein günstiger Tag, sich mit dem ureigensten Wollen zu beschäftigen. Welche Ziele sollen im beginnenden Jahr erreicht werden, welche Wünsche erfüllt? Was möchten Sie dazu beitragen, damit diese Welt ein besserer Ort wird?

Die Menschen in der wenig märchenhaften Stadt, in der Sauerstoff zur Handelsware wird, zeigen schließlich, welche überraschenden Entdeckungen mit ein wenig Einsatz möglich werden, dass eine entschlossene, mutige Gruppe Hilfe für ein ganzes Volk organisieren kann. Gleichzeitig werden wir erinnert, dass wir oft erst Mangel erfahren müssen, um die einfachsten Dinge des Lebens wieder wertschätzen zu lernen.

Die Zeit zwischen den Jahren – von Fliegenpilzen, Schweinen und Geschoßen

Wir sind mitten in der *»Zeit zwischen den Jahren«*, für die Menschen Treffen verabreden, oft ohne zu wissen, woher diese Redewendung stammt. Sie gilt nicht nur den Tagen zwischen den feierlichen, ebenso sind die fehlenden Tage zwischen Mond- und Sonnenrhythmen gemeint, und die gregorianische Kalenderreform brachte ca. 120 Jahre Jahresanfangschaos, weil jede Stadt eigenwillig war und Lutheraner sich nicht dem katholischen Datumsdiktat unterwerfen wollten. Sogar Nachbarn feierten an verschiedenen Tagen den Jahresbeginn.

Spezielle Bräuche hatten alle, auch am Neujahrsmorgen. Einer davon hieß *Angang*, dabei wurde darauf geachtet, wer oder was einem beim Verlassen des Hauses begegnete. Ein *alter Mann* war ebenso Glück verheißend wie ein *Kind* oder ein *Rauchfangkehrer.* Letzterer war für die Sicherheit von Städten und Dörfern essenziell, denn vor den Segnungen der elektrifizierten Neuzeit bzw. der Gasherde wurde das ganze Jahr über rußige Luft den Schornstein hinausgeblasen. War ein solcher verstopft, konnte nicht gekocht werden, vor allem drohte Brandgefahr. Unheil verkündete ein *altes Weib,* dieser Deutung liegt die Sage der Riesin zugrunde, in deren Gestalt *Loki* den Göttern die nötigen Tränen verweigerte, die *Balders* Rückkehr aus *Hels* Reich ermöglicht hätten. Loki wurde diese List zum Verhängnis, durch stetigen Gifttropfen wird er gepeinigt, doch seine Frau fängt diesen auf, nur wenn sie die volle Schale ausleeren muss, spürt er den Schmerz. Zwei Frauen, die eine eigentlich ein Mann, die andere rettend und treu, sind in der Erzählung der Edda verewigt, aber das Bild der falschen führte dazu, dass alte Frauen zu Unglücksbringerinnen gestempelt wurden. Zum Ausgleich gab es auch eine Glück bringende Rolle der *Alten,* junge Burschen ließen sich von ihr Essig und Zucker in den Mund geben, als Schutz gegen Geldmangel.

Gemütsverfassung und Gesundheitszustand am ersten Tag des Jahres wurden hochgerechnet auf den Jahresverlauf, wer einen Fliegenpilz geschenkt bekam konnte diese Omen ignorieren, galt dieser doch als Gottesgeschenk. Der Geifer von *Wotans* Schimmel (der, mit den acht Beinen) tropfte auf die Erde, neun Monate später wuchsen dort die roten Pilze, sie galten als heilig.

Die mythischen Raben *Hugin* und *Munin* aßen vom »Rabenbrot« und trugen Odin die flüchtigen Gedanken und das Gedächtnis zu. Auch Rentieren mundet der halluzinogene Pilz, ihr davon angereicherter Urin soll ähnliche Wirkung haben.

Dem Geschenk Odins werden Gehörhalluzinationen nachgesagt, *losen* (lauschen), um *raunen* deuten zu können, praktiziert auf Wegkreuzungen oder Dachgiebeln, wurde durch ihren Genuss unterstützt. Allerdings rate ich davon ab es auszuprobieren, mir wurde einige Male von Menschen, die es versucht hatten, berichtet, dass Übelkeit und Erbrechen die Folgen waren. Zudem enthält er ein schwer leberschädigendes Gift und zu allem Übel erinnert man sich nach Abklingen des Rausches nicht an das im Delirium Wahrgenommene.

Da die Raunächte zum Lesen der Zukunft, dem Lauschen auf Stimmen aus der Anderswelt und für allerlei Beschwörungen bekannt waren, haben auch Kräuter ihre Rolle in diesem Spiel der erweiterten Wahrnehmung. So finden sich allerlei Rezepturen für Rauchmischungen. Nicht nur Haus und Hof wurde geräuchert, auch der eigene Körper erfuhr diese Reinigung. Noch bis 1925 konnte man mit Cannabis vermischten Tabak kaufen, er diente als Füllung von Sonntagspfeifen, bekannt als »starker Tobak«. Auch der Weihnachtsmann wurde häufig gemütlich Pfeife rauchend dargestellt. Er war also »high«, sein Gespann halluzinierte – kein Wunder, dass dieses Team noch heute abgehoben genug ist, Geschenke durch den Rauchfang zu liefern.

Das mitternächtliche Schießen – früher mit Gewehren und anderen Schussgeräten durchgeführt – sollte Gewittergefahr für Mensch und Tier abwenden. Ich erlebte solch ein Ritual vor etlichen Jahrzehnten bei Freunden. Nicht mehr ganz nüchtern ließ ich mich dazu überreden, zu schießen. Irgendwohin. Zum Glück landete mein Geschoß bloß in der Wand des Nachbarhauses. Mein Hund war weniger glücklich. Zobie litt so sehr unter den nächtlichen Angriffen auf ihr empfindliches Gehör, dass sie am folgenden Tag nicht mal zum *Äußerln* zu bewegen war.

In der Mitte von Zielscheiben war oft ein Schwein aufgemalt, wer es traf, hatte *Schwein gehabt*. Nicht nur deshalb wurde dieses intelligente Tier zum Glücksbringer. Wer im Mittelalter bei Wettspielen am schlechtesten abschnitt bekam ein Ferkel als Trostpreis. Das war ein Glück, besonders wenn das Tier mit dem Ringelschwanz eine Muttersau wurde, die zweimal jährlich 9 bis 15 Ferkel warf. Eine Familie konnte damit gut ernährt werden. Ferkelte die Sau zu Weihnachten, dann sollte im kommenden Jahr nichts schiefgehen. Mancherorts wurden deshalb Schweinchen in einem Korb herumgereicht, wer sie berührte, rechnete mit einem glücklichen Jahr. *Gullinborsti,* germanisch für *goldborstiger Eber,* war dem Fruchtbarkeitsgott Freyr geweiht. *Demeter* sorgte bei den antiken Griechen für denselben Zweck, ihr wurde das Borstenvieh geopfert. Fruchtbarkeit und Stärke standen für Reichtum und Wohlstand, auch in Rom galt vom Glück bedacht, wer viele Schweine besaß, denn er hatte reichlich zu essen.

Der Wind, der Wind, ...

Auch den Winden, Helden des zu Jahresbeginn entstandenen Märchens, wurde Aufmerksamkeit geschenkt. In der Oberpfalz pflegte man die Elemente zu füttern: »*Wind und Windin, ich geb dir das deine, gib du mir das meine*«, lautete der Spruch, zu dem Mehl in die Luft geworfen wurde. Drei ungebackene, geformte Störibrotlaibchen wurden dem Wind auf Zaunpfähle gesteckt. In der Steiermark und im Pinzgau wird der Wind ebenso gefüttert, damit er das Jahr über keinen Schaden anrichte, nachzulesen im vielbändigen Lexikon des deutschen Aberglaubens.

Wind bewegt Luft, das Überlebensmittel, mit dem in der geschilderten Stadt der Zukunft Handel getrieben wird. Den Sauerstoffanteil verdanken wir dem Phytoplankton der Ozeane. Sie sind riesige Temperaturspeicher und regulieren das Klima, Winde bewegen Meeresströmungen und dadurch Plankton. Von Luftplankton ernähren sich Schwalben und Mauersegler. Fliegen diese hoch, herrscht Hochdruckwetter, droht Regen, fliegen sie tiefer. Den Vogelflug zu deuten ist eine der ältesten Orakelmethoden, das Wettergeschehen zu ahnen ermöglicht Anbau- und Ernteplanung, wichtige Voraussetzung für Bevölkerungswachstum.

Die Polen verehrten den brausenden Wind als Gott, *Zywie,* auch *Pogoda,* genannt, den Gott der klaren und fröhlichen Tage, erfahren wir vom Topografen *Miechovius* (um 1500) von seinen Vorfahren. Nach Ansicht der Ukrainer kündigt ein Wirbelwind im Felde unermessliches Übel an, in deutschen Landen waren bei brausendem Wind unerlöste Seelen unterwegs. Die nahm die Percht auf in ihre Schar, die Muttergottes richtete ihnen einen Platz im Himmel ein. Ihr ist übrigens seit 1969 der 1. Jänner geweiht, ihre Leistung des Gebärens wird damit gewürdigt – aber wer weiß das?

Heischegänge, Masken und Perchtenlauf

Zu den Neujahrsbräuchen zählen bis heute die *Heischegänge.* In Slowenien, im abgelegenen oberen Bohinjertal, blieb eine archaische Form erhalten. Zwischen Stefani und Neujahr ziehen verkleidete Burschen von Haus zu Haus, zumindest berichtet Helena Ložar-Podlogar 1994 davon. In wie vielen Ortschaften dieser Brauch auch heute noch gepflegt wird, konnte ich leider nicht in Erfahrung bringen. Diese *Schemen* (šěme) oder *otepovci* (von otepati = schlagen) folgten den immer gleichen, streng geregelten Mustern. Selbst die Reihenfolge der von der Abordnung der Masken *Vater, Mutter, Töchter* und *Söhne* besuchten Häuser ist festgelegt. Darsteller sind Männer, sie bleiben entweder stumm oder sprechen mit verstellter Stimme.

Darin gleichen sich derartige Umzüge der Alpentäler: Wer sich unter der Maske verbirgt bleibt unerkannt, so kann niemand für Schläge, derbe Späße oder eventuelle Racheakte belangt werden. Das wird weidlich ausgenützt, aus Berchtesgaden berichtet ein Fotograf, dass er ordentliche Schläge einstecken musste, die noch länger als Male auf seinen Waden zu erkennen waren. Traditionell wird von Hof zu Hof gezogen, nur Einheimische werden besucht. Meist vor Schaulustigen verborgen unterscheiden sie sich damit fundamental von den als Volksfest inszenierten Masken-Spektakeln, die mittlerweile auch »auftreten«, wo sie gar nicht heimisch sind. In Lichtenwörth in Niederösterreich beispielsweise treffen Passen (Gruppen von Freunden die »zusammen*pass*en«) mit jeweils eigenem Ehrenkodex aus ganz Österreich zusammen und beeindrucken Tausende Schaulustige. Auch das ist nicht neu, bereits Ende des 19. Jhs. traten Perchtenformationen in anderen Landesteilen auf, sogar außerhalb ihrer Zeit, im September 1899 etwa beim Salzburger Volksfest, ja selbst im April gab es solche Auftritte.

Die heimlichen Umgänge gehen zurück auf die Zeit der Reformation. Die Handelsrouten über Alpenpässe und Täler begünstigten Nachrichtenaustausch, Perchtenbräuche waren damals verboten, denn Zusammenrottungen allgemein und die Verbreitung des lutherischen Glaubens im Speziellen sollten unterbunden werden. Angst vor möglichen Aufständen und nicht zuletzt die Gefahr der *Unsittlichkeit* waren weitere Gründe. Mit wenig Erfolg. Die schnellen Läufer, die die Gegend gut kannten und im Schutze der Nacht umherzogen, waren längst »über alle Berge« bis die Obrigkeit die Verbote exekutieren kam.

Der 1. Jänner ist auch der erste Termin für die berühmten Gasteiner Perchtenläufe. Historische Masken dienen als Vorbilder, ihre Menge und Dimension übersteigt jedoch mehrfach die Größenordnung des 17. Jhs. Heute faszinieren alle vier Jahre die Glöcklerumzüge mit teils meterhohen und bis zu 50 kg schweren Gebilden.

Auf artedea entdeckte ich eine lettische Windgöttin, Veja Mate – Windmutter: »*Wenn sie über das Land braust, heißt es: ›Veja mate bläst ihre Flöte‹, [...] Sie lässt uns durchatmen und weht uns hinderliche Gedanken und Gefühle davon – sofern wir das zulassen und uns dem Element Luft und Wind hingeben.«*

Ein Neujahrsspaziergang könnte diesen Wunsch unterstützen. Blasen Sie alle hinderlichen Gedanken und Ansichten in den Wind. Auch ein entsprechender Zettel oder ein Symbol, eine aufgeladene Feder, an einen Luftballon gebunden, kann dem Wind übergeben werden. Öffnen sie alle Fenster Ihrer Heimstatt und lassen Sie die Winde alles gründlich reinigend durchblasen. Frische Luft ist das Mindeste, was Sie damit erreichen, frische Gedanken hoffentlich ebenfalls.

Jeder weiß eine andere Weisheit zu wahren.

Balthasar und das Gleichgewicht der Mächte

Es war einmal eine Glockenblume, die war groß und stark, unermüdlich trieb sie Blüten, bis in den Herbst hinein. Ihr Glockenwesen war eine besondere Elfe, eine die nicht mit den anderen nächtens auf der Wiese tanzen ging, sondern pflichteifrigst Blau- und Violetttöne erfand. Ihr exquisiter Sinn für den Klang der Farben diente ihr, deren Schwingungsteppich auszubreiten, über Wiesen, Wälder, Dächer, hinaus ins Universum. Ganz feine Ohren vernahmen diese Musik der Blütenglocken. Selbst Menschen, deren Gehör dafür nicht eingerichtet war, erfüllte ein wärmender Ton die Herzen, ohne zu wissen warum, lächelten sie plötzlich, einfach so. Und wer diesem Lächeln begegnete, war einen Tag lang ganz unsagbar glücklich.

Als die Tage kälter wurden, erstarrten die blauvioletten Klänge, das Blütenkleid erschlaffte, die Säfte zogen sich ins Wurzelwerk zurück. Das Elflein kuschelte sich nahe bei diesen in die wärmende Erde hinein und schlief ermattet von ihrer Blüh- und Klangwirkerei ein.

Immer tiefer sank sie in ihre Traumwelt, lange wusste sie nicht, ob sie es erlebte oder doch nur die Bilder in ihrem Köpfchen mit Schalmeienklang eine Welt zauberten, in der alle Wesen gemeinschaftlich feierten, tanzten – und gelegentlich auch arbeiteten. Die Tische waren reich gedeckt, die Sonne schien, der Himmel war blau und die Luft warm, alles konnte wachsen und gedeihen. Pflanzen wurden von unterirdischen Quellen gespeist und in den prächtigen Räumen standen Brunnen, an denen sich Durstige laben konnten.

Eines Tages war vor den Toren dieser goldenen Stadt ein Wiehern zu hören, ein weißes Einhorn trug ein Kindlein auf seinem Rücken, in Lumpen gewickelt und mit einem Kettlein um den Hals, an dem die Stadtwächter einen Brief fanden. Diesen brachten sie zum Kämmerer, der ihn wiederum dem Stadtschreiber übergab, der las die Botschaft sorgsam und eilte zum Ältestenrat.

»Ich bin Balthasar, Sohn königlichen Geblüts, aus dem Lande der aufgehenden Sonne. Wilde Räuber überfielen das Haus meiner Eltern und zerstörten die Stadt, deren Herrscher ich werden sollte. Um mich zu retten wickelten meine Eltern mich in Lumpen und baten einen Bettler, mich aus dem Kampfgetümmel hinauszuschmuggeln. Wenn es gelungen ist und du diesen Brief in Händen hältst, so ist mein Leben gerettet, meine Aufgabe wird erfüllbar. Bist du ein Mensch mit Herz, so ziehst du mich liebevoll und gerecht auf, lehrst mich die Weisheit der Generationen vor mir, die Achtung vor allem Lebendigen, schulst mich im Kampfe und darin, Gut von Böse zu unterscheiden. Bin ich 20 Jahre getreulich deinen Anweisungen gefolgt und vertraust du darauf, dass ich meine Talente und mein Wissen zum Wohle der Welt einzusetzen weiß, zeige mir diesen Brief. Übergib mir die beigelegte Karte und den Stammbaum, dann werde ich wissen, was zu tun ist, und dich verlassen, um meinem Auftrag zu folgen. Dein Einsatz soll danach reichlich belohnt werden.«

Durch die Gruppe der Ältesten ging ein Raunen, leise berieten sie, wie diese Bitte am besten zu erfüllen sei. Sie beschlossen, dass dieses Kind (wie alle Kinder dieser Stadt voll Glückseligkeit) so viel Wissen wie möglich erfahren und die Facetten des Menschseins kennenlernen sollte. Deshalb wollten sie gemeinsam für sein Lernen und Groß-Werden Sorge tragen. Eine Amme wurde beauftragt, den Säugling zu nähren und ihm ein Dach über dem Kopf und Herzenswärme zu bieten. Sobald er groß genug wäre, würden sie gemeinsam den Knaben in die Geheimnisse der Natur und des menschlichen Lebens einführen.

So wuchs er auf, mit reichlich Gelegenheit, Erfahrungen zu sammeln, sowohl im Spiel als auch in der Lernwerkstatt. Tat es weh, erhielt er Trost, machte es Freude, freuten sich alle mit ihm. Er war ein hübscher Junge und lächelte so bezaubernd, dass Menschen, die ihm begegneten, frohgemut ihren Tag verbrachten.

Er kannte jedes Haus, jeden Garten, jeden Bewohner und jede Bewohnerin der goldenen Stadt, doch noch nie war er jenseits ihrer Grenzen gewesen und wusste nichts von der Welt. Eines Tages nahmen daher zwei der Ältesten, die ja gemeinsam seine Mütter und Väter waren, ihn zu einem Ausflug in die Hauptstadt mit.

Balthasar war aufgeregt, er hatte in den Büchern viel gelesen und sich sein eigenes Bild des Lebens da draußen gemacht. Würde die Wirklichkeit ihn überraschen oder bestätigen? Gab es Neues zu entdecken oder war es nur eine Variante des schon Bekannten?

Als sie an Feldern entlangfuhren wurde ihm erklärt, dass hier das Korn wuchs für das Brot, das ihren Hunger stillte, und er winkte den Feldarbeiterinnen, um ihnen so seinen Dank zu zeigen. Manche grüßten zurück, die meisten aber arbeiteten weiter, ohne ihn bemerkt zu haben. Ein wenig enttäuscht, nicht verstanden worden zu sein, sah er wieder nach vorne, begierig, mehr von der Welt zu erfahren.

Sie kamen an einem dichten Wald vorbei und sein Begleiter mahnte ihn, niemals allein in die Nähe dieses Waldes zu gehen, da Räuberbanden dort wohnten, auch von Riesen und Kobolden hätte man schon gehört. Die Älteste nickte zustimmend, und weil sie wusste, dass halbwüchsige Burschen genau von solchen Abenteuern angezogen werden, erzählte sie eine schaurige Geschichte eines jungen Prinzen, der die Verbote seiner Eltern in den Wind geschlagen hatte und nach einem Jahr in Spinnweben eingewickelt als Leichnam vor den Toren der Stadt abgelegt worden war. Brr, diese Vorstellung misshagte Balthasar, er dachte bei sich: »Es wird schon noch andere Abenteuer auf dieser Welt geben, es muss ja nicht gleich der finstere Wald sein.« Auf die Stadt war er dadurch noch neugieriger geworden, er stellte Fragen um Fragen, die Mann wie Frau des Rates geduldig beantworteten, immer mit dem Zusatz: »Gedulde dich noch einige Stunden, wir werden bald ankommen, dann kannst du alles mit eigenen Augen sehen.«

Je länger sie fuhren, desto mehr Wagen begegneten ihnen, ebenso wie Reiter und noch mehr Menschen, die zu Fuß gingen, manche mit großen Butten am Buckel, andere zogen hoch bepackte Leiterwägen oder führten einen Esel, der geduldig riesige Gepäcktürme schleppte.

Die Menschen in allerlei Trachten waren aus allen Gegenden des Landes in Richtung Hauptstadt unterwegs. Denn es war Jahrmarkt und es sollte ein großes Fest geben. Jeder trachtete, gute Geschäfte zu machen, Freunde und Verwandte wiederzutreffen oder vielleicht ein Mittel gegen sein Leiden zu finden.

Vor der Stadt war ein Zeltlager aufgebaut, für alle, die sich die Herberge nicht leisten konnten (und das waren viele). Überall brannten Feuer, Kessel hingen darüber und die unterschiedlichsten Düfte, aber auch weniger gut riechende Schwaden zogen an ihnen vorüber. Balthasar wusste, sie würden in einer der Herbergen absteigen, mit einem richtigen Bett zum Schlafen. Darauf freute er sich, denn nach der langen Fahrt fühlte er sich ordentlich durchgerüttelt und dachte, seine Knochen müssten alle erst wieder ihren angestammten Platz in seinem zarten Körper finden. Den Wagen ließen sie vor den Mauern der Stadt, wo es eine Tränke und Heu gab, da konnte ihr Pferd sich erholen.

Vor dem Tor stand die Wache des Königs. Wer hineinwollte, musste den Namen nennen und einen Zoll-Dinar bezahlen. Nun verstand Balthasar, warum er in dem Zeltlager so manches Feilschen gesehen hatte – die sich den Dinar sparen wollten, verkauften vor den Toren der Stadt ihre Waren. Wer besonders günstig einkaufen wollte, trieb sich auf der Suche nach einem Schnäppchen in diesem Gewimmel herum. Gaukler gaben Moritaten zum Besten und etliche Weibsbilder waren zu sehen, die ihre Blößen nur dürftig bedeckt hatten. Die zwei Ratsmitglieder wollten dem neugierigen Balthasar nicht verraten, was diese Frauen da trieben, sie meinten, dass er dafür noch zu jung sei. Balthasar nahm sich fest vor es herauszufinden, wenn er erst größer wäre. Zunächst aber wollte er die Wunder der Stadt entdecken und vergaß die ärmliche Ansammlung vor deren Mauern. Ein Gewirr von kleinen Gässchen empfing sie, ganz unerwartet weiteten sie sich zu kleinen oder auch großen Plätzen. Auf langen Boulevards paradierten berittene Soldaten und schön gekleidete Damen gingen spazieren. Über allem ragte, auf einem Hügel hinplatziert wie aus Zuckerguss, ein Schloss, von dem Fahnen wehten und Trompeten tönten. Balthasar kam aus dem Staunen nicht heraus und seine Begleitung hatte Mühe, ihm zu folgen. Es war ihnen aufgetragen, ihn wie ihren Augapfel zu behüten und ihn keinesfalls im Getümmel zu verlieren. Also achteten die beiden auf den Jungen und nahmen das Geschehen in den Straßen der Stadt kaum wahr. Nach einiger Zeit befanden sie sich in einem ihnen gänzlich unbekannten Stadtteil. Hier war es düster, räudige Katzen schmierten sich an Hauswänden entlang, hier und dort jaulte ein hungriger Hund. Die Fenster waren winzig und die Dächer niedrig. In den engen Gassen zu zweit nebeneinanderzugehen war zumeist unmöglich. Erschrocken hielten die drei inne, in dieser wenig vertrauenerweckenden Gegend war weit und breit niemand zu sehen. Dem Straßenlabyrinth zu entrinnen schien eine schwer lösbare Aufgabe.

Da stolperte Balthasar über eine Trommel, die wohl schon recht abgegriffen war, aber das Fell war noch gespannt und er konnte sie schlagen. Er war ein Kind, und trotz der schaurigen Umgebung freute ihn das Spiel auf dem Instrument. Also trommelte er, zunächst vorsichtig und leise, dann wurde er mutiger, um nicht zu sagen übermütig, und hieb darauf, was das Zeug hielt. In der engen Häuserschlucht ergab das einen ohrenbetäubenden Lärm. Plötzlich unterbrach ihn ein noch lauteres markerschütterndes Kreischen: »Kann man denn nirgends in dieser gottverdammt glücklichen Stadt seine Ruhe haben? Wer zum Teufel macht diesen Höllenlärm und traut sich, zu stören? Ich komm dich hoooooolen!«

Die beiden, die Balthasar begleiteten, waren empört. Welche lebensverdrossene Person wollte dem Kind das Trommelspiel vermiesen? Sie riefen zurück: »Zeig dich, du Zwiderwurzn, die du dich in diesem Elendsviertel versteckst. Hat dich das Leben so versauern lassen, dass du das bisschen Freude, das diese finsteren Gassen ein wenig erhellen könnte, verbieten willst?«

Mehr hatte der Stimme und ihrem dazugehörenden Körper nicht gefehlt, eines der winzigen Fenster flog auf. Zunächst erschien nur eine lange, warzenbesetzte Nase, danach zwei glühende Augen und zuletzt ein zu zwei dünnen Strichen zusammengeschrumpfter Mund, aus dem es mit schriller Stimme schimpfte: »Welche Fremden wagen es, sich im geheimen Viertel der Stadt herumzutreiben und, nicht genug, sich auch noch zu empören? Wisst ihr nicht, dass hier Geheimbünde und magische Zirkel ihre Rückzugsorte haben und es allem Profanen verboten ist, einzudringen? Hier wird nichts gekauft, nicht gelacht und nichts verraten, wer unsere Geheimnisse zu entdecken versucht, dem drohen Schimpf und Schande – mit Glück. Oder Rädern und Pfählen, wenn das Pech gerade Ausgang hat. Je nach Lust und Laune unserer Obermeister. Zeigt euch nur, wir werden es euch schon heimzahlen!«

So viele finstere Worte waren unerhört und dass das Geheime und Magische hier unerkannt sein Unwesen treiben konnte, bereitete den beiden Ältesten außerordentliches Unbehagen. Balthasar verstand es nicht so richtig, nur dass sich da etwas gehörig mächtig gebärdete und der Welt nichts Gutes zu bieten hatte.

Sie untersuchten den Eingang des Hauses, aus dem die Fratze gekeift hatte, genauer. Ein kaum mehr lesbares Schild ließ sie wissen: *Lumpazifurz, Doktor der finsteren Magie, keine Kunden, keine Anfragen, ich öffne niemandem.* Das passte zu der grässlichen Stimme und dem, was diese an Ungeheuerlichkeiten ausgespuckt hatte. Auf weiteren Türen und Schildern fanden sie ähnliche Inschriften. Nirgends waren Fremde, Fragende oder gar Bittstellende willkommen. Überall lebten finstere Wesen, die kein Interesse daran hatten, dass Uneingeweihte von ihrem Tun und Wissen erfuhren. Ob der König wohl Kunde davon hatte, welch dunkles Treiben sich in seiner Stadt abspielte?

An diesem Ort mehr zu entdecken schien recht aussichtslos, also beschlossen die drei, den Ausweg zu finden und ihre Entdeckung zu vermelden. Im selben Moment lief ihnen eine schneeweiße Ratte vor die Füße und winkte ganz unmissverständlich mit ihrem Schwanz. Da sie ohnedies nichts Besseres wussten, schlossen sie sich dem Nagetier an, das durchaus vertrauenswürdig wirkte, die weiße Farbe schien es zu bestätigen. Und wirklich, es lief zielsicher durch die engen Gassen und blickte immer wieder zurück, um sich zu vergewissern, dass die drei Menschen folgen konnten. Nach einer Weile waren sie auf dem Marktplatz angelangt und die Düsternis des geheimen Viertels lag hinter ihnen. Die Rättin machte kurz Männchen, die drei dankten und schon war das hilfreiche Tier verschwunden.

Die beiden Erwachsenen blickten sich nach einer Autoritätsperson um, der sie ihr Erleben berichten wollten, um zu erfahren, ob die Existenz der magisch-unheimlichen Zirkel bekannt war. Ein Marktwächter waltete mit stolzgeschwellter Brust seines Amtes. Mit erschrockenen aber auch ungläubigen Augen sah er sie an. Er habe noch nie von diesem Teil der Stadt gehört, noch hätte er je solche Gassen durchschritten, und er kannte doch jeden Winkel der Stadt. Nein, innerhalb der Stadtmauern gab es nur helle Wege und gesetzestreue Bürger und Bürgerinnen. Je länger er dies beteuerte, desto sicherer wurde er, dass die drei ihn auf die Probe stellen wollten, sie waren womöglich Abgesandte des Ministeriums für Marktsicherheit und wollten sein Pflichtbewusstsein prüfen. Dass ein Kind dabei war, irritierte ihn zwar ein wenig, aber vielleicht diente dies ihrer Tarnung – so legte er sich die Geschichte zurecht, um sich selbst zu beruhigen. Denn lieber fühlte er sich überprüft, als dass es ein magisches Viertel in seiner Stadt gäbe, von dem er keine Kenntnis hatte.

Die drei erkannten, dass sie mit einer weitaus bedeutenderen Person sprechen mussten und machten sich auf in Richtung Schloss. Doch nach einigen Schritten lief abermals die weiße Ratte vor ihre Füße, strich um sie herum und winkte mit dem Schwanz. Wieder ging es durch allerlei Gassen, weg vom Gewimmel des Marktumfeldes, bis sie schließlich bei einer kleinen, unscheinbaren Tür in der Stadtmauer anlangten. Die Erwachsenen wunderten sich über einen unbewachten Durchschlupf in der Mauer, auch dieser war ihnen bisher verborgen geblieben. Sie standen in einem Garten wie aus einer anderen Welt. Hier wuchsen exotische Pflanzen und Paradiesvögel in allerlei Farben und Größen flogen zwischen den Bäumen, von denen fremde Früchte hingen. Am Ende des Gartens gelangten sie zu einem silbern schimmernden Teich, in dem goldene Fischlein schwammen. Ein wenig abseits, hinter einer mächtigen Baumgruppe, stand ein kleines Haus, dessen Fenster aus geschliffenem Kristall gefertigt waren. Davor saß eine Frau, wie sie keiner von ihnen je gesehen hatte. Sie war großgewachsen, trug ein lichtes Kleid aus allerfeinstem Stoff, der sie umschmeichelte und umwehte, ihre langen blonden Haare fielen wie ein Mantel darüber und die ganze Figur strahlte, als wäre sie von innen erleuchtet.

Sie lächelte ihnen entgegen, streckte der Rättin ihre Hand hin, in die sich das Tier kuschelte und augenblicklich einschlief. Nach diesem für so ein kleines Wesen weiten Weg hatte es sich die Erholung wohlverdient.

Ehe die drei Verwunderten fragen konnten, sprach die holde Frau mit einer Stimme wie Glockenklang, gerade so wie das Geläute der träumenden Glockenblume, nur dass es auch für Menschenohren zu hören war. »So lange habe ich auf euch gewartet! Viele Jahre schon pflege ich diesen Garten und stärke die Lichtenergie, damit sie dem dunklen geheimen Teil der Stadt ein Gleichgewicht sei. Ihr seid die Ersten, die beide Aspekte des Seins durchschritten haben, dies habt ihr dem Jungen zu danken, den ihr begleitet. Er ist auserwählt, das Dunkle und das Helle gleichzeitig wahrzunehmen und Versöhnung zwischen beiden Aspekten des Daseins zu ermöglichen. Euer Ausflug sollte es euch bewusst machen.«

Nach dem Bericht vom Erstaunen und Unglauben des Ordnungshüters nickte die Lichtgestalt: »Das ist nur zu verständlich, kein rechtschaffener Stadtmensch hat je dieses dunkle Viertel entdeckt, mit einem Tarngürtel umgeben bleibt es geheim, nur Magier und Magierinnen, die dort ihre dunklen Künste üben, können die Schranken überwinden. Doch Balthasar hat die Gabe, alle Welten betreten zu können. Ihr und alle, die ihn an Eltern- und Verwandtschaftsstatt begleiten, sollt ihn darauf bestmöglich vorbereiten. Deshalb wurdet ihr zu mir geführt, ich weise euch ein in die Geheimnisse des Gleichgewichts von Gut und Böse, zwischen Wunder und Magie. Kommt mit mir, ihr müsst müde und hungrig sein, ein stärkendes Mahl ist gerichtet und Betten, auf denen ihr eure müden Körper erholen könnt. Während des Schlafes wird euch eine erste Lektion als Traum erteilt, zur Vorbereitung. Morgen erfahrt ihr dann alles Weitere, danach seid ihr bestens gebildet, um dem Jungen auch weiterhin so umsichtig und weise zur Seite zu stehen und sein Lernen zu dirigieren.«

Nun erst merkten die drei, wie hungrig und müde sie waren, nach stundenlanger Fahrt und fast ebenso langem Gehen. Sie dankten der Lichtfrau und aßen ermattet von kristallenen Tellern, ein ganz außergewöhnliches Getränk wandelte ihre Müdigkeit in Wohligkeit, als würde goldenes Licht durch ihre Adern fließen.

In ihren Träumen sahen sie dunkle und helle Gestalten in getrennten Gruppen um einen großen Tisch. An dessen Stirnseite saß ein Wesen, halb dunkel, halb hell, halb Mann, halb Frau, mit einem sprechenden Greifenkopf als Kopfbedeckung und einem Mantel aus vielerlei Fellen, durchwirkt mit Vogelkrallen und kleinen Hufen. Seine dunkle Seite war der hellen Gruppe zugewandt, die helle wiederum den dunklen Gestalten benachbart. Über dem Tisch hing ein Leuchter aus ineinander und um einen glänzenden Reif verschlungenen Schlangen. Aus dem Reif wuchsen Vogelhälse mit geöffneten Schnäbeln, aus denen jeweils ein kleines Feuer herausbrannte und so die seltsame Szenerie beleuchtete. Auf dem Tisch standen Schalen aus allen Metallen. Aus ihnen züngelnde blaue Flammen erzeugten eine Hitzewand zwischen den beiden so unterschiedlichen Gruppen.

Als die drei Reisenden erwachten, erfuhren sie voneinander, dass sie alle denselben Traum gehabt hatten. Die Lichtfrau erwartete sie bereits mit einem weiteren Getränk. Es wärmte und kräftigte sie von innen her und ein starkes Gefühl des Vertrauens breitete sich in jedem von ihnen aus.

Umso begieriger waren sie, mehr zu ihrem Traum und vor allem zu Balthasars Auftrag und Fähigkeiten zu erfahren.

Die schöne Frau erklärte ihnen, dass sie den großen Weltenrat geschaut hatten. Er sei Garant für die Balance zwischen abbauenden und aufbauenden Kräften. Sie gab den dreien zu verstehen, dass die Menschen das Schöne und Gute nur deshalb als solches wahrnehmen und wertschätzen konnten, weil es immer auch sein Gegenteil gab. Dass sie die beständige Herausforderung, sich für eines zu entscheiden, bräuchten. Für ihre Entwicklung, aber auch für ihr Selbstbewusstsein, und dass dies ebenfalls nur gelingen konnte, weil der Gegenpol existierte. Es war ein labiles Gleichgewicht, das zumeist durch verstärkte Anstrengungen der dunklen Seite in Gefahr gebracht wurde. Denn Magie vermag es, die Gier der Menschen nach Macht und Besitz zu schüren. Sie werden rücksichtslos, während diejenigen, denen das Wohlbefinden ihrer Mitmenschen sowie Glück und Freude in der Gemeinschaft Herzensanliegen sind, lieber nachgeben, wodurch sie verwundbar würden. Deshalb gäbe es immer einen Wächter als Bindeglied, der die beiden Gruppen kontrolliert und für Gleichgewicht sorgt. Der letzte war Balthasars Vater gewesen, der von einer übermächtigen Horde der dunklen Seite ermordet wurde. Seit damals sorgten Gesandte des Lichts, so wie sie selbst, dafür, dass das magische Treiben verborgen und unter sich blieb. Die Menschen wüssten nichts von diesen geheimen Orten, das dunkle Volk wiederum könne die Lichtschranken nicht überwinden. Doch sei das keine Lösung auf Dauer, es wäre höchste Zeit für die Welt und damit für Balthasar, die Aufgabe seines Vaters zu übernehmen.

»Aber er ist doch noch ein Kind«, riefen beide Ratsmitglieder wie aus einem Munde. Sie erinnerten sich mit Grausen an die finsteren geheimen Gassen. Dass der Junge, dem sie so viel Liebe, Sorgfalt und Aufmerksamkeit geschenkt hatten, sich mit solchen Energien abgeben sollte, damit waren sie ganz und gar nicht einverstanden.

Die Lichtfrau sah die beiden verständnisvoll an und antwortete besänftigend mit ihrer Glockenstimme: »Das wissen wir, noch einige Jahre darf er sein Kindsein genießen und unter eurer umsichtigen Begleitung heranreifen. Aber gleichzeitig soll er in seine Aufgabe hineinwachsen, er wird viel lernen müssen, das ihr ihm nicht beibringen könnt. Deshalb wird euch eine unserer Licht-Lehrmeisterinnen begleiten. Von nun an wird Balthasar auch von ihr eingewiesen werden. Manches davon wird euch nicht gefallen, er wird vermeintlichen Gefahren ausgesetzt sein, vor denen ihr ihn gerne bewahren würdet. Aber keine Angst, er hat diesen besonderen Schutz und wird immer von einer aus unserem Kreis begleitet sein.«

Der besondere Vorzug der Gruppen-Verantwortlichkeit, den alle Ratsmitglieder gemeinsam für das Kind mit dem besonderen Auftrag übernommen hatten, war, dass sie ihn alle liebten, ihn aber niemand für sich beanspruchen wollte. So war er gut behütet, gleichzeitig aber in großer Unabhängigkeit aufgewachsen. Seinen Begleitmenschen blieb bewusst, dass er sie eines Tages verlassen würde, um seinem Ruf zu folgen. Dass nun eine weitere Helferin eine dafür wichtige Aufgabe wahrnehmen würde erfreute die beiden Ältesten.

Balthasar hatte all dem stumm und staunend zugehört. Noch konnte es sein kindlicher Verstand nicht ganz erfassen, jedoch sein weises Herz, selbst das, was nicht gesagt worden war. Er spürte die Macht der Ahnenreihe, die Balance-Bewahrerin der hellen und dunklen Mächte gewesen war, und ahnte, was ihm bevorstand. Mut und Angst in seinem Innersten suchten im Gleichgewicht zu bleiben, so erhielt er schon einen Vorgeschmack auf Künftiges. Ein wenig Stolz machte sich in ihm breit, gleichzeitig Neugier auf künftige Abenteuer und ein wenig Unbehagen vor den

Prüfungen, die ihm diese abverlangen würden. Er gedachte der Mahnungen, den finsteren Wald betreffend, und ahnte, dass er nun wohl doch in diesen hineingehen müsse. Doch die Kunde vom besonderen Schutz, der ihm sicher war, beruhigte sein klopfendes Herz.

Zunächst waren jedoch der Jahrmarkt und das Fest des Herrschers zu erleben. Die Lichtfrau erlaubte dies gerne, denn auch diese gewöhnlichen Ereignisse des menschlichen Miteinanders waren ein Teil seiner Ausbildung. Balthasar sollte alles kennen, das Allereinfachste und das Seltsamste, ebenso wie das Gefährliche oder Bedrohliche, die schmerzhaften Ereignisse und freudvollen Feste.

Schließlich verabschiedeten sie sich, kehrten durch die geheime Tür zurück und mischten sich ins Getümmel. Es gab Marktschreierinnen, Gauklervolk und Musikanten, es wurde geweint und gelacht, gestritten, gefeilscht und umarmt. Menschen, die einander lange nicht gesehen hatten, feierten ihr Wiedersehen, Kleinkinder wurden Großeltern, Tanten und Onkeln stolz präsentiert, manche trauerten um jene, die dieses Jahr nicht mehr unter ihnen weilten. Auf einer Bühne wurde ein ganzes Orchester aufgebaut und die Ankunft des Herrscherpaares angekündigt. Trompeten wurden geblasen und Glocken geläutet, immer lauter und lauter.

Endlich erwachte davon die träumende Glockenblumenelfe, denn über der Erde läuteten bereits ihre Artgenossinnen. Da trieb sie ihre Blume an, sich aus der Erde hinauszuarbeiten, einem neuen Sommer entgegen, in dem sie erklingen würde. Und wer genau zuhörte, dem wurde die Geschichte ihres Traumes gesungen. Besonders einige Kinder lauschten aufmerksam und freuten sich im Herbst auf das Schlummern des Blütenwesens, denn sie waren schon gespannt auf die Fortsetzung der Geschichte von Balthasar und dem Gleichgewicht der Mächte.

9. Raunacht: 2. Jänner

Orakelsymbolik für den 9. Monat, September, Altweibersommer, die Weinernte beginnt, Almabtrieb in Alpenregionen

Ganz ehrlich, als ich die Geschichte schrieb, kam mir der Name einfach so. Nun gut, ein paar Tage vorm Dreikönigstag nicht abwegig, einen Balthasar »eingesagt« zu bekommen. Von der Bedeutung des Namens allerdings hatte ich keine Ahnung: Balthasar ist babylonisch-hebräischen Ursprungs. »Beltschazzar« bedeutet »Gott schütze sein Leben«, auch »Gott erhalte den König« oder »Gott wird helfen«. *»Gott hat keine anderen Hände als die unseren«*, meinte der französische Schriftsteller *Georges Bernanos*. Wer also schützt den König und wer ist dieser? Ist nicht jede von uns Königin, jeder König im eigenen Haus? Und wovor ist er (oder sie) zu schützen? Welche dunklen Seiten wollen wir nicht entdecken, welche verstecken wir vor anderen?

Hell und dunkel – zwei Seiten einer Medaille

Aus Balthasars Geschichte erfahren wir: Dunkel und hell sind nur zwei Pole, zwei Seiten einer Medaille, die eine bedingt die andere und kann durch ihr jeweiliges Gegenteil definiert werden. Hell ist nicht dunkel, dunkel nicht hell. Doch das Licht kann die Dunkelheit erhellen, wo eine Lichtquelle ist, leuchtet sie, egal wie finster es um sie ist. Sie erscheint umso heller, je dunkler ihr Umfeld.

Der Winter, in dem es vor allem dunkle Stunden gibt, lässt uns den Wert der Sonne viel eher erkennen, als die vielen Sonnenstunden des Sommers, wenn Hitze und Trockenheit auch die unangenehmen Seiten ihrer Strahlen bewusst machen. Die Vegetation aber braucht beides, auch wir Menschen benötigen die Finsternis, damit Melatonin unsere Aktivität herunterfährt und wir uns im Schlaf erholen können.

Die Zahl 2

Das irdische Leben ist durch Gegensätze bestimmt. Kalt und warm, eisig und heiß, dunkel und hell, böse und gut. *Yin* und *Yang* bezeichnen die Gegensätze weniger wertend und demonstrieren ihre Gleichberechtigung. Auch die 2, die die Energie der 9. der Raunächte, manchmal auch *Hinternächte* bezeichnet, widerspiegelt, steht für diese Gegenpole: 1 + 1, deshalb ist sie das Symbol des Irdischen, der Materie. Mutter Erde, in und auf ihr wird be-greifbar, was als Idee Form sucht. Sie ist die Tragende, die schier endlos duldet, was ihr angetan wird.

Unermüdlich verweise ich auf die Schattenseiten, die wir gerne ausblenden, mit jeder Zahl werden beide Aspekte, die tendenziell zerstörerischen ebenso wie die aufbauenden, beschrieben. Die Kabbala der Zahlen zeigt auf, was verlernt und welcher Gegenpol neu erlernt werden darf. Die 2 trägt auf, die duldende Haltung abzulegen, stattdessen aufgewendete Energie dem Ergebnis gegenüberzustellen. Das *Enneagramm* beschreibt *Wurzelsünden,* wer diese Seite seines Charakters erkannt und angenommen hat, kann sich daranmachen, die *»erlöste Qualität«* zu stärken und zu leben. Verdrängen wir jedoch die ungeliebten Eigenschaften unseres Selbst, entwickeln sie Eigenleben und wirken sich meist dann aus, wenn wir sie am wenigsten brauchen können.

Bert Brecht ließ in der Verfilmung der *Dreigroschenoper* singen: *»Denn die einen sind im Dunkeln und die andern sind im Licht. Und man siehet die im Lichte, die im Dunkeln sieht man nicht.«* In dieser Welt der nicht Gesehenen herrschen eigene Gesetze, vor allem das Recht des Stärkeren.

Brecht lenkt damit die Aufmerksamkeit auf das polare Paar arm – reich und die Folgen der Verdrängung, dass die Segnungen der Zivilisation viele nicht erreichen. Angesichts der beständig anwachsenden Flüchtlingsströme drängt sich »arm sein« wieder verstärkt in unser Bewusstsein. Selbst die, die wenig haben, können sich reich fühlen, denn sie haben etwas herzugeben. Doch ebenso bangen viele um ihren Besitz, ihren Arbeitsplatz, ihre »Kultur« oder was sie dafür halten. Extreme von Hetze bis Hilfsaktionen unterschiedlichster, auch fantasievoller Art, machen die Abgründe des Unmenschentums ebenso deutlich wie das unerschöpfliche Potenzial des Mitgefühls, der *caritas*, eine der ehemals *drei weisen Frauen.*

Raubnächte – oder: Wunder sind möglich

Auch *Raubnächte* wurde die Zeit rund um den Jahreswechsel genannt. Dazu gibt es etliche Deutungen. Gefürchtet wurde, dass dem Vieh der Nutzen geraubt würde, dafür gab es allerlei Abwehrzauber. Wer zu viel über die Zukunft erfahren wollte, dem würde der Teufel die Seele rauben. Dienstboten, Knechte und Mägde bekamen ihren Lohn nur einmal im Jahr, meist zu Neujahr, ausbezahlt. Auch heute gibt es Orte mit jährlichem Zahlungsrhythmus, Zuckerrohrbauern in Indien z.B. werden nur nach der Ernte bezahlt. Diese Art von Zahlung brachte sicherlich Vorteile mit sich, die Menschen mussten nicht extra sparen, um sich z.B. neues Gewand zu kaufen oder für den Besuch bei der Familie. Gleichzeitig waren sie gewiss auch lohnende Beute für Diebe, Räuber, Scharlatane und andere Profiteure. So mancher hat wohl seinen Lohn in einer Nacht versoffen. Wer weiß, wie viele Menschen entweder von Dieben, von ihrer eigenen Verzweiflung oder der Sehnsucht nach einer kurzen Zeit des Vergessens beraubt wurden.

Eine Studie ergab, dass Menschen in einer akuten finanziellen Notlage ihren logischen Verstand weniger gut nutzen können. Umgekehrt schneiden sie, sobald sich ihre Lage bessert (also z.B. nach der Entlohnung der Ernte) beim Logiktest um bis zu 10 IQ-Punkte besser ab. Das ist insofern bedeutsam, als Vergleichstests ergaben, dass z.B. Erntestress keinen vergleichbaren Effekt auf die kognitive Kapazität hat. Wohlstand unterstützt Klugheit, nicht nur wegen besserer Bildungschancen, sondern einfach durch ein entspannteres Nervenkostüm.

Gegenseitiges Märchenerzählen kann ebenfalls stressdämpfend wirken. Eine Welt öffnet sich, in der Wunder möglich sind, archetypische Verhaltensempfehlungen zeigen Wege auf, wie es dem Einzelnen gelingen könnte, auch einmal glücklich zu sein. Oft sind es ganz einfache Dinge, die weiterhelfen, wie z.B. die behauptete Tapferkeit, die sich das Schneiderlein auf die Fahnen heftet. *»Sieben auf einen Streich«* erschlagene Fliegen steigern sein Selbstbewusstsein so sehr, dass er, seine »kognitiven Fähigkeiten« maximal ausnutzend, geschickt alle eher einfach gestrickten Gemüter austrickst und für einen Helden gehalten wird. Die Prinzessin und das halbe Königreich kann er so gewinnen und auch behalten.

Genießen Sie also die Märchen dieses Buches, entspannen Sie sich hinein in eine der möglichen besseren Welten. Entwickeln Sie Ihre Vision für September. Die 2 unterstützt Intuition und Sensibilität, lassen Sie sie wirken.

Doch ein neuer Stern wird geboren, mit ihm entsteht eine junge wilde Schar.

Noch ist alles offen

Ich bin ein richtiger Lausbub. Manche behaupten, ich sei ein rotzfrecher Bengel. Aber selbst diese Menschen mögen mich. Sie sagen, ich wäre mit solchem Charme frech, dass sie mir nicht böse sein könnten. Vielleicht erinner' ich sie ja an ihre eigene Kindheit und daran, dass sie auch gern so draufgängerisch und unverfroren gewesen wären, sich aber nie getraut haben. Die wuchsen auch in einer ganz anderen Zeit auf, da wurde den Kindern gedroht, sie wurden geschlagen, weggesperrt, durften beim Essen nicht reden. Und gelobt wurden sie eigentlich nie, zumindest sehr viele von den Alten, die ich kenne. Deshalb haben sie es auch selbst nie gelernt. Von der Freude am Leben ganz zu schweigen. Jetzt schauen sie, alt geworden, immer noch griesgrämig aus der Wäsche, wovon sie nur noch mehr Falten bekommen. Das Lachen haben sie schon als kleine Kinder verlernt. In der Schule wurden sie vom Lehrer gestraft, mit extra Hausaufgaben oder Schulhaft – *Karzer* nannten sie das – und die ganz Alten, die bekamen auch mal mit dem Rohrstab eins über die Finger gezogen – iiiih, das muss wehgetan haben. Bin ich froh, dass ich erst jetzt ein Junge bin, der sich aufmacht die Welt zu erobern.

Ich wohn' am Rand der Stadt, wir haben einen Garten und im Zaun ist ein kleines Gatter, dahinter liegt ein kleiner Bach, danach ein Wald und dann die große weite Welt.

Eigentlich darf ich nicht allein dahinaus durch das Gatter, aber die Großen, die haben viel zu tun und können nicht immer aufpassen, wohin ich grad unterwegs bin, da kletter' ich schon mal drüber und hinaus in die Wildnis! Dort gibt es Schnecken und Heuschrecken und Würmer. Und gaaaanz viele Frösche – vielleicht finde ich ja einmal einen mit einer Krone?

10. Raunacht: 3. Jänner

Orakelsymbolik für den 10. Monat, Oktober, Zeit des Erntedanks

Diese Geschichte wollte ganz kurz bleiben, sie lässt viel Spielraum für Ihre eigenen Ergänzungen. Lassen Sie sich inspirieren, begleiten Sie den Lausbub durch den verbotenen Ausweg hinaus in die Wildnis!

Gratulation, Sie sind heil zurückgekehrt? Damit Sie die neuen Erfahrungen und Ideen nicht in die unterste Schublade Ihres Bewusstseins verbannen, habe ich einige bedenkenswerte Überlegungen für Sie vorbereitet. Wollen Sie das Erlebte nutzen als Orakelvorgabe für den Monat Oktober, den die 10. Raunacht antizipiert? Dazu eine Anregung: In einer meditativen Visionsreise oder bei einem realen Spaziergang könnte der Herbst mit einer Achtsamkeitsübung vorweggenommen werden: Nehmen Sie, Ihr Ziel durchgehend im Bewusstsein, gleichzeitig die Welt um sich wahr. Das braucht Übung, heute wäre ein guter Tag, damit zu beginnen.

Als Anleitung empfehle ich, wie in *Das Wunder der Achtsamkeit* von *Thich Nhat Hanh* beschrieben: *»Ich gehe auf einem Weg der ins Dorf führt. Ob die Sonne scheint oder ob es regnet, ob der Weg trocken ist oder nass, ihr hal-*

tet diesen einen Gedanken aufrecht. [...] Wenn wir auf dem Weg ins Dorf wirklich Achtsamkeit üben, erleben wir jeden Schritt als ein unendliches Wunder, und Freude wird unser Herz öffnen wie eine Blume.«

Das Gesetz des Kleinen im Großen und des Großen im Kleinen

Für Kinder ist jede Erscheinungsform des Lebens wunderbar, all ihre Aufmerksamkeit gilt ihrer augenblicklichen Entdeckung. Das Märchen der 10. Raunacht kann Anlass sein, die Erinnerung an das eigene innere Kind zu wecken und mit dessen unverbildetem Staunen die Welt wiederzuentdecken. Den unendlichen Raum auch im kleinsten Objekt zu erfahren.

Ein Blick durchs Mikroskop macht deutlich, welche Wunderwelten sich in winzigster Ausdehnung entfalten können. Machen Sie sich dieses Gesetz des »Kleinen im Großen und des Großen im Kleinen« bewusst. Jede Zelle trägt die Information des Ganzen in sich, des eigenen Körpers ebenso wie des Universums, in dem sich dieser bewegt.

Das Geheimnis echter Heilung ist, dass alles, was zueinander in Beziehung steht, aufeinander wirken kann. Die Heilung der einzelnen Zelle auf den Organismus, die individuelle Handlung auf die universelle Verfassung. Umgekehrt beeinflusst die Veränderung des Ganzen die Verfassung der Einzelnen, wiederum bis in die Zelle, das Atom und seine Teile. Leben kann als unendlicher Austausch von Informationen und Wandlungsprozessen begriffen werden. Leider gilt dies auch für die zerstörerischen, abbauenden Kräfte wie das Wachstum von Krebszellen oder die Ausbreitung von Epidemien. Die Wirkung von Ideologien folgt analogen Gesetzen. Wer nach Macht strebt, trachtet danach, bereits latent vorhandene Bedürfnisse und Unzufriedenheiten der

Menschen zu bedienen. In dieser »Nährlösung« kann sich neues Gedankengut vermehren wie ein Krebsgeschwür der Menschheit. Kooperation und Verständnis, Toleranz und Vergebung können diesen Wucherungen entgegengesetzt werden und sich ebenso vermehren, vorausgesetzt sie finden entsprechend fruchtbaren Nährboden.

Dieses systemimmanente Wechselspiel bildet sich auch sehr gut nachvollziehbar ab in der Geschichte der Beschreibungen der Percht. Einst vermutlich verehrte Göttin, Hüterin der unschuldigen Seelen, der Fruchtbarkeit und des Gedeihens der Natur, wandelte sich ihr Bild immer mehr zu einem Schreckgespenst, deren Eindringen abgewehrt werden musste. Dazu dienten allerlei Gerüchte über ihre Grausamkeit, verpackt in Sagen und Märchen, vermutlich auch in mancher Sonntagspredigt. Ihrer Entsprechung im slawischen Raum, der Baba Jaga, war ein ähnliches Schicksal beschieden. Vermutlich ebenfalls einst hochgeehrte Göttin, sagte man ihr nach, dass sie Kinder verspeise, etwas verzerrt findet sich dieser Mythos wieder im Märchen von Hänsel und Gretel.

Schiachperchten und das ganz andere

Als *Schiachpercht* mit langer, eiserner Nase behielt sie immer auch eine schöne Seite, dargestellt von den *Schönperchten*, auch von ihren Gaben für die »*Guten und Gerechten*« wird berichtet. Aber »bad news are good news« gilt angewandt vielleicht auch für die Popularität solcher Traditionen. Die schreckhaften Figuren wie die *Schiachperchten* wie auch die umherziehenden *Krampusse* fanden eine viel größere Zahl an Darstellern (fast immer Männer) und sind insgesamt bekannter. Menschen scheinen eine angeborene Faszination für das Hässliche, Erschreckende, Gefährliche zu haben, zumindest solange sie nicht selbst betroffen oder gefährdet sind. Zu wissen, dass es andere gibt, die hässlicher, ärmer, ausgestoßener, unglücklicher sind, lässt das eigene Schicksal erträglicher erscheinen. Gleichzeitig machen beängstigende Aussichten Menschen manipulier- und kontrollierbar. Nur langsam gelingt es, Drohungen und Strafen als Erziehungsmittel aus der Welt zu schaffen, obwohl es mittlerweile ausreichend Studien gibt, die belegen, dass wir Gelerntes viel besser abspeichern, wenn wir entspannt sind oder positiv, also anregend motiviert. Begeisterung als Erziehungshilfe oder besser Bildungsanregung muss erst allgemein etabliert werden, jahrhundertelanges Androhen grässlicher Folgen von Ungehorsam hat sich in unseren Genen tief eingegraben.

Robert Chilton Pearce analysiert in seiner *Biologie der Transzendenz*: »*Die Kultur als Verkörperung unseres gesammelten Ideenvorrats für das Überleben stellt das geistige Umfeld dar, an das wir uns anpassen, den Geisteszustand, mit dem wir uns identifizieren müssen. Das Wesen bzw. die Wesensart einer Kultur wird durch die Mythen und Religionen gefärbt, die aus ihr hervorgehen, und einen Mythos oder eine Religion hinter sich zu lassen, um sich einem oder einer anderen zuzuwenden, hat keinerlei Auswirkungen auf die Kultur, weil sie diese Elemente sowohl erzeugt als auch von ihnen erzeugt wird.*« Daraus folgt: Mythen und Glaubensvorschriften zu ignorieren, der Beweis- und naturwissenschaftlichen Erklärbarkeit unserer Existenz und ihres Ursprungs zu vertrauen, ändert gar nichts, so lange es uns nicht gelingt, unser Dasein aus einer ganz anderen als der durch Gewohnheit geprägten, bereits voreingenommenen Sichtweise zu betrachten.

Wir sind so mitbestimmt von diesen Mustern, dass uns oft gar nicht in den Sinn kommt, es könnte sich auch ganz anders verhalten. Selbst fiktive Kulturen, wie sie in Science-Fiction-Filmen und -Büchern geschildert werden, orientieren sich immer an der dreidimensionalen Welt, wie wir sie kennen.

Ich denke, das war das wirklich Aufregende an Einsteins Überlegungen, dass er sich auf eine andere Betrachtungsebene begeben hat, und deshalb sind seine Theorien auch so schwer begreifbar. Ebenso ergeht es uns mit den aktuellen Erkenntnissen der Quantenphysik, da ergeben sich Konstellationen, die mit den Parametern unserer Erfahrungswelt kaum nachvollziehbar sind. Michael Niavarani, begnadeter österreichischer Kabarettist, beschäftigt sich passioniert mit Quantenphysik und betont: »Wer behauptet, sie verstanden zu haben, hat sie nicht verstanden.« Das halte ich für die große Chance der künstlerischen Profession, wir sind grundsätzlich immer ein wenig außerhalb des Mainstreams, nur dort fühlen wir uns wohl (mitunter leiden wir darunter auch, manche sogar sehr und kultivieren dieses Leiden, weil sie denken, dass ihnen sonst der Motor für ihre Besessenheit fehlen könnte). Auch Künstler und Künstlerinnen betrachten die Welt aus einer externen Perspektive, sie beziehen Stellung durch ihre Werke, gleichzeitig können sie fiktive Realitäten erschaffen.

Kindliche Unvoreingenommenheit und Schauergeschichten

Die andere Chance, aus dem gewohnten Bild auszusteigen, findet sich in der kindlichen Unvoreingenommenheit, solange sie noch unbeeinflusst durch Ge- und Verbote der Erwachsenen ist. Es gibt unzählige Abhandlungen zum »inneren Kind«, sie hier zu zitieren, erspare ich mir und Ihnen, ich vertraue darauf, dass Sie sich auch ohne diese Anleitungen mit ihrer angstfreien kindlichen Seele, mit dieser ungestillten Neugier auf alles Unbekannte, verbinden können. Nehmen Sie sich heute Zeit für diesen Ausflug und Panikmachern die Chance, Ihr Denken und Ihre Handlungsentscheidungen einzubremsen.

Ich erinnere mich gut an die Schilderungen von Hölle und

Fegefeuer unserer Religions-Mater (ich besuchte eine Kloster-Volksschule). Die Aussicht auf eine ewig nicht wiedergutzumachende Verbannung in Satans Reich schien mir schon als Achtjähriger unbegreiflich. Ich hatte von ihr doch gelernt, dass Gott seine Kinder liebt, ich konnte und wollte nicht akzeptieren, dass er ihnen keine letzte Chance lassen wollte. Ich war ein behütet und umsorgt aufwachsendes Kind, durfte selbstbewusst sein, mir meine eigene Meinung bilden. Wäre ich zur Duckmäuserin erzogen worden, vielleicht hätte ich entsetzliche Angst vor dieser Hoffnungslosigkeit entwickelt.

Der Percht wurde nachgesagt, dass sie unfolgsame Kinder in ihrem Korb mitnähme, dass ihr Atem blenden oder gar töten könne. All diese Schauergeschichten dienen einer einzigen Absicht: Angst zu erzeugen, damit Menschen sich regelkonform, der Obrigkeit entsprechend, verhalten. Angst und Aberglaube sind ein ideales Paar, um die Massen unter Kontrolle zu halten. Weise, kräuterkundige Frauen, die von Heilsversprechen unabhängig Kranke zu versorgen, Kindern auf die Welt zu verhelfen oder genau das zu verhindern wussten, die vorchristliches Wissen weitergeben konnten, waren allen Mächtigen – und das waren nun mal großteils Männer – ein Dorn im Auge. Also bedrohte man sie mit Hexenverfolgung oder zumindest gespensterhaften Schreckgestalten. Später, als die Aufklärung dem Aberglauben ein wenig Einhalt gebot, waren die alten Geschichten immerhin noch dienlich, um »schlimme« Kinder zu »erziehen«. Es war eine Zeit, in der Kinder und deren Entdeckerdrang mit Schrecken und Strafen eingebremst wurden. Noch mein Vater, Jahrgang 1915, wurde, weil er aus der Sicht der Gouvernanten widerborstig und ein *Zornbinkel* war, mit dem *Mumuh* bedroht. Dieser war dem *Krampus* nicht unähnlich, er war eine finstere Gestalt, verbarg sich in Kellern und dunklen Ecken oder auch Schränken und nahm unfolgsame Kinder mit. Allerdings, austreiben konnten sie dem Buben seinen Eigensinn nicht, erwachsen geworden fand er – zu meinem Glück – eine ebenso unbeugsame Frau, meine Mutter. In dieser Atmosphäre kritischer Haltung wuchs ich auf und konnte viel meiner eigenen Widerspenstigkeit ausleben. Der Garten meiner Kindheit war ein Paradies, in dem ich viel entdeckte, nach dem Prinzen in Froschgestalt suchte ich zwar nicht (es gab auch keine Frösche), dafür aber nach einem vierblättrigen Kleeblatt, das ich nach Stunden hingebungsvollem Umdrehen jedes einzelnen Blattes schließlich fand. Mein Stolz darüber wurde erst vor wenigen Jahren durch einen Freund geschmälert, der immer und überall ganze Sträuße davon findet. Kleeblätter wurden übrigens zum Glückssymbol, weil die Legende erzählt, dass Eva ein solches zur Erinnerung mitnahm. Wer eines findet, ergattert ein Stück Paradies.

Die Zahl 3

Die Tagesenergie des 3. Januar, 3, steht für Chancen, das vierblättrige Kleeblatt symbolisiert diese. In meinen Anmerkungen zu freiem, selbstständigem Denken sowie den Erzählungen meiner Kindheit spiegelt sich diese Kraft der 3 wieder. Im Zahlenbild, das sich aus meinem Geburtsdatum (10. 1. 1957) ergibt, finden sich gleich zwei davon (siehe-Darstellung im Anhang). Chancen bieten sich mir schon ein Leben lang. Gerade deshalb war es unglaublich erleichternd, als mein Lehrer mir die 3 aus der 21 (siehe 21. Dez.) erläuterte. Ich erfuhr, dass die glücklichen Zufälle, die ich meinem Erleben gemäß durchgängig bestätigen konnte, mich weiterhin begleiten würden. Chancen und Schutz sind immer sicher und zu nützen, darum geht es bei der 3. Und um unbeugsamen Freiheitsdrang: Raum und Zeit müssen dehnbar sein, viel Spielraum lassen. Die 3 passt sich höchstens scheinbar an, nämlich um die Freiheit nicht zu verlieren.

Für alle Informationen, die zu den Zahlenqualitäten über Jahrtausende hinweg tradiert und in jeder Zeit entsprechend ergänzt bzw. mit neuem Schwerpunkt versehen dargestellt wurden, gilt: Jedes Ding hat zwei Seiten, wo viel Licht, ist auch viel Schatten.

Das Aufzeigen der Schattenseiten dient gleichzeitig der Vermittlung, wie diese überwunden werden, welche Aufgabe auf den jeweils durch diese Qualität geprägten Menschen wartet, wodurch er oder sie zur Wandlung beitragen kann. Allem voran steht die elementare Erkenntnis, das Grundgesetz: »*Die Freiheit des Einzelnen endet, wo die des anderen beginnt.*« Klingt ganz einfach und nach einer praktikablen Handlungsanleitung. Doch die 3 muss erst begreifen, dass sie nicht 1 oder 2 ist, sondern eine Gemeinschaft. Hier ist es wieder, dieses Aufeinander-Wirken. Jede Ursache hat eine Folge, daraus entsteht ein in alle Richtungen in Beziehung stehendes Geflecht. Das ist kaum überschaubar, deshalb gibt es ethische Grundregeln, die zumindest ein gewisses Maß an sozialer Verträglichkeit gewährleisten. Religionen bieten immer auch einen Gesetzes-, einen Regeltext, oder zumindest Handlungsanweisungen bzw. -empfehlungen. Wenn diese dazu verkommen, die Position weniger Autorisierter abzusichern, dann sind wir wieder bei dem oben erwähnten Ungleichgewicht. Eine Handvoll Auserwählter deklariert »das Volk« zu weniger wertvollen, weniger reifen, also schwächeren, dümmeren, sündhaften, vom Teufel gekauften Seelen.

Ich und die anderen …

Keimzelle der Gemeinschaft ist die Familie, Vater-Mutter-Kind, das Urbild der Dreiheit, das sich in vielerlei Abwandlungen als göttliche Trinität in vermutlich allen Mythologien und Religionen wiederfindet. Ich-Du-Wir ist der Zusammenhang, der begriffen werden darf. Genau das ist die Aufgabe, die Herausforderung: Nicht ich, das Individuum, soll bestimmen, wann Gemeinschaft sein soll und wann nicht, sondern ich bin einer ihrer – gleichwertigen – Teile.

Somit empfehlen sich folgende Themen für den heutigen Tag, für eingehendere Beschäftigung: Wie geht es meinem inneren Kind, meinem Entdecker- und Spieltrieb, kann ich die Welt mit leuchtenden Kinderaugen und unbeschwertem Staunen betrachten und genießen? Die 3 liebt Luxus – wie wäre es mit diesem Luxus, die Welt um uns (wieder) aus dieser Sicht zu erleben? Wer ist Ihr verwunschener Prinz, welchen Frosch müssten Sie an die Wand werfen, damit (mehr) Glück und Liebe bei Ihnen Einzug halten?

Von dieser Position ausgehend, frei von Bewertung – das ist oft nicht einfach, die Worte dafür fehlen unserer Sprachgewohnheit – können weitere Betrachtungen angestellt werden: ich in der Familie, ich in der Gesellschaft, ich im Team, im Unternehmen, ich und mein Projekt und dessen Wirkung auf andere, … die Liste kann sehr lang werden. Was brennt Ihnen gerade heute unter der Haut, für welches Problem suchen Sie eine Lösung – und welche Chance verbirgt sich dahinter? Sie können vertrauensvoll jemanden wählen, um Rat oder Reflexionsunterstützung zu erhalten. Mein Tipp, wie Sie ganz für sich Klärung in ein Thema bringen können, das Sie aktuell beschäftigt: Zu Beginn dieses Abschnittes erwähnte ich die Übung der Achtsamkeit. Behalten Sie ein Thema, eine Aufgabe, ein Ziel im Fokus und widmen Sie ihm den ganzen Tag. Beim Zähneputzen, beim Frühstück-Richten, auf dem Weg in die Arbeit oder an einem gemütlichen Ort mit der Seele baumelnd.

Nehmen Sie ein Stück Papier zur Hand, schreiben Sie Ihr Thema darauf, geben Sie Ihrem »Kind« einen Namen. Dann beschriften Sie weitere Zettel mit den Namen der »Familienmitglieder«, also aller Menschen, die irgendetwas mit Ihrer Fragestellung zu tun haben, und gruppieren Sie gefühlsmäßig rund um das »Kind«, dort wo Sie sich – aus Ihrer Perspektive – aktuell befinden. Interessant kann es werden, wenn Sie diese Namensschilder verkehrt auflegen, also ohne zu wissen, wer wo zu liegen kommt. Die Aufdeckung kann bereits erhellende Erkenntnisse liefern. Spüren Sie in die unterschiedlichen Befindlichkeiten hinein. Gestalten Sie das Feld neu, ganz nach Ihrem Gutdünken – machen Sie es bewusst einmal ganz anders als gewohnt, darin steckt viel »Chance«.

Ob Sie nun einen achtsamen Spaziergang unternehmen, sich eine lausbübische Geschichte ausdenken oder Ihre Familie neu aufstellen, nützen Sie die Kraft des Tages für kreative Entdeckungen. Die 3 will genießen, nehmen Sie diese Chance wahr.

Zieh mit uns durch die Lüfte,
erinnere dich der alten Zeit.

Die Stadt Suprasot

Es war an der Zeit, die Dinge verkehrt herum zu betrachten. Die Wurzeln der Bäume nach oben strebend, die Stämme, Zweige, Blätter und Früchte nach unten hängend, Tische von Decken baumelnd. Menschen, die ihre Hände emporrecken, entlang ihrer Hosennaht. So war das in der Stadt Suprasot.

Pflanzen wuchsen abwärts und die Menschen gingen auf den Decken ihrer Häuser. Für sie war es nicht außergewöhnlich, sie wussten nichts von der Welt, in der wir anderen uns bewegen. Ihre Köpfe hingen herab und sie blickten auf eine Natur, die aus unserer Sicht ebenso verkehrt herum war wie alles andere. Seit alters her waren sie es gewohnt, sie lebten genauso zufrieden oder unzufrieden miteinander wie andere Menschen auch. Die gleichen Sorgen und Freuden bewegten sie, der verkehrte Blickwinkel half ihnen nicht, aus dem gewohnten Trott auszusteigen, denn für sie war es nie anders gewesen.

Eines Tages verirrte sich ein Wanderer in diese verdrehte Welt. Er bestaunte die abwärtswachsenden Pflanzen und als ein Wagen über eine in der Luft hängende Schiene fahrend vorbeifuhr, in dem die Menschen mit dem Kopf nach unten hängend saßen, blieb ihm der Mund offen stehen. Eine Türe ging auf und ein Bub, der vom Türbalken herunterhing, blickte ihn ebenso verblüfft aus verkehrten Augen an. Zwei

Augenpaare, das eine mit Mund und Nase oberhalb, das andere mit Mund und Nase unterhalb. Da begannen diese zwei gegenläufig positionierten Münder zu lächeln, ihre Ecken zogen sich immer höher und dann klang schallendes Gelächter die Straße auf und ab, sie ähnelten einer lachenden Spielkarte, die ihr eigenes Spiegelbild in sich trägt.

Das Kind gluckste noch eine Weile vor sich hin, schließlich siegte die Neugier und es fragte den Fremden, dessen Kopf so gegenteilig in der Gegend herumschaute, warum er denn so andersrum sei als alle anderen. Der Wanderer schüttelte den Kopf: »Auf der ganzen Welt laufen die Menschen mit ihren Füßen auf der Erde und die Wurzeln der Pflanzen stecken in ihr drinnen, während Stamm und Äste hinauf zum Himmel wachsen. Ich bin viel herumgereist, aber so etwas wie eure Stadt habe ich noch nirgends gesehen.« Der Bub schaute ihn ungläubig an, er gedachte der Mahnungen seiner Eltern, dass man Fremden nie trauen solle. Aber er sah den Unbekannten genau so dastehen, mit den Füßen auf der Erde und Haaren, die hinunterhingen, nicht aus dem Kopf herausfallend wie Luftwurzeln wie bei ihm und allen anderen. Dann dachte er, der Wanderer müsse einfach verrückt sein, sich etwas einbilden und allen einreden wollen, dass die Welt ganz anders sei als alle Leute sie kannten.

In der Zwischenzeit waren einige Menschen stehen, das heißt, eigentlich hängen geblieben und starrten auf den Mann, der mit seinen Füßen auf der Erde stand und den Kopf dem Himmel entgegenreckte. Immer mehr verharrten an dieser Stelle, bald diskutierten alle heftig durcheinander, sodass kaum etwas zu verstehen war. Viele dachten ähnlich wie der Junge, ja noch viel mehr, dass da ein gefährlicher Störenfried ihr geregeltes Leben durcheinanderzubringen versuchte. Es erklang der Ruf nach »einsperren«, »niederschlagen« »richtig stellen« (auch wenn das eigentlich hängen bedeutete), ja sogar »aufhängen« – was nun wieder zweierlei heißen konnte. Darüber dachte der Wanderbursch in all dem Gewirr nach, wie sie es wohl anstellten, sich »aufzuhängen«. Würde da jemand von unten an einer Schlinge ziehen? Die Leute jedenfalls stritten und begannen, handgreiflich zu werden, als die Ordnungsmacht in Form eines berittenen Uniformträgers einschritt. Auch sein Pferd lief kopfüber, Mähne und prächtiger Schweif hingen herab und wirbelten den Staub der Erde auf.

»Was ist das für ein Tumult«, brüllte sein Reiter in die Menge. Dann erst nahm er den Wandersmann wahr, der inzwischen erschöpft auf der Erde kauerte, die vielen verkehrten und streitenden Menschen anstarrte und die Welt nicht mehr verstand.

Der Ordnungshüter von Suprasot herrschte ihn an: »Was machen Sie da, so ganz verkehrt? Wieso beschmutzen Sie unsere Erde mit Ihrer Körperlichkeit? In Suprasot achten wir auf ihre Unberührtheit, deshalb wandeln wir auf eigens errichteten Straßen, Wegen und Schienen, die uns das Leben oberhalb der Erde ermöglichen. Sie ist uns heilig, darf nicht durch menschliche oder tierische Abdrücke entweiht werden. Sie kommen mit mir in die Wachstube, dort werden wir feststellen, wer Sie sind, was Sie hier machen und warum Sie sich herausnehmen, was in dieser Stadt niemand wagen würde.« Der Wanderer erhob sich verstört, wurde vom Obrigkeitsvertreter unter den Arm geklemmt und weg ritten sie.

Die versammelte Menge blieb erst recht verwirrt zurück. Für die Menschen aus Suprasot war es selbstverständlich, wie sie sich bewegten, sie wussten nicht, dass es darum ging, die Erde nicht zu berühren. Niemand wäre je auf die Idee gekommen, sich anders fortzubewegen. Natürlich, es gab Erdheiligtümer, aber zu denen hatte niemand Zutritt, nur einige eingeweihte Priester. Diese behielten ihr Wissen unter sich, gewöhnliche Bewohner und Bewohnerinnen der Stadt sollten sich an Gesetze halten, damit es ihnen auch weiterhin gut ginge und kein Unheil hereinbräche. Die Suprasoter hatten nie daran gedacht, zu hinterfragen, was man ihnen tagaus, tagein vorschrieb, und solange Tag und Nacht sich abwechselten ebenso wie die Jahreszeiten, hatten sie auch keinen Grund dazu. Erstmals waren sie in ihrem Weltbild erschüttert. Da gab es einen Menschen – zumindest sah er so aus wie einer, mit Kopf, Armen und Beinen –, der berührte die Erde mit seinen Füßen. Dass genau das verboten war wusste niemand, sie kannten es nur nicht anders.

Der Bub war ins Haus zurückgeschlüpft, er verstand noch nichts von den Regeln der Erwachsenen und wollte es dem Fremden gleichtun. Er rollte sich auf der Decke des Hauses ein, so lange bis seine Beine Richtung Boden schauten, dann ließ er sich auf diesen herab. Seine Beine, die das erste Mal eine Last spürten, waren zu schwach, ihn zu tragen. Auch wussten sie nichts vom Transport eines Körpers. Schnell landete er auf seinem Hinterteil und blieb erst mal sitzen. Es war ein ungewohntes Gefühl, das wollte er richtig kennenlernen.

Zunächst bemerkte er die ungewohnte Last, die sein Oberkörper über sein Sitzfleisch auf den Boden übertrug, dann seine Füße auf dem Boden und die Arme und Hände, mit denen er sich abstützte. Auch diese waren nicht kräftig genug, deshalb legte er sich auf den Boden und begann, hin- und herzurollen. Da ging die Tür auf und die Eltern – wie gewohnt hängend, mit den Füßen nach oben – kamen nach Hause. Da ihre Köpfe nur wenig oberhalb des Bodens herabhingen, entdeckten sie sofort ihren Sprössling, der gerade vergnügt herumrollte. »Was fällt dir denn ein?« und »Bist du von der Decke gefallen?«, riefen beide gleichzeitig, sodass samohT (das war sein Name, passend zu allem in Suprasot) gar nichts verstand. Dann packten sie ihn und zogen ihn hoch, damit er wieder auf seinen Füßen hing.

»Aber ihr habt das doch noch nie probiert!«, rief er laut. »Der Mann heute Morgen, der konnte auf seinen Beinen stehen, die knickten nicht ein so wie meine!« Die Eltern schüttelten verärgert den Kopf, »Hör gleich wieder auf mit solchen Flausen«, denn wie die meisten Erwachsenen hörten sie nicht auf ihr Kind, sondern meinten, dass es erzogen gehöre. Der Kleine schmollte vergrämt und nahm sich ganz fest vor, es bald wieder zu versuchen.

Ab nun bemühte er sich jeden Tag, wenn er allein war, seine Beine zu belasten, und täglich wurden sie kräftiger, bald konnte er schon ein Stückchen gehen. Aus Angst, entdeckt zu werden, übte er nur im Inneren des Gebäudes, wo ihn keiner beobachten konnte.

Der Wanderer, der so viel Verstörung nach Suprasot gebracht hatte, wurde vom Ordnungshüter tagelang verhört. Auch einige der Priester wurden hinzugezogen, die argwöhnten, er sei eigens entsandt, um ihre Vormachtstellung zu unterwandern. Der Mann blieb dabei: Wo er herkomme, gingen alle auf ihren Füßen auf der Erde, dazu seien Beine und Füße doch gemacht, nämlich um das Gewicht des Menschen zu tragen. Und die Pflanzen bekämen ihre Kraft aus den Nährstoffen in der Erde und dem Regen, der auf sie falle. Jedes Mal, wenn er dies erwähnte, ging ein empörtes Stöhnen durch die exklusive Zuhörerschaft, so viel Frevel war den Eingeweihten unerhört: die Erde, die Göttin, aussaugen mit Wurzeln! Nur ein vom Teufel Gesandter könne sich so etwas einfallen lassen. Und deshalb müsse kurzer Prozess mit ihm gemacht werden.

Die Liste der Anschuldigungen war lang: Gotteslästerung, Entweihung der Erde, Unbelehrbarkeit, Unruhestiftung und Aufwiegelung. Nach geeigneten Paragrafen und Strafen mussten sie suchen, denn so etwas war noch nie geschehen. Sie forschten in alten Chroniken, das nahm einige Zeit in Anspruch. Mit »kurzem Prozess« war also nichts zu erreichen. Denn dass alles rechtens ablaufen sollte, darin waren sie sich einig.

Inzwischen war samohT schon recht tüchtig auf seinen Beinen und hatte sogar seine Katze gelehrt, auf dem

Boden zu laufen. Eines Tages jedoch entkam ihm dieses, selbst in Suprasot ihrem eigenen Willen folgende Tier und die Nachbarskinder beobachteten, wie es auf der Erde lief. Kinder sind vor allem neugierig, und Verbote verlocken eher, sie zu brechen, als ihnen zu folgen. Also begannen einige von ihnen, es ihr nachzumachen. Wie ein Virus verbreitete sich das Gehen und Laufen auf der Erde unter ihnen. Und weil Kinder spielen wollen, taten sie es in Gruppen und bald liefen sie alle über die Erde zwischen den Häusern und riefen: »Hallo ihr Großen, sich auf Beinen fortzubewegen macht so viel Spaß, die Erde ist immer da und es müssen nicht extra schwebende Gehsteige und Schienen gebaut werden, versucht es doch!« Einige Erwachsene waren schockiert, andere schimpften, aber manche, besonders Frauen, beschlossen insgeheim, es im stillen Kämmerlein zu probieren.

Unterdessen saßen die Gelehrten über ihren Chroniken und hatten keine Lösung ihres Problems gefunden. Da drang die Kunde von den ungehorsamen Kindern in ihre staubigen Studierstuben (in denen sie natürlich alle kopfüber saßen mit auf den Tischen fixierten Büchern, damit sie nicht herabfielen). Nun war guter Rat teuer. Sollte der Wandersmann tatsächlich ein Unruhestifter sein, wäre es ihm gelungen, ganz ohne selbst mit den Menschen aus Suprasot Kontakt zu haben.

Einige Tage danach erreichte eine neue Hiobsbotschaft die lesenden Würdenträger. Eine Gruppe von Frauen hatte an einem geheimen Ort begonnen, das Gehen auf der Erde zu üben. Und noch viel schlimmer, sie tanzten auf der Wiese vor den Toren der Stadt – im Vollmondschein! Und sie lachten und freuten sich! – Das wussten selbst die strengsten unter ihnen: Gegen Lachen gab es keine wirksame Gegenwehr, es war die stärkste Waffe überhaupt. Sie grübelten vor sich hin und schließlich sprach einer: »Wenn wir Macht und Einfluss behalten wollen, müssen wir wohl oder übel die neue Fortbewegungsart anerkennen und ein neues

Gesetz dazu formulieren.« Leises Gemurmel steigerte sich zur heftigen Debatte, die sich über viele Stunden hinzog. Schließlich siegte die Vernunft – tatsächlich hatten einige der Ältesten es sogar heimlich ausprobiert, wenn sie dorthin gingen, wo auch der Kaiser allein hingeht. Sie fanden es recht nützlich, die Welt mal andersherum zu betrachten und ihr Gewicht auf den Beinen verteilt zu spüren, statt immer Blutstau im Kopf zu haben. So wurde das Für und Wider erwogen und letztlich verkündet:

»Ab dem heutigen Tage ist es Bürgern und Bürgerinnen der Stadt gestattet, die Fortbewegungsart selbstständig zu wählen. Auf die alte, gewohnte Art oder auf der Erde bzw. dem Boden der Häuser voranschreitend. Tiere sollen ihre Bewegungsform selbst wählen, Pflanzen können versuchsweise mit den Wurzeln in der Erde aufgezogen werden.«

Überall wurde diese neue Verordnung angeschlagen. Erneut entstanden hitzige Debatten und Lagerbildungen. Aber wie die Alten schon erkannt hatten, das Lachen war die stärkste Waffe. Alsbald liefen fröhliche Menschen überall auf ihren Beinen und nur überaus griesgrämige baumelten weiterhin von der Decke herunter und mäkelten über den Sittenverfall. Das Besondere war, dass sich alle mal auf der Decke mal auf dem Boden bewegten. Sie konnten sich also ein Rundum-Bild ihrer Umgebung und damit ihres Lebens machen. Das trug zu mehr Toleranz gegenüber Anders-Laufenden bei und jeder Suprasoter, jede Suprasoterin war sich der Freiheit ihrer Entscheidung stolz bewusst.

Den Wanderer holten sie schließlich aus dem Kerker und dankten ihm mit einer kleinen Feier – nicht zu groß, denn es sollte nicht übermäßig öffentlich werden, dass es erst der Anregung eines Fremden bedurft hatte, die tradierten Gewohnheiten aufzuweichen. Danach sollte er ganz schnell wieder abreisen, dafür bekam er sogar ein Pferd geschenkt. Dass die Kinder das Neue als Erste gewagt hatten, wurde verheimlicht, denn ihre Autorität sollte nicht infrage gestellt werden. Doch diese vergaßen es auch als Erwachsene nicht und erzählten die Geschichte ihren Kindern und Kindeskindern, bis alle wussten, dass es sehr heilsam sein konnte, auf Kinder zu hören.

11. Raunacht: 4. Januar

Orakelsymbolik für den 11. Monat, November, in dem sich die Natur erneut zurückzieht; Monat des Nebels, der immer kürzer werdenden Tage; es wurde gesponnen und gewebt

Die Raunächte neigen sich ihrem Ende zu, noch einmal schlafen, dann beginnt der Feiertag für die Percht und ihre Wilde Jagd. Der November, dieser 11. Raunacht zugordnet, eignet sich mit seiner nebligen Stimmung wunderbar für mystische Erfahrungen, für Fantasiereisen in ein mögliches Sein hinter den Schleiern. Diese konturenarme Welt lässt Traumgestalten erahnen, die Realität bleibt verhüllt, Raum entsteht für innere Bilder und Wirklichkeiten. Deshalb ist hier Platz für meine intuitiv-kreativen Überlegungen zur Entwicklungsgeschichte der Percht und ihrer überlieferten Entsprechungen.

Die Muttergöttin Erde, im Märchen von der Stadt Suprasot wird sie angesprochen. Sie ist ganz und gar vergessen, nur wenige Eingeweihte wissen noch vom Ursprung der Sitte, der gebräuchlichen Lebensform. Erst ein Fremder, einer der alles auf den Kopf stellt, dem die für alle selbstverständliche Welt ganz unverständlich ist, regt einige dazu an, sich über Gewohnheiten und bisher unhinterfragte Vorschriften Gedanken zu machen.

Wohltaten der Percht und Verehrung der Erde

In allen Kulturen findet sich die Verehrung der Erde. Sie ist die Lebengebende, Nährende, gleichzeitig nimmt sie alles Verwesende wieder in sich auf, verwandelt es, um es in anderer Form erneut erstehen zu lassen. Viele Mythen berichten vom aus Lehm geformten ersten Menschen. Sobald sie sich ihres eigenen Daseins bewusst wurden, als sie begannen, ihre Existenz reflektiert zu betrachten, haben sie vermutlich auch den Sinn ihres Daseins hinterfragt. Sie beobachteten die Erde, auf der sie gingen, auf der ihre Jagdbeute lief, in der viele dieser Tiere sich verbargen. Die Erde, die alles hervorbrachte, wovon sie sich nähren konnten, die mit ihren Öffnungen und Höhlen Schutz vor Kälte, Regen und Sturm bot. Und es umgab sie der Himmel, der sich über allem wölbte, von dem das Licht auf sie herunterschien und die Nacht als Mantel der Ruhe ausbreitete. Die beiden als Paar wahrzunehmen scheint naheliegend. Männer und Frauen paarten sich und blieben zusammen, um die bestmöglichen Voraussetzungen zu sichern, dass ihre Nachkommenschaft überlebte. Ähnliches konnten sie bei den Tieren beobachten, warum sollte es also mit Himmel und Erde anders sein? Das könnte zur Personifizierung und damit Vergöttlichung von Himmel und Erde geführt haben. Die Erde und ihre Fruchtbarkeit waren den Menschen näher oder schienen leichter zu verbildlichen. Dass Frauen Leben gebären, war offensichtlich. Es entstanden vor allem Statuetten mit eindeutig weiblichen Formen, oft wurden nur Vulvas in Felsen geritzt, mitunter reduziert auf den einen Strich, der die Stelle symbolisierte, aus der alles Leben herauskam.

Mit der Entwicklung der Kulturformen verlief das Leben differenzierter, jeder Mensch hatte spezielle Aufgaben, also wurden auch Gottheiten einzelnen Themen zugeordnet. Es entstanden ganze Götter- und Göttinnenuniversen, wie unter den Menschen spielte sich auch dort Liebe und Krieg,

Freude und Leid, Geburt und – zumindest teilweise – Tod und Untergang ab.

Forscher und Forscherinnen haben besonders seit etwa Mitte des 19. Jhs. viele Theorien über Ursprung und Namen der Percht bzw. Holla aufgestellt. Die Volkskundlerin *Marianne Rumpf* hat sie 1991 akribisch zusammengestellt und kommentiert, die Linguistin *Erika Timm* reflektierte diese mit eigener Forschung 2003, beiden haben wir ein vielseitiges und umfassendes Bild der im Winter Reisenden (Göttin wollen sie sie nicht mehr nennen) zu verdanken. Nach dem Studium ihrer Auflistungen und Überlegungen bin ich überzeugt, dass die Percht alles subsumiert, was je zum Thema Ursprung, Totenkult, Fruchtbarkeit und natürlich Tagesarbeit überlegt, erdacht und erklärt wurde. Dass ausgerechnet sie so widerstandsfähig war, könnte auch mit dem gnadenlos von ihr geforderten Arbeitsverbot in den Winternächten zwischen Weihnacht und Hl. Drei König gelegen sein. Frauen hatten damit unschlagbare Argumente, auszuruhen, denn die drastischen Schilderungen möglicher Strafen wollte wohl niemand auf ihren Wahrheitsgehalt prüfen.

Besonders grässlich und bedrohlich sind die unterschiedlichen Darstellungen der *Gastrotomie.* Allerlei Werkzeuge brachte die Percht mit, um Bäuche aufzuschneiden und Gedärme auszuweiden. Übrig gebliebenen Unrat füllte sie hinein und nähte mit Kuhketten und Pflugscharen wieder zu. Wie aber begegnen wir Mutter Erde, der Urgestalt der Göttin? Wofür bestrafen wir sie, wenn wir sie aufbrechen, ihr Blut (Öl) und ihren Verdauungsinhalt (Bodenschätze) herausholen? Unseren Müll »entsorgen« wir in sie hinein, das heißt, dass wir die Sorge dafür loswerden, nur um sie der einzigen Erde, die wir haben, einzuverleiben. Tief und tiefer graben wir, um Gifte, die über Jahrtausende wirksam bleiben, in ihr zu lagern.

Andere Geschichten berichten von den Wohltaten der Percht: die ihr halfen, denen verwandelte sie die beim

Arbeiten abgefallenen Späne in Gold, Schüsseln, in denen ihr Speisen bereitgestellt wurden, füllte sie mit Goldmünzen, die Holla schenkte fleißigen Mädchen Gold zum Dank, auch Spindeln wurden in das Edelmetall umgewandelt. Mit der Erde ist es nicht anders: Sie schenkt uns Reichtum, was in und auf ihr wächst, dient unserem Überleben ebenso wie der Heilung. Ihr einmal im Jahr ausführlich zu danken, sie dafür zu ehren, könnten wir uns wirklich zur Gewohnheit machen, ob in Form der alten Bräuche oder auch in einer ganz persönlichen Form.

Abenteuer Geld

Luisa Francia beschreibt in ihrem Buch *SteinReich* einen Ritus, um sich den Umlauf des Geldes täglich bewusst zu machen und daraus mitunter auch ein kleines Abenteuer werden zu lassen: Sie nahm von den für sie bedeutungsvollen, sie nährenden Orten jeweils ein Häuflein Erde mit – eine anschauliche Entsprechung für die vielen Bilder und Namen ein und derselben Göttin. Alle diese Erden leerte sie in eine Schüssel, ein Gefäß, in das sie abends alles Geld, das sie noch bei sich hatte, hineinlegte. Am nächsten Morgen steckte sie es, aufgeladen mit der Energie der Ahninnen, wieder ein.

Das Abenteuer besteht darin, dass es gelegentlich passiert, dass man das Geld vergisst. Die Geschichten, die dadurch erst möglich werden, sind es allein schon wert, es selbst einmal auszuprobieren. Ich machte es mir zur Gewohnheit, einen kleinen Teil des Geldes in eine extra Schachtel zu geben – auch diese mit besonderer weiblicher Energie aufgeladen –, darin sammelte sich mit der Zeit einiges an, das mir oft half, wenn meine Börse gar leer war.

Das Geschilderte hat viel mit dem zu tun, was in der Geschichte von Suprasot auffällt: Die gewohnte Verhaltensweise, das, was wir als normal betrachten, tradierte Regeln – allen tut es gut, wenn wir sie einmal ganz anders, kopfüber, betrachten.

Suchen Sie sich einen Gegenstand Ihres persönlichen Alltags aus oder eine Handlung, die sie täglich ausführen (z.B. Zähneputzen), machen Sie es heute ganz anders. Betrachten Sie das Ding, als hätten Sie es nie zuvor gesehen, als hätten Sie keine Ahnung, wofür es gemacht sein könnte. Denken Sie sich, wenn Sie dazu Lust haben, eine Geschichte aus, in der ein Alltagsgegenstand eine ganz neue Verwendung findet. Und schon sind Sie mitten in einem kreativen Prozess und entdecken neue Möglichkeiten des Lebens.

Die Zahl 4

Für welche Lebensvariante steht die 4, die Zahl, die die geistige Qualität, das Potenzial des Erfassens, des Denkens, des Verstehens des heutigen Tages zusammenfasst?

Sie fordert uns auf, aktiv zu werden, uns einzumischen, Entscheidungen zu treffen, Verantwortung für unser Handeln zu tragen. Sie heißt auch *kleine Ordnung*. Ein günstiger Tag, um Denkvorgänge und Vorhaben zu sortieren, Pläne zu erstellen, eine kleinteilige Struktur zu erkennen oder zu entwickeln.

Sie erinnert uns an das tägliche »Ja« zum Leben, daran, auf andere zuzugehen, in Kontakt zu kommen und bereit zu sein für das Neue, das aus der Begegnung entsteht. Erst die Spannung zwischen Ähnlichkeit und Fremdheit erzeugt Dynamik, aus ihr entsteht Bewegung. Dieses Wissen ist in unseren Genen verankert, unser Geruchssinn dient dazu, den Partner/die Partnerin mit möglichst diverser genetischer Programmierung zu »erschnüffeln«. Je vielfältiger die Kombination, umso höher die Immunkraft, desto größer die Überlebenschancen der gemeinsamen Kinder. In Zeiten des neu aufkeimenden Fremdenhasses eine bedenkenswerte

Information. *»Hin und wieder müssen wir uns betrachten als wären wir Fremde, dann wird das in unserer Seele verborgene Licht erhellen, was wir sonst nicht sehen«,* schreibt *Paolo Coelho* in *Aleph.*

Die große Entscheidung, die durch die 4 symbolisiert wird, ist: Lebe ich aktiv, gestalte ich mein Leben durch meine Entscheidungen und Handlungen, oder lasse ich mich leben? Abgeleitet vom grammatikalischen Begriff *Leideform* bedeutet sie daher auch *lerne oder leide.* Mitunter kann es sinnvoll sein, sich bewegen zu lassen, heute ist selber tun angesagt.

Aktivitäten und Entscheidungen dieser 11. Raunacht bieten laut Überlieferung Hinweise auf den Verlauf des Monats November im jeweils angehenden Jahr. Tagebuch-Aufzeichnungen dienen als Modifikations-Grundlage: Was uns missfällt, kann ausradiert oder geschwärzt werden. Das geht auch vor dem geistigen Auge, muss also nicht tatsächlich notiert werden.

Die Menschen in Suprasot nützen die Energie der 4 unterschiedlich, die einen studieren die alten Quellen, um ein gerechtes Urteil fällen zu können, gleichzeitig verändert sich die Welt ohne ihr Zutun, sie »erleiden« eine Neuordnung. Die anderen werden aktiv, in kleinen Dosen, mit Ausdauer erproben und trainieren sie das Neue. Schließlich werden alle bereichert durch die Wahlmöglichkeit, die Welt mal von oben oder eben andersherum zu betrachten und sich sowohl auf der Erde als auch in der Luft zu bewegen. Der Dalai Lama rät, zumindest einmal im Jahr einen Ort aufzusuchen, den man noch nicht kennt. Ein weiterer Satz dieses weisen Mannes passt wunderbar für die Zeit zwischen den Jahren, in denen Regeln außer Kraft sind: »Lerne die Regeln, damit du weißt, wie du sie brichst.«

Wir nutzen die Kraft der Elemente und sprechen mit Bäumen und Tieren.

Das Geschenk des kleinen Volkes

Es war ein Feuer. Es loderte in den Herzen und im Herd, brannte wärmend und knisternd, es erhellte die Stube und sorgte für das Gelingen der Speisen. Des Nachts, wenn die Menschen schliefen, flackerte das Feuer munter weiter. Und in den Raunächten, der Zeit in der die Tiere sprechen, konnte auch das Feuer sich mit den Dingen und Wesen seiner Umgebung unterhalten.

In einer dieser Nächte, da manch Wunderbares und Sonderbares geschieht, war das Feuer recht betrübt, denn die Familie, deren karge Mahlzeiten es bereiten half, war bitterarm. Alle mussten mithelfen, selbst die Kinder trugen mühevoll Holz, das seine Flamme am Leben erhielt, aus dem Wald herbei. Jedes noch so kleine dürre Zweiglein wurde verbrannt und doch blieb es kalt in der Stube, denn es fehlten die großen Stücke, die wärmen und lange brennen. So fühlte das Feuer die Armut der Leute, die dennoch abends fröhlich beisammensaßen, Geschichten erzählten und Lieder sangen, mitunter traurige oder schaurige. Das Feuer jedenfalls bemühte sich aus Leibeskräften, das Wärmstmögliche aus dem dünnen Holz herauszubrennen, damit die Menschen nicht allzu sehr frieren mussten.

An jenem Abend war es draußen bitterkalt, ein wilder Sturm fegte ums Haus, und die Menschen, die es bewohnten, waren zu Bett gegangen, um sich aneinander und unter der Decke zu wärmen.

Da begann das Feuer zu singen. Es sang von fernem Reichtum, von Göttinnen und Heldentaten, es sang vom unermesslichen Reichtum des kleinen Volkes, von den Schätzen der Erde und des Waldes. All diese Geschichten hatte es von den Ästen gehört, denen hatte es das Wasser erzählt, das die Wurzeln aus der Erde sogen und das durch den Stamm, an dem sie gewachsen waren, bis in die Blätter emporstieg, dort wieder ausgeschwitzt und der Luft überlassen wurde. So erfuhr das Feuer von der Welt, denn das Wasser reiste viel herum und kannte die Tiefen der Erde ebenso wie die Weite der Ozeane und die Höhe des Himmels. Das Feuer war nicht gerade befreundet mit dem Wasser, aber über dessen Vermittler, die Äste, die sich hingaben, um seine Wärme am Leben zu erhalten, war es doch mit diesem Element verbunden. Das Feuer lebte nicht ohne das Wasser, wiewohl es durch das Wasser auch ein Ende finden konnte. Deshalb blieb es ganz gesittet im Ofen und verzichtete darauf, selbst die Welt zu erforschen, denn dann wäre seine Wissbegierde wohl rasch ertränkt worden. Die Geschichten aber liebte es, von den Blumen und Vögeln des Waldes, von der Sonne und vom Regen und Sturm, der so manchen Ast heruntergebrochen hatte, der seine Bestimmung im Ofen erfüllte.

Nun war es ja eine besondere Nacht und so lockte der Feuergesang die Feuerwächter an, die sonst unter der Erde blieben und die Öfen der Bergwerke des kleinen Volkes bewachten. Mit ihnen kamen noch andere feenhafte Gestalten und Gnome, sie bevölkerten die Stube, kletterten auf Stühle, guckten in Töpfe und kosteten von Speisen. Sie verzogen die Mäuler, denn die Kost der Hausleute war einfach und mundete denen, die das Essen von reich gedeckten Tischen gewohnt waren, überhaupt nicht. Das Feuer hörte das Gezeter und schickte sich an, den Erd- und Waldwesen zu schildern, wie es den Menschen auf der Erde gehe, die viel Arbeit für kargen Lohn leisteten und froh waren, wenn sie das Nötigste zum Leben hatten, gleichwohl aber fröhlich und gesellig blieben.

Als die Zwerge und Elfen und was da sonst noch in der Stube war, diese Erzählung gehört hatten, war ihr Helfersinn – den das Kleine Volk für ausgewählte Menschen mitunter entwickelt – erwacht und in dieser Laune beschlossen sie, die Familie mit ihren Gaben zu beschenken.

Sie stellten ein Körbchen auf den Tisch, darein legten sie Edelsteine und kostbare Erze, auf den Holzstoß legten sie ein Zauberscheit, das dafür sorgte, dass für jedes ins Feuer geworfene ein neues wieder dort lag. Für die Kinder gab es Süßigkeiten. Die Feen brachten eine Rolle feinsten Tuches herbei, das wärmte besser als jede Wolldecke. Einer der Vogelartigen brachte ein Instrument, das konnte jede Melodie, die man sich wünschte, selbstständig spielen und sollte die Herzen der Leute erfreuen. Und wer wollte, konnte am Markttag zuhören und einen Pfennig dem Spielenden als Dank überlassen.

Glücklich, dass sein Gesang einen so reichen Gabentisch herbeigesungen hatte, beobachtete das Feuer das Treiben, und vor Freude brannte es lichterloh.

Als alles gerichtet und das bunte Völkchen wieder verschwunden war, ging auch schon die Sonne auf und die Kinder stürzten hungrig in die Stube, der Vater schickte sich an, das Feuer wieder aufflackern zu lassen, und die Mutter begann, den Brei zu kochen.

Doch wie staunte der Mann, als er das Scheit nahm und gleich wieder eines am selben Platz lag und das auch so weiterging. Die Kinder hatten die Süßigkeiten entdeckt – noch nie hatten sie solche gekostet –, die älteste Tochter umwickelte sich gleichzeitig erstaunt und überglücklich mit dem feinen Tuch, die Katze leckte die süßeste Milch aus ihrer Schüssel und die Frau konnte gar nicht fassen, wie köstlich ihr Brei heute Morgen schmeckte. Als sie die gewohnte Speise in die Schüsseln gefüllt und jeder davon gekostet hatte, waren sie ganz verwundert, denn ein jeder hatte seinen Lieblingsgeschmack im Mund. Jetzt erst sahen sie den Korb mit den Kostbarkeiten, und das Musikinstrument freute sich so mit ihnen, dass es ganz von selbst zu spielen begann. Da begriffen die Leute, dass ihnen in der Nacht der Holla und ihrer wilden Jagd etwas ganz Wunderbares zuteil geworden war und sie lieber nicht zu viel nach dem Warum fragen, sondern sich freuen sollten, dass ihr Beisammensein nun so viel leichter werden konnte.

Nur der Kleinste, der die Geheimnisse der Anderswelt noch nicht vergessen hatte, hörte das Knistern des Feuers, das ihm erzählte, was in der Nacht geschehen war. Die Großen hatten diese Sprache vergessen, so erfuhr es niemand so richtig. Aber ihre Herzen wussten doch davon und bewahrten es in ihrem Innersten.

12. Raunacht: 5. Jänner

Die Nacht der Percht, Orakelsymbolik für Dezember und den Jahresabschluss

Die Zeit der Arbeitsruhe, der Wunder und des Wünschens ist nun fast vorbei, ein letzter großer Feiertag ist angebrochen, für alles Unerwünschte laut altem Glauben die zweite Möglichkeit, es wieder aufzulösen und zu erlösen. Die Percht besucht Stuben, Gärten und Felder. Diese letzte Raunacht ist ihr und ihrem Gefolge geweiht. Vielerorts finden vor Tausenden Schaulustigen Umzüge mit Hundertschaften von Darstellern statt. In traditionellen Formationen sind allerdings nur 12 vermummte Masken unterwegs. Durchwegs männliche Darsteller führten mit großem Ernst die Rituale für Fruchtbarkeit und Glück durch. Wenn plötzlich ein

Dreizehnter unter ihnen war, meinte man früher, der Teufel persönlich sei dazugekommen, auf ihn wurde eingeprügelt und nicht selten kam der Unerkannte zu Tode. Auch das war ein Grund für das Verbot dieser Tradition im 19. Jh.

Frauen werteten anders. Waren 12 – durch diese Anzahl besonders kraftvoll – zusammengekommen und es saß plötzlich eine Dreizehnte unter ihnen, dann wurde die Anwesenheit der Percht ehrfurchtsvoll gefeiert. Die Frauen richteten auch die *Berchtlmili,* die nicht nur die Percht erfreuen, sondern auch das künftige Schicksal erkennbar machen sollte. Löffel wurden in diese Semmelmilch gesteckt oder an den Schüsselrand gelegt. Waren sie am Morgen nach außen abgefallen, verhieß das Unglück, von hineingefallenen voller Rahm wurde ein glückliches Jahr abgeleitet. Fehlte etwas vom Brei oder den andernorts hergerichteten Krapfen, weil es ihr geschmeckt hatte, war ebenfalls der Segen der Percht und damit Wohlstand dem Haus gewiss.

Das ist ein winziger Ausschnitt aus dem Brauchtumsschatz, der in allen Alpentälern von Slowenien bis ins Mühlviertel, ja teilweise noch in Niederösterreich, gepflegt wurde. Für weiterführende Schilderungen verweise ich auf die Literaturliste im Anhang sowie auf meinen Blog, den ich als Ergänzung zum Buch anbiete.

Die Zahl 5

Die letzte der 12 Nächte *»zwischen den Zeiten«* ist geprägt durch die Zahl 5. Der Jahresverlauf wurde Nacht für Nacht vorweggenommen, durch Korrekturen vielleicht auch vorteilhaft modifiziert. Mit der 5 geht es nun um die Quintessenz. So wie wir zum Jahresende Rückschau halten und das Wesentliche des abgelaufenen Jahres zusammenfassen, erkennen, worauf es ankam, was wir erfahren und gelernt haben, so kann diese letzte Raunacht einen Ausblick auf die Essenz des kommenden Jahres bieten.

5 ist die Zahl der Extreme, sie umfasst die Spannweite zwischen Pflichterfüllung einerseits und Ausschweifung andererseits. Sie steht für doppelten Verlust oder doppelten Gewinn, je nachdem, wie wir uns anstellen, zeigt sie uns damit unmittelbar die Konsequenz unserer Handlungsentscheidungen. Der Bogen zwischen purer Emotion bis zur überlegenden Vernunft wird ausgelotet. Das Leben in vollen Zügen zu genießen und gleichzeitig das richtige Maß zu finden, ist die Aufgabenstellung.

Wer von der 5 geprägt ist, hinterfragt Gesetze. Orte, die für diese stehen, wie Ämter, verschaffen Unbehagen. Einmal akzeptierten oder selbst aufgestellten Regeln folgen er oder sie jedoch konsequent. Gern wird über die Stränge geschlagen, man verliert sich im Übermaß, sowohl der Ausschweifung wie der Lebensstrenge.

Goethes *Faust* klagt über *zwei Seelen in seiner Brust*. Die zu Ende gehenden Raunächte sind von dieser Bandbreite der scheinbaren Widersprüche gekennzeichnet. Die *Wilde Jagd* tobt über alles hinweg, ist unberechenbar, gleichzeitig folgt auch dieses Treiben strengen Regeln, der Verhaltenskodex für die Menschen ist ebenso vorgegeben. Wer sich daran hielt, der durfte ausgelassen feiern, mitunter auch derbe Scherze treiben. Die Raunachtsumzüge mit ihren wilden Figuren folgen demselben Schema. Es wird gelärmt, geschlagen, getrunken und gegessen, allerdings gemäß tradierten, oft jahrhundertealten Vorgaben, denen die *Passen* folgen. Die Suche nach dem Lebenssinn, Aberglaube und Frömmelei ebenso wie tiefer Glaube werden mit 5 assoziiert. Nicht von ungefähr finden gerade am 5. Jänner die Rituale mit Wurzeln in heidnischen Vorzeiten ihren Höhepunkt und werden mit tiefem Ernst bei gleichzeitig großem Vergnügen zelebriert.

Dieser von der Energie der 5 geprägte Tag kann genützt werden, sich Gedanken zu machen über die Versöhnung der

Gegensätze, den goldenen Mittelweg. Ein Märchen, das in dieser Nacht gelesen oder geschrieben wird, kann ein Bild davon zeichnen.

Die Nacht der Wunder

Ob wir an die Erfüllung von Märchen glauben oder die Geschichte nur hilft, uns entsprechend einzustellen und damit eine »selbst erfüllende Prophezeiung« zu erwirken – entscheidend ist, was dabei herauskommt. Einen Versuch wäre es wert, um am Ende des Jahres nachlesen zu können, was sich realisiert haben mag, oder im Jahresverlauf nachzuprüfen, welche Korrekturen nötig oder sinnvoll wären. Schließlich geht es um den Sinn, den wir in unser Handeln legen, diesen zu finden, indem wir das Leben mit allen Auf und Abs, mit Freude ebenso wie Leid, auskosten. Hauptsache, wir spüren uns und die anderen, Hauptsache, es pulsiert – Hauptsache lebendig.

Die Nacht vom 5. auf den 6. Jänner, die Festnacht der Percht, wird im Volksglauben auch *»Nacht der Wunder«* genannt. Die Schleier zwischen den Welten sind ein letztes Mal besonders durchlässig, Wünsche können ins Universum geschickt werden, von deren Erfüllung man sich dann überraschen lassen darf. Vielleicht stammt daher der in Italien noch übliche Brauch, die Kinder zu *»Befana«* mit allerlei Spielzeug und Süßigkeiten zu beschenken.

Zuvor ist wichtig, alles in der eigenen Macht Liegende zu unternehmen, damit es gelingen kann, denn *»das Glück trifft die Vorbereiteten«*. Das bekannte Märchen der beiden Töchter einer Witwe, die bei der *Holla* (= Percht) ihren Fleiß unter Beweis stellen sollen, zeichnet diese Botschaft sehr deutlich. Nur die selbstlose, die eifrig dafür sorgt, dass es auf der Erde ausreichend schneit, wird nach getaner Arbeit »vergoldet«.

Die transformierende Kraft des Feuers ist in dieser Nacht wirksam, Aufzeichnungen der Geschehnisse der vergangenen 12 Nächte können ein letztes Mal überarbeitet werden. Ereignisse, die ein unerfreuliches Geschehen im Jahresverlauf andeuten, werden der Percht und ihrer »wilden Jagd« mitgegeben, um gewandelt zu werden. Der Zauber der Wunscherfüllung, also das, worauf wir keinen Einfluss haben, liegt auf der anderen Seite der Schwelle und darf durch die Kraft der Märchen wirksam werden. Was aus dem alten Jahr an Leid oder Verdruss übrig blieb, lassen wir mit einem Sprung über das Perchtenfeuer hinter uns. Keinesfalls vergessen werden darf die Speisengabe für die Percht und ihr Gefolge, damit sie sich für ihre Weiterreise stärken können und das Jahr wieder seinen gewohnten Gang gehen kann. Besonders beliebt ist Süßes! Ein kleiner Teller in einer entfernten Gartenecke, aber durchaus nahe dem Percht-Feuer, wenn möglich auf einem liebevoll gedeckten Tisch, erfreut die Gesellschaft und stimmt sie freundlich.

Zwölf Nächte und die Zahl 12

Die Nacht vom 5. auf den 6. Januar ist die zwölfte heilige Nacht, sie macht das Dutzend voll. Die Zahl 12 findet sich in vielen Märchen wieder, eines der bekanntesten ist Dornröschen.

In der Kabbala der Zahlen steht die 12 für einen Lebensweg voller Prüfungen und zu überwindender Hindernisse. Die allumfassende Liebe und unendliche Hingabe, die sie symbolisiert, ist die Kraft, die uns hilft, diesen Weg zu gehen, hin zum »göttlichen Tor«. *»Auch aus Steinen, die einem in den Weg gelegt werden, kann man Schönes bauen«*, wird J. W. v. Goethe zitiert.

Mit dieser Botschaft verabschieden wir uns von den Mächten der Märchen, der Wunder und der Wunscherfüllung und begeben uns von Neuem in den Alltag und damit den Jahreslauf. Die 12 macht uns aufmerksam, dass der Lebensweg selten bequem und frei von Stolpersteinen ist, dass aber die Kraft der Liebe (zu allen Geschöpfen) uns über Hindernisse hinwegträgt, das Vertrauen stärkt und das Herz wärmt. Wer in den Raunächten sich selbst wieder ein Stück besser kennengelernt hat, wird das Beste aus den Prüfungen machen und die Chancen (1 + 2 = 3) erkennen, die aus deren Bewältigung erwachsen.

Der Alltag beginnt mit der Zahl 6, sie steht für das materielle, körperliche Leben, für die Grenzen, aber auch deren Überwindung. Was Liebe bedeutet, will erfahren werden. Was wir in den Raunächten gelernt haben über die Welt jenseits der Grenzen, die feine Energie der Liebe, die durch die 12 vermittelt wird, all das dürfen wir mitnehmen auf unseren Weg durch die kommenden Monate.

Anhang

Danksagungen

Ein Buch ist ohne die vielen kleinen wie großen Unterstützungen, die ungezählten Bausteine, die schließlich zum fertigen Produkt führen, undenkbar.

Für dieses Projekt speziell maßgeblich war *Astrid Gold*, geniale Goldschmiedin und kreative Freundin, sie vermittelte mir *Sonja v. Eisensteins* Methode für Antworten aus dem Unterbewusstsein mittels intuitivem Märchenschreiben. In der Folge entstandene Märchen ließen in mir den Wunsch keimen, sie als Buch öffentlich zu machen. Beim weihnachtlichen Frühstück des Business-Frauen-Netzwerks *Frau im ÖGV*, 2013, entstand im Gespräch mit *Verena Minoggio-Weixlbaumer*, meiner kongenialen Verlegerin, die Idee für das vorliegende. Meine Vorstandskollegin, *Ursula Oberhollenzer*, hatte sie eingeladen. *Christine Hapala*, geniale Netzwerkerin, meine Steuerberaterin, Mentorin und Freundin, ermutigte mich durch ihre Begeisterung für meine Art zu schreiben.

Schreiben an sich wurde von *meinen Eltern* kultiviert, beide mit ihrem jeweils besonderen Schreibstil. Die Liebe zur Sprache wurde mir von klein auf nahegebracht, sie und andere, meist weibliche Erwachsene, lasen mir geduldig vor, Märchen gehören bis heute zu meiner Lieblingslektüre.

Sobald ich lesen konnte, vertiefte ich mich von der ersten bis zur letzten Seite in die Zauberwelten der Fabelwesen.

Für das Schreiben der Märchen danke ich den *»Einsagenden«,* aus welchen Welten auch immer, für die Fülle an Geschichten und Figuren, die die vorliegenden Seiten bevölkern. Mein *Laptop* hielt eisern durch, unterstützt von *Tim Aboud,* der Viren und andere Funktionsprobleme geduldig entfernte, damit die kostbaren Buchstaben erhalten blieben.

P. Michael Schultes, langjähriger Freund und Geschäftspartner, widmete seine geringe freie Zeit ersten Korrekturen, sein Interesse an den Themen, trotz kritischer Haltung, gab mir Mut. Später unterstützte mich *Ulrike Prochazka* als Erst-Lektorin ebenso wie in höchst existenzieller Hinsicht. *Claudia Kloihofer* ergänzte wertvolle Textkommentare. Dass wir gemeinsam ein Buchprojekt starteten, von ihr schließlich realisiert, war ein wichtiger erster Schritt zu dem Inhalt, der mir tatsächlich so wichtig war, dass ich monatelang durchhielt, das Manuskript zu vollenden. *Claudia Hannemann,* Autorin und Texthebamme, wandelte mit entscheidenden Kürzungshinweisen meine Verlustschmerzen in Freude über gewonnene Qualität. *Frizzi Kahofer, Rudolf Riegler* und *Karin Moser* führten mich ein in das Universum der Kabbala der Zahlen, *Christa Lojda* ergänzte mit Details und anregenden Gesprächen über ihre Wirkweise. *Erich Strasky* eröffnete mir die Welt der Radiästhesie. Alle *Klient_innen,* die mir seit bald 20 Jahren ihr Vertrauen schenken, festigten mein Vertrauen in die Aussagekraft von Zahlen und Daten. Etliche von ihnen und einige neue folgten meinem Aufruf, mein Projekt zu unterstützen. Daraus entstand sogar ein neues Angebot: Märchen für Unternehmen und Einzelpersonen. Bei RAM-Consulting, dem Unternehmen meiner Vorstandskollegin *Renate Androsch-Holzer* und bei IFUM, *Manuela Mätzener,* werden erste zu lesen sein.

Andrea Dechant bot Anstoß-Wissen, Ergänzungen lieferten *Harald Seymann, Waltraud Ferrari* und *Hans Schüller. Elisabeth Riederer* steuerte Brauchtumsschilderungen aus Tirol bei, *Evelyn Schweighardt* astrologisches Know-how. Die Bibliothek des *Museums für Volkskunde* ist ein Eldorado für Quellenforschung, ebenso das weltweite Netz, das mittlerweile ganze Bücher online zur Verfügung hält. Bei *Evelyn Zotter,* schamanisch kundig, erhielt ich Einblick in den Weltenrat der hellen und dunklen Seite, einfließend in Balthasars Traum. Bilder der Tanzperformance *ego breathing* von *Brigitte Wilfing* wirken im Märchen der Winde weiter. In *Elisabeth Pipals* Salzburger Wohnung verbrachte ich entspannte Tage, zum Abschließen des Buches. Viele Menschen signalisierten mir bereits im Vorfeld ihr großes Interesse und stärkten damit meine Zuversicht.

Zwei Menschen begleiten mich fast ein Leben lang. Meine Freundin *Constanze Merenda,* oft großartige Stütze in allerlei Lebenslagen. Dass meine Augen – die zum Schreiben ja essenziell sind – scharf sehen, verdanke ich ihrer augenärztlichen Adjustierung.

Fast ebenso lang, wenn auch wechselnd präsent, begleitet mich *François,* als Fotograf wie Gefährte und Vater von *Claudio* und *Valentin,* unseren Söhne, die ebenso kreativ bildgestaltend wie ihr Vater die Welt bereichern.

Ihnen allen danke ich von Herzen, möge dieses Buch uns allen und all den (noch) unbekannten Leserinnen und Lesern viel Freude bereiten.

Isabella Farkasch

Kabbala-Bild am Beispiel meines Geburtsdatums

<table>
<tr><td colspan="2">Isabella Farkasch</td><td>22</td><td></td><td></td><td></td></tr>
<tr><td></td><td></td><td>Körper</td><td></td><td></td><td></td></tr>
<tr><td>10</td><td>1</td><td>1</td><td>9</td><td>5</td><td>7</td></tr>
<tr><td>Geist</td><td>Seele</td><td></td><td></td><td></td><td></td></tr>
<tr><td></td><td>11</td><td>12</td><td>21</td><td><u>26</u></td><td>33</td></tr>
<tr><td></td><td></td><td></td><td></td><td></td><td>Karma-
zahl</td></tr>
<tr><td>|10</td><td>2</td><td>3</td><td>3</td><td><u>8</u></td><td>6</td></tr>
<tr><td></td><td></td><td></td><td></td><td></td><td>Lebens-
zahl</td></tr>
<tr><td>Lebens-
alter</td><td></td><td></td><td></td><td>1–3</td><td>4–6</td></tr>
<tr><td>7–17</td><td>18–24</td><td>25–36</td><td>37–48</td><td><u>49–60</u></td><td>61–...</td></tr>
</table>

Quellenverzeichnis/Literatur

Verschiedene Worterklärungen finden Sie auf meiner Website: creativestories.eu

Altenberg, Peter: Semmering 1912; Berlin: S. Fischer, 1913; Faksimile-Ausgabe im Verlag Austria Nostra, Klosterneuburg (ab 2016 wieder verfügbar)

Andersen, Hans Christian: Märchen

Andree-Eysn, Marie: Volkskundliches aus dem bayrisch-österreichischen Alpengebiet, 1905; sowie: Die Perchten im Salzburgischen, 1910; Friedrich Vieweg und Sohn

Antreich, Sebastian: Kupferstress in Moosen: Aufnahme und Auswirkungen auf Morphologie, Chlorophyllverhältnis und Sauerstoffradikale; Wien, Univ., Masterarb. 2015
Bächtold-Stäubli, Hanns (Hrsg.): Handwörterbuch des deutschen Aberglaubens; de Gruyter
Bays, Brandon: The Journey. Der Highway zur Seele; Allegria
Campbell, Joseph: Der Heros in tausend Gestalten (Insel-Taschenbuch; Bd. 2556). Neuausg. Insel-Verlag, Frankfurt/M. 2011; EA Fischer Verlag, Frankfurt/M. 1953; Original 1949
Coelho, Paolo: Aleph; Diogenes
Dechant, Andrea: Göttinnenrituale und altes Wissen für die Rauhnächte, E-Book; www.artedea.net
Eisenstein, Sonja v.: Wenn die Seele Märchen erzählt; Falk-Verlag
Ferrari, Waltraud: Alte Bräuche neu erleben – Fest- und Alltag im Rhythmus der Jahreszeiten; Leopold Stocker
Francia, Luisa: SteinReich & Mond-Tanz-Magie; Verlag Frauenoffensive
Franz, Angelika, Hamburger Archäologin und Archäologiejournalistin, berichtet über archäologische Funde in Spiegel Online am 15. 7. 2013 zum prähistorischen Mondkalender
Genzmer, Felix (Übers.): Die Edda – Götterdichtung, Spruchweisheit und Heldengesänge der Germanen; Diederichs Gelbe Reihe
Griffen, Toby D.: http://www.fanad.net/vincascript.pdf – seine Ableitung der Vinca-Schrift Schritt für Schritt dargelegt
Hanuš, Ignác Jan: Wissenschaft des slawischen Mythus; Lemberg 1842
Huß, Karl (Hrs. John Alois): Vom Aberglauben, 1910 (aufgezeichnet 1. H. 19. Jh.); Prag: Calve 1910
Huygen, Wil: Das große Buch der Heinzelmännchen; Stalling 1978. Neuauflage: Heel 2012
Kammerhofer-Aggermann, Ulrike: Die Gasteiner Perchten, Vortrag zur Eröffnung des neuen Perchtenheimes 2012
Kickinger, Kurt Josef: http://www.mistel.at/mistel/mistel.htm
Kießling, Franz Xaver: Das Deutsche Weihnachtsfest in seinen Beziehungen zur germanischen Müthe; Verlag des »Bundes der Germanen«, Wien 1902

[Franz X. Kießling war u.a. Turnrat des 1. Wiener Turnvereins, aus dem er bereits 1886 jüdische Turner ausschloss, daraufhin wurde ihm die Leitung entzogen. In der Folge der Auseinandersetzungen folgten ihm Anhänger, ein neuer, »arischer« Verband wurde gegründet. Mit seinen Schriften bot er inhaltliche Grundlagen für faschistische Argumentation.]

Kloihofer, Claudia: Signale des Körpers; Goldegg 2014

Kraus, Jörg: Metamorphosen des Chaos: Hexen, Masken und verkehrte Welten; Königshausen u. Neumann 1996

Kutter, Erni: Der Kult der drei Jungfrauen; BoD

Landauer, Doris: Wie systemische Aufstellungen gelingen können; Systemisches Management, 2007

Lasnik, Ernst: Von der Trud, der Wilden Jagd und Geschäften mit dem Teufel: Sagen und Geschichten aus der Weststeiermark; Verlag Styria

Lindgren, Astrid: Tomte und der Fuchs; Oetinger

Lipton, Bruce; Bhaerman, Steve: Spontane Evolution: Wege zum neuen Menschen; Koha

Ložar-Podlogar, Helena: Die Neujahrsmasken aus dem Bohinjertal in den slowenischen Alpen; in: Alpenbräuche – Riten und Traditionen in den Alpen, Hrsg. Haid, Gerlinde und Hans; Ed. Tau 1994

Malory, Sir Thomas: Le Morte d'Arthur, 15. Jh.; Online-Fassung www.sacred-texts.com/neu/mart/

Meisen, Karl: Die Sagen vom Wütenden Heer und Wilden Jäger; Aschendorff

Miechovius, zitiert in Stryjkowski: Chronik der litauischen Geschichte, http://wwwg.uni-klu.ac.at/eeo/Christianisierung_Slawen

Mohr, Bärbel: Bestellungen beim Universum & Reklamationen beim Universum; Omega

Orosius, Paulus: historiae adversum paganos, 5. Buch Kap. 16, Handschrift des 4. Jh

Pearce, Robert Chilton: Die neue Biologie der Transzendenz. Arbor - Er wiederum bezieht sich betr. Herzdenken auf Forschungen des Heart Math® Institute, www.heartmath.org

Plinius d. Ä.: Naturalis historia, Band XVI, 249–251

Rätsch, Christian: Weihnachtsbaum und Blütenwunder: Geheimnisse, Herkunft und Gebrauch traditioneller Weihnachtspflanzen; Rezepte – Rituale – Räucherungen; Aarau [u.a.]: AT-Verl. 2003

Ramm, Hartmut: Rudolf Steiner und das Wesen der Mistel; Mistilteinn 2011

Rohr, Richard; Ebert, Andreas: Das Enneagramm – Die 9 Gesichter der Seele; Claudius, Erstauflage 1989

Roberts, Jane: Gespräche mit Seth – Von der ewigen Gültigkeit der Seele; Goldmann

Ruland, Jeanne: Das Geheimnis der Rauhnächte; Schirner 2009

Rumpf, Marianne: Perchten: Populäre Glaubensgestalten zwischen Mythos und Katechese, Quellen und Forschungen zur europäischen Ethnologie; Königshausen u. Neumann 1991

Schüller, Hans: Räucherungen, eigene Essenzen; www.bluehmensch.at

Schweidlenka, Roman: Sehnsucht nach dem Archaikum, in: Alpenbräuche – Riten und Traditionen in den Alpen, Hrsg. Haid, Gerlinde und Hans; Ed. Tau 1994

Simek, Rudolf: Götter und Kulte der Germanen; C. H. Beck Wissen

Tacitus: Germania

Timm, Erika: Frau Holle, Frau Percht und verwandte Gestalten. 160 Jahre nach Jacob Grimm aus germanistischer Sicht betrachtet (unter Mitarbeit von Gustav Adolf Beckmann); Hirzel 2003.

Tompkins, Peter; Bird, Christopher: Das geheime Leben der Pflanzen, Pflanzen als Lebewesen mit Charakter und Seele und ihre Reaktionen in den physischen und emotionalen Beziehungen zum Menschen, Fischer TB, amerik. Erstausgabe 1973

Ursovic, Anton alias Raborne: mündliche Überlieferungen

Venerabilis, Beda: De Temporum Ratione, Caput XV.: De mensibus Anglorum

Vernaleken, Theodor: Mythen und Bräuche des Volkes in Oesterreich, als Beitrag zur deutschen Mythologie, Volksdichtung und Sittenkunde; Braumüller 1859

Wolf, Helga Maria: Weihnachten: Kultur und Geschichte; ein Kalendarium vom ersten Advent bis zum Dreikönigtag; Böhlau

Zingerle, Ignaz Vinzenz: Johannissegen und Gertrudenminne. Ein Beitr. z. dt. Mythologie, Wien 1862

Weitere Quellen

www.mutternacht.at: Initiative für eine Senkung der Müttersterblichkeit in Entwicklungsländern

Gylfaginning, 1271 – Übers. Karl Joseph Simrock, 1851, J. G. Cotta

arte Magazin, Interview mit Brian Greene zu »Die Illusion der Zeit« am 2. 10. 2012, http://www.arte.tv/de/die-illusion-der-zeit/6914026,CmC=6914020.html

GEOkompakt Nr. 38 – 03/2014

Science 341, S. 976–80 aus 2013 http://web.missouri.edu/~segerti/3830/Poverty%20Impedes%20Cognitive%20Function.pdf